21世纪应用型本科金融系列规划教材

金融风险管理

（第六版）

温红梅　高　杨　郭牧野　编著

东北财经大学出版社
Dongbei University of Finance & Economics Press
大　连

图书在版编目（CIP）数据

金融风险管理 / 温红梅，高杨，郭牧野编著．—6版．—大连：东北财经大学出版社，2024.8（2025.7重印）．—（21世纪应用型本科金融系列规划教材）．—ISBN 978-7-5654-5354-0

Ⅰ．F830.9

中国国家版本馆CIP数据核字第2024TV8404号

东北财经大学出版社出版

（大连市黑石礁尖山街217号　邮政编码　116025）

网　　址：http://www.dufep.cn

读者信箱：dufep@dufe.edu.cn

大连雪莲彩印有限公司印刷　　东北财经大学出版社发行

幅面尺寸：185mm×260mm　　字数：339千字　　印张：15

2024年8月第6版　　2025年7月第2次印刷

责任编辑：石真珍　田玉海　　责任校对：赵　楠

封面设计：张智波　　版式设计：原　皓

定价：48.00元

教学支持　售后服务　联系电话：（0411）84710309

如有印装质量问题，请联系营销部：（0411）84710711

第六版前言

党的十九大开启了中国金融改革的新时代。党的十九大报告把现代金融归入产业体系中，强调金融是现代化经济体系的重要组成部分，金融业发展与实体经济紧密联系、互相支撑；同时，提出健全货币政策和宏观审慎政策"双支柱"调控框架，深化利率和汇率市场化改革。党的二十大报告提出："深化金融体制改革，建设现代中央银行制度，加强和完善现代金融监管，强化金融稳定保障体系，依法将各类金融活动全部纳入监管，守住不发生系统性风险底线。"

当前，中国金融发展进入加速换挡期，金融体系的复杂程度不断提升，给金融监管及风险控制带来新的挑战。2023年5月18日，国家金融监督管理总局正式揭牌，具有中国特色、时代特征的监管体系和监管规则不断完善。2023年10月30日召开的中央金融工作会议，对加强党中央对金融工作的集中统一领导、全面加强金融监管、完善金融体制、优化金融服务、防范化解金融风险、推动金融高质量发展等作出全面部署，为做好新时代金融工作明确了方向。

继20世纪90年代推出金融业的基本法规和制度后，我国金融业监管法律法规不断完善。2008年的次贷危机对各国经济产生广泛影响，促使国际上对金融监管有效性进行了反思，修订发布了一系列新的监管标准和规则。《巴塞尔协议Ⅲ》于2010年12月发布，对各成员经济体监管法规的制定和修订及新监管标准的实施产生重要影响。2011年4月，《中国银监会关于中国银行业实施新监管标准的指导意见》出台，之后《银行业金融机构全面风险管理指引》（2016年9月）及多项专项业务风险管理制度陆续出台，为推动中国银行业实施国际新监管标准、增强银行体系稳健性和国内银行的国际竞争力提出指导意见。2023年10月，国家金融监督管理总局发布《商业银行资本管理办法》，对金融业加强风险管理和控制、保障金融业稳健运行提出了严格的监管规范。一系列规章制度的出台为深入推进金融业改革，保证经济健康、稳定运行，提高金融业的风险管理水平提供了保障。

本教材以《巴塞尔协议Ⅲ》的核心内容、《商业银行资本管理办法》的主要内容及各项风险管理规章制度为基础，以金融行业规章制度为支点，对金融风险管理的基本理论、基本方法和各金融机构的实际监管要求进行了阐述，同时吸收了金融、投资领域的最新改革和科研成果，力求将国际惯例和我国金融监管的要求相结合，以满足应用型人才培养的教学要求、贴近实际工作需要为目的，体现较强的前沿性和可操作性，力求使教材内容既全面系统又重点突出。本次修订，我们设置了“思政小课堂”栏目，在各章融入课程思政元素，增加了数字化内容（微课），对第2章、第3章、第4章、第5章、第6章、第7章、第10章的部分内容进行了较大修改和完善，同时改正了上一版中的错漏之处、更新了数据资料，使全书内容更符合新的形势和规定。

本教材第六版由温红梅、高杨、郭牧野共同编著。其中，第1章、第4章、第8章、第9章、第10章由温红梅编写；第2章、第7章由高杨编写；第3章、第5章、第6章由郭牧野编写。最后由温红梅总纂定稿。

为了尽量吸收和借鉴金融风险管理的最新理论及实际成果，我们在修订过程中参考了大量资料，在此向所有参考文献作者表示感谢！鉴于编写人员的水平有限，书中难免存在一些不足之处，恳请各位读者批评指正。

编著者

2024年5月

目 录

第1章
金融风险管理概述

1.1 金融风险的定义与特征

1.1.1 金融风险的定义

1）风险

风险没有唯一的定义。经济学家、行为学家、风险理论家、统计学家和保险精算师，每一个人都有他们自己对风险的定义。传统上，风险被定义为不确定性。目前，理论界对风险的定义主要有以下几种：

（1）损失发生的可能性。该定义认为，风险是一种面临损失的可能性状况，也表明风险是在一定状况下的概率水平，当损失机会（概率）是0或1时，就没有风险。

（2）结果的不确定性。这是决策理论的定义。这种不确定性又分为客观的不确定性和主观的不确定性。[①]客观的不确定性是实际结果与预期结果的离差，它可以使用统计学工具进行计量；主观的不确定性是个人对客观风险的评估，它同个人的知识、经验、精神和心理状态有关。

（3）结果对期望的偏离。这是统计学的定义。风险是一种变量的波动性，用预期报酬的标准差、变异系数或其他系数（如β系数）来衡量. 计量低于预期收益的下侧风险（损失），并将高于预期收益的上侧风险纳入风险计量框架，马柯维茨的均值-方差模型就是典型的代表。

（4）风险是受伤害或损失的危险。这是保险学的定义。保险学中常用风险来指所承保的损失原因。

一般认为，风险与不确定性有密切的关系，但风险与不确定性也有区别。部分经济学家对其进行了分析。1921年，弗兰克·奈特（Frank Knight）对风险和不确定性进行了区分，指出“风险和不确定性根本是两码事，然而人们却从来没有对它们进行过明确的区分。究其原因，‘风险’在一般情况下是可以量化的，而在某些特殊的情况下又不能量化。在不同的环境中，风险或不确定性会造成截然不同的后果。可以预测的不确定性（我们将其称作‘风险’）与不可预测的不确定性有着本质的差异。所以，不可预测

① 宋明哲. 风险管理［M］. 台北：五南图书出版社，2004：12.

的不确定性就不能称为'风险'"。美国内布拉斯加-林肯大学瑞达（Rejda）博士等在《风险管理与保险原理》（2017）一书中，也分析了风险与不确定性的问题，并提出一些学者经常会认真区分客观风险和主观风险。客观风险被定义为实际损失与预期损失之间的相对差额。主观风险被定义为个人的心理状态或精神状态导致的不确定性。

国际标准化组织发布的ISO 31000将风险界定为：风险是不确定性对目标的影响。其中的"影响"是实际与期待的偏差，包括积极的影响、消极的影响，或两者兼而有之。国务院国有资产监督管理委员会2006年发布的《中央企业全面风险管理指引》将企业风险定义为"未来的不确定性对企业实现其经营目标的影响"，并以能否为企业带来盈利等机会为标志，将风险分为纯粹风险（只有带来"损失"一种可能性）和机会风险（"带来损失"和"盈利"的可能性并存）。

2）金融风险

金融是现代经济的核心。金融风险与金融活动相伴而生，它是风险中最常见、最普通、影响最大的一类风险，金融风险是风险管理的主要对象。金融风险既有风险的共性，又有特殊的个性。一般认为，金融风险是指经济主体在金融活动中遭受损失的不确定性或可能性。金融风险与一般风险有显著区别，金融风险是从事资金借贷、资金经营等金融活动所产生的风险。部分金融风险特别强调结果的双重性，它既可以带来经济损失，也可以获得超额收益；既有消极影响，也有积极影响。它的内涵比一般风险要丰富得多。

金融风险的产生与金融制度、金融参数（利率、汇率、商品价格等）、市场参与者有着密切的关系，金融市场中各个组成部分的波动都会造成金融活动结果的不确定性。

3）与金融风险相关的术语①

（1）风险事件（事故）。风险事件是指造成损失的偶发事故。风险一般只是一种潜在的危险，只有风险事件发生才能导致损失，即风险事件的发生使潜在的危险转化为现实的损失。风险事件发生的根源主要有自然力作用、社会经济变动、人的行为等。火灾、洪水、地震、车祸、核泄漏、疾病、股市大跌等都是导致财产损失的风险事件。

（2）风险因素。风险因素是指促使某一风险事件发生或增加其发生的可能性的原因或条件。它是风险事件发生的潜在原因，是造成风险后果的内在原因或间接原因。风险因素根据其性质，可以分为有形风险因素和无形风险因素。

① 有形风险因素是指直接影响事物物理功能的物质风险因素，也称为实质性风险因素。例如，水源污染或空气污染是损害人们健康的有形风险因素，汽车刹车系统失灵是引起车祸的有形风险因素。

② 无形风险因素是指影响物质损失的可能性和程度的非物质因素，它可以进一步分为道德风险因素和心理风险因素。道德风险因素是与人的品德修养相关的无形因素，即由于个人不诚实、不正当或不轨企图促使风险事件发生或提高已发生风险事件的损失程度的原因和条件，如欺诈、抢劫、盗窃、贪污等。心理风险因素是与人的心理状态相关的无形因素，即由于人们主观上的过失或疏忽而增加风险事件发生的概率，或提高风

① （1）、（2）、（3）的部分内容来源于：中国注册会计师协会.公司战略与风险管理［M］. 北京：中国财政经济出版社，2024.

险事故的损失程度的原因和条件。

（3）风险后果。根据现代风险管理理论，风险后果是指对目标产生的影响。后果可能是确定的或不确定的，可能对目标产生正面或负面、直接或间接的影响。

（4）风险成本。风险成本是指由于存在风险而使市场参与者承担的成本。风险成本分为两类：

① 直接成本。这种成本是由于不确定性造成的资本、人员的损害，即发生损失的成本。

② 间接成本。这种成本不直接与交易相关，而是使交易者心里产生恐慌和不安，间接造成资源配置不合理，从而使成本增加。

（5）金融危机。戈德史密斯（Goldsmith）给金融危机（financial crisis）下的定义是："全部或大部分金融指标——短期利率、资产（证券、房地产、土地）价格、商业破产数和金融机构倒闭数——的急剧、短暂和超周期的恶化。"[①]金融危机包括银行危机、货币危机、债务危机、证券市场危机、保险危机等。金融风险与金融危机没有本质上的区别，只有程度上的差异。金融危机是金融风险的大面积、高强度的爆发；金融风险积累到一定程度，就会演变成金融危机。在实际生活中，金融风险通常使金融处于一种严峻状态，金融风险与金融危机有时被混同使用。

（6）金融安全。金融安全是指一国具有保持金融体系稳定、维护正常金融秩序、抵御外部冲击的能力。金融安全是一种状态，在这种状态下，金融活动参与者，特别是存款人、投资者、被保险人的利益不会遭受巨大的损害，不会出现来自外部的冲击引起金融动荡并导致国民财富的大量流失。金融安全网一般包括最后贷款人制度和存款保险制度两项内容。

（7）金融稳定。金融稳定的含义十分丰富，它包括通货稳定、金融机构稳定、金融市场稳定、汇率稳定、利率稳定等。金融稳定的目标是多重的，金融稳定的多重目标之间往往存在矛盾，如汇率稳定与通货稳定之间通常是矛盾的。为了维护汇率稳定，中央银行可能被迫从外汇市场上买入外汇；买入外汇必然增加央行的基础货币投放；基础货币投放过多，可能导致通货膨胀。金融稳定是相对的，金融不稳定是绝对的。

【思政小课堂】

风险和风险管理的思想与意识

关于风险和风险管理的思想与意识，我国古已有之。《左传·襄公十一年》中的"居安思危，思则有备，有备无患"体现了忧患情怀、风险意识。《荀子·仲尼》中提到"平则思险，安则思危"，也体现了防患于未然的风险意识。忧患意识是中华民族自古以来就有的精神传统，体现的是历史使命感和社会责任感。虽然现在身处和平安定的年代，但国际环境复杂多变，要一以贯之增强忧患意识，切实提高防范化解各种风险的意识和能力。"明者防祸于未萌，智者图患于将来"，统筹发展和安全，增强忧患意识，做到居安思危，是我们党治国理政的一个重大原则。党的二十大报

① 伊特韦尔，等．新帕尔格雷夫经济学大辞典［M］．翻译编辑委员会，译．北京：经济科学出版社，1996：362．

告指出："我们必须增强忧患意识，坚持底线思维，做到居安思危、未雨绸缪，准备经受风高浪急甚至惊涛骇浪的重大考验。"

1.1.2 金融风险的特征

认清金融风险的特征，可以更好地管理金融风险，减少金融风险损失，获得更多的利润。金融风险的特征有以下几点：

1）普遍性

金融风险普遍存在于金融业务之中。从严格意义上讲，所有的金融业务都存在金融风险，无风险的金融业务是不存在的。金融风险普遍存在的原因有：

（1）金融在很大程度上以信用为基础。金融机构作为融资中介，实质上是一个由多边信用共同建立的客体，信用的原始借贷关系通过这一中介机构互相交织、互相联动。

（2）信用对象具有复杂性。从理论上看，借款人包括全社会成员，社会成员的复杂性导致授信对象不可能永远、绝对无风险。因此，金融风险的控制和防范就不可避免地成为金融业务经营和管理的重要议题。防范金融风险是金融业务中贯穿始终的主题。

2）传导性和渗透性

金融风险的发生很容易造成公众的信用危机，而在高度商业化的经济体系中，单一的信用机构不可能孤立于整个信用体系而单独存在，因而单一信用机构的信用危机很快就会直接或间接地传导到其他信用机构乃至整个信用体系中。同时，单一信用风险发生时，其作用往往不只局限于这笔业务本身的失败，还可能影响这一类业务，乃至整个金融体系。所以，除了对单一信用风险要直接采取措施外，还要考虑它的影响是否已渗透到其他层次或更大范围。针对这两种情况都要采取措施，才能真正做到有效地控制和防范金融风险。

3）隐蔽性

金融风险具有很强的隐蔽性。隐蔽性是指由于金融机构具有一定的创造信用能力，并且其经营活动不完全透明，在不爆发金融危机或存款支付危机时，可能因信用特点维护、掩盖或补救已经失败的信用关系或已经发生的损失。这种对风险和损失的隐蔽还可能因为政府或其他有影响力的外部力量的干预而得以加强或延长时间。同时，金融风险的隐蔽性还可以给金融机构提供一些缓冲和弥补的机会，如果银行能够及时有效地采取措施，对已经发生的风险加以控制，它就可以利用其隐蔽性特点创造信用，进而提高生存和发展的能力，并对发生的那部分损失进行弥补。

4）潜伏性和突发性

金融风险既可能表现为突发性，也可能表现为潜伏性。一般情况下，传统的金融风险表现为潜伏性，新兴的金融风险表现为突发性。例如，传统贷款中的信用风险，对一个有问题的客户发放贷款，可能一开始这笔贷款就是有风险的，但由于贷款期长，需要3~5年的时间这笔贷款才被提取完毕；或者还款期长，需要5~10年或者更长时间才能发生还款困难的问题，这都会使这笔贷款的风险潜伏很长一段时间。但是，现代金融产品的风险，如外汇交易头寸风险，可能因为外汇风险敞口使一家银行在一夜之间由巨额盈利变为亏损，或者由于现代技术直接参与交易，发生技术故障使一家银行在极短时间之内崩溃。

5）双重性

在对风险进行管理时，人们更多地强调它的损失，但在实际中，风险的存在也会提供获得额外收益的可能性。这种正的效应也是经济主体所渴求的，它会激励人们去承担风险，获取收益，在竞争中不断创新，促进企业的发展。这种风险的双重性会对经济主体产生一种约束和激励并存的机制，使经济主体运用风险管理技术更好地配置资源，创造利润。

6）扩散性

金融风险具有一定的扩散性。扩散性是指随着现代银行业的发展，金融体系内部各主体的联系日益密切，金融机构之间时刻都在发生复杂的债权债务关系，金融机构之间也存在由于一家机构出现支付危机而导致多家机构可能倒闭的效应。金融风险的扩散性因创造信用的机制而被不断放大。

7）可管理性

金融风险虽然有很大危害，且频繁发生，但它是可以管理的。可管理性是指通过金融理论的发展、金融市场的规范、管理技术的不断发展，金融风险可以得到有效预测和控制，从而降低风险，把风险控制在可以承受的范围之内，并通过风险的降低提高收益水平。金融机构可以通过增加资本金、调整风险资产来增强抵御风险的能力；通过加强外部监管、行业自律逐步规范金融风险管理体系。

8）周期性

金融风险的产生与经济周期密切相关。周期性是指金融风险受经济周期和货币政策变化的影响，呈现规律性、周期性特点。一般而言，在经济上升期和繁荣期，货币政策宽松，社会资金流动规模大，货币供需矛盾容易被掩盖，金融风险不易发生；而当经济处于衰退期或低谷期时，货币政策紧缩，社会各种矛盾激化，货币供需缺口明显，金融风险容易发生。

1.1.3 金融风险的分类

按照不同的标准，金融风险可以划分为不同的种类。按金融风险的主体划分，可以分为金融机构风险、企业金融风险、居民金融风险和国家金融风险；按金融风险的性质、严重程度和管理方法划分，可以分为系统性风险和非系统性风险；按金融风险的层次划分，可以分为微观金融风险和宏观金融风险；按金融风险的地域划分，可以分为国内金融风险和国外金融风险。在通常情况下，为了满足管理的需要，可以按照风险的表现形式，将金融风险划分为以下几种类型：

（1）信用风险（credit risk），是指因交易对手无法履约偿还款项而造成损失的可能性。信用风险存在于一切信用活动中，也存在于一切交易活动中。信用最初表现为商品货币关系，随着经济和金融市场的发展，信用更多地表现为银行信用。

（2）流动性风险（liquidity risk），是指由于流动性不足给经济主体造成损失的可能性。流动性风险又可以分为两类：①市场流动性风险，是指由于市场活动不充分或者市场中断，无法按照现行市场价格或相近价格对冲某一头寸所产生的风险。②现金流风险，是指无力满足现金流动的要求，从而迫使银行破产的风险。

（3）利率风险（interest risk），是指利率变动给经济主体造成损失的可能性。资产负债表中的绝大多数收入和费用都与利率密切相关，利率不稳定会导致收入不稳定。只要金融企业的资产和负债的类型、数量及期限不一致，利率的变动就会对其资产、负债产生影响，使其资产的收益、负债的成本发生变动。此外，利率的变动可能影响资产的市场价格，还会影响汇率，进而给金融活动的当事人造成不利影响。

（4）汇率风险（foreign exchange risk），又称外汇风险，是指汇率的变动可能给当事人带来不利影响的可能性。由于汇率变动使以外币标价的收入和支出、资产和负债发生相应变化，交易者将面临可观察到的风险。1973年布雷顿森林体系崩溃以来，汇率的波动越来越频繁，汇率风险也越来越大。汇率风险主要有3类：交易风险、会计风险和经济风险。

（5）操作风险（operation risk），又称运作风险，是指由于不健全或失灵的内部程序、人员、系统和外部事件导致损失的可能性。操作风险已经成为全球金融风险管理的重要领域之一，其主要产生于两个层面：第一，技术层面，主要指信息系统、风险测量系统不完善，技术人员违规操作；第二，组织层面，主要指风险报告和监控系统出现疏漏，相关的法律法规不完善。

（6）法律风险（legal risk），是指金融机构没有适当地履行其对客户的法律和条规职责，或者没有正确实施法律条款而引致的风险。法律风险是一种复合风险，其表现形式有：金融合约不能受到法律应有的保护而无法履行或金融合约条款不周密；法律法规跟不上金融创新的步伐，创新金融工具的合法性难以得到保证，交易一方或双方可能因找不到相应的法律依据而遭受损失；各种犯罪及不道德行为对金融资产的安全构成极大威胁；经济主体在金融活动中违反法律法规，受到法律的制裁，这也是法律风险的一种表现。

（7）通货膨胀风险（inflation risk），又称购买力风险，是指通货膨胀可能使经济主体的实际收益率下降或使筹资成本上升的风险。通货膨胀造成单位货币购买力下降，即通常所讲的“货币贬值”，最终会使人们持有的货币的实际价值下降。

（8）政策风险（policy risk），是指因国家政策变动而给金融活动参与者带来的风险。一个国家的货币政策、财政政策、地区发展政策等不是一成不变的，国家会在不同时期根据不同情况采取不同的经济政策，国家经济政策的调整可能给金融活动参与者带来影响。这种影响可能是消极的，也可能是积极的。

微课1-1

居安思危 建立风险与风险管理意识

（9）国别风险（country risk），是指一个国家或地区的经济、政治、社会变化及事件等，导致该国家或地区借款人或债务人没有能力或者拒绝偿付金融机构债务，或使金融机构在该国家或地区的利益遭受损失，或使金融机构遭受其他损失的风险。国别风险可能由一个国家或地区经济状况恶化、政治和社会动荡、资产被没收或被征用、政府拒偿对外债务、外汇管制或货币贬值等情况引发。转移风险是国别风险的主要类型之一，是指借款人或债务人由于本国外汇储备不足或外汇管制等原因，无法获得所需外汇来偿还其境外债务的风险。

在金融企业内部业务及产品极其复杂的今天，各种金融风险相互影响、相互渗透、相互转化，越来越难以截然分开。金融风险在不同产品、层次、机构、地域、时间之间相互传导，形成复杂的金融风险系统。

1.2 金融风险管理的内涵和目的

金融风险管理是金融管理的核心内容。风险管理（risk management）起源于20世纪30年代的美国，是指对企业的人员、财产和自然资源、财务资源进行适当保护的管理科学。

1.2.1 金融风险管理的内涵

1）金融风险管理的概念

风险管理从狭义角度讲是指风险计量，即对风险存在及发生的可能性、风险损失的范围和程度进行估计和衡量；从广义角度讲是指风险控制，包括监测及制定风险管理规章制度等。总体来讲，金融风险管理是指人们通过一系列政策和措施来控制金融风险以消除或减轻其不利影响的行为。金融风险管理的内涵是多重的，对金融风险管理的含义应从不同角度、不同层面加以理解。

2）金融风险管理的分类

（1）根据管理主体的不同，金融风险管理可以分为内部管理和外部管理。金融风险内部管理是指作为风险直接承担者的经济主体对其自身面临的各种风险进行管理。金融风险内部管理的主体是金融机构、企业、个人等金融活动参与者，以金融机构为代表。金融风险外部管理主要包括行业自律管理和政府监管，其管理主体不参与金融市场的交易，因而不是受险主体对自身的风险进行管理，而是对金融活动参与者的风险进行约束。行业自律管理是指金融业组织对其成员的风险进行管理；政府监管是官方监管机构以国家权力为后盾，对金融机构乃至金融体系的风险进行监控和管理，具有全面性、强制性、权威性。

（2）根据管理对象的不同，金融风险管理可以分为微观金融风险管理和宏观金融风险管理。微观金融风险只对个别金融机构、企业或部分个人产生不同程度的影响，对整个金融市场和经济体系的影响较小。有效的微观金融风险管理可以使经济主体以较低的成本避免或减少金融风险可能造成的损失，稳定经济活动的现金流量，保证生产经营活动免受风险因素的影响，并提高资金使用效率，为经济主体作出合理决策奠定基础，有利于金融机构和企业实现可持续发展。宏观金融风险则可能引发金融危机，对经济、政治、社会的稳定可能造成重大影响。宏观金融风险管理有助于维护金融秩序、保障金融市场安全运行，有助于保持宏观经济稳定、健康发展，因此有效的宏观金融风险管理能够防患于未然，为经济运行创造良好环境，促使社会供需总量与结构趋于平衡，并以此促进经济健康发展。

1.2.2 金融风险管理的目的

金融风险管理通过消除或尽量减轻金融风险的不利影响，改善微观经济主体的经营管理，从而对整个宏观经济的稳定和发展起到促进作用。其目的表现在以下几个方面：

1）创造持续稳定的生存环境

通过金融风险管理，金融机构能够制定和实施各种防范措施和对策，在各种经济变量发生变化的情况下，保持相对稳定的收入和支出；在损失发生后，能在一段合理时间内恢复经营。同时，金融风险管理可以避免经济主体行为短期化，对长期项目和新兴项目进行风险研究，制定控制措施，达到优化资源的目的。

2）以最经济的方法减少损失

金融风险管理能在损失发生后及时、合理地提供预先准备的补偿基金，从而直接或间接地降低费用开支，并以最经济的方法预防潜在损失。

3）保护社会公众利益

银行存款人、证券市场普通投资者及其他金融机构的公众客户作为风险的承受者，在信息拥有、资金规模等方面都不占优势。而这个庞大的群体同时也是金融市场的支撑者，金融监管机构对其合法权益应加以保护。金融风险管理的总体目标是在一定的约束条件下追求最优的效果，维持稳定、公平、效率三者之间的平衡。

4）维护金融体系的稳定和安全

货币资金的筹集和经营不仅涉及生产领域和分配领域，还涉及流通领域和消费领域，以及社会再生产的各个环节，因此金融风险管理可以保证市场参与者的行为合理化、规范化，规范各类交易的规则和秩序，防范金融风险，监督金融机构稳健经营，对维护公众对金融体系的信心、防止系统危机和市场崩溃具有重要意义。

1.3 金融风险管理的组织机构

1.3.1 金融风险内部管理的组织机构

金融市场主体作为受险主体，在一定的风险环境下，为保证盈利目标的实现，必须对自身业务经营中所面临的金融风险进行控制和管理。为此，金融市场主体，尤其是金融机构，需要在完善的公司治理结构的基础上，建立相互独立、垂直的风险管理组织框架。金融风险内部管理的组织机构主要由以下层次构成：

1）股东大会、董事会与监事会

股东大会是对金融机构经营管理和股东利益进行最高决策的机构，既是代表机构意志的机关，也是机构的最高权力机关。股东大会可以通过行使其拥有的各种职权，如审议金融机构的年度财务预算和决策方案等，对金融机构的整体风险进行控制，并对金融机构的风险管理体制进行优选。

董事会负责制定风险管理的基本政策和战略制度。2016年9月，中国银监会印发的《银行业金融机构全面风险管理指引》规定，董事会应承担全面风险管理的最终责任。

同时还明确，董事会可以授权其下设的风险管理委员会履行全面风险管理的部分职责。

监事会主要监督董事会、高级管理层履职尽责情况并向股东大会报告，对商业银行的财务活动、经营决策、风险管理和内部控制等进行监督检查并督促整改。

2）总部的高级管理层

金融机构总部的高级管理层负责将董事会制定的政策与战略具体化为可操作的管理方案和组织形式。金融机构的总经理（行长）负责整个金融机构的风险管理，下设风险管理委员会及独立于日常业务经营管理的各类风险管理部。风险管理委员会以整个金融机构的风险管理战略为依据，制定风险管理政策，是整个金融机构风险管理的最高协调及议事机构；各类风险管理部作为风险管理委员会下设的执行机构，负责整个金融机构风险的集中管理，制定风险管理指引，组织实施风险管理工作并对其进行稽核审查。

3）各分支机构的中级管理层

分支机构实行垂直风险管理，设风险管理官，协助分支机构经理管理金融风险。各职能部门在机构负责人的领导下，对本机构业务经营中的风险进行管理和控制。分支机构也可设立独立于前台业务部门的风险管理职能部门，对前台业务各环节的风险进行监测和控制。

4）审计部门

金融机构还应自上而下设立独立而且权威的内部审计部门。金融机构的高层内部审计部门可直接对董事会负责，并在各分支机构业务经营的地域范围内设立若干内部审计中心。这些审计中心对上层审计部门负责，不受各地分支机构的管辖。除了内部日常自查外，金融机构还可以外聘审计师、会计师进行检查。

5）基层管理者

基层管理者对从事基础业务操作的下属员工进行管理。金融机构可编制员工手册，指导员工的行为，并由基层管理者进行监督。

1.3.2　金融风险外部管理的组织机构

金融风险外部管理的组织机构包括行业自律组织和政府监管组织。

1）行业自律组织

金融机构自愿组成具有行会性质的行业自律组织，维护本行业的业务运行秩序，营造有序的竞争环境，防范行业内风险。行业自律组织可以按不同的行业设立，也可以混业设立。其具体形式是多种多样的，如金融同业公会、行业协会、金融业委员会等，还可以针对各行业的特点，设立专门的子协会或委员会。

这些行业自律组织从各个具体方面对金融业的风险管理发挥积极作用：通过制定公约、章程、准则等确定行业内部的规章制度，如同业竞争规则、业务运作规范、从业人员资格、职业道德规范等，对金融机构的风险管理从外部进行指导和监督；对其成员的个体风险及行业整体风险状况进行监测，及时采取措施进行应对；传播和推广金融机构先进的风险管理方法和工具，并接受金融机构委托，为其培养风险管理人才；代表其成员与政府监管部门沟通，执行不宜由政府实施的管理职能，并根据本行业的实际情况和形势变化，适时提出合理建议，及时向监管部门报告行业内出现的重大问题；对因金融风险而遭受损失的成员，根据具体情况给予救助或进行其他处理。

2）政府监管组织

由于各国历史、文化传统、风俗习惯、国家制度、政治经济体制、政治组织体系、国土规模、地理环境存在差异，金融机构与金融市场成熟程度也有所不同，各国政府的金融监管组织体系也各具特点。不论采取何种具体形式，有效的政府监管组织体系在架构上都应满足以下要求：监管部门职责明确，权力相对集中，若有多个监管主体，彼此应合理分工，避免不必要的重复；监管部门具有相当的权威性；监管部门保持较高的独立性，同时又与其他政府部门相互协调；监管部门内部的组织框架尽可能精减，以降低监管成本，提高监管效率；能够顺利地与其他国家开展国际金融监管合作。

我国的金融监管机构包括中国人民银行、国家金融监督管理总局（2023年5月成立）、中国证券监督管理委员会（以下简称中国证监会，1992年10月成立）。此外，国务院金融稳定发展委员会于2017年7月成立，旨在加强金融监管协调、补齐监管短板；2023年9月，国务院金融稳定发展委员会办公室职责划入中央金融委员会办公室。目前，我国金融监管格局为“一行一局一会”。

1.4 金融风险管理的流程[①]

金融风险管理的流程一般包括4个阶段：风险识别、分析，风险计量、评估，风险监测、报告，风险控制、缓释。[①]

1.4.1 风险识别、分析

1）风险识别的含义

风险识别是指对影响各类目标实现的潜在事项或因素予以全面识别，进行系统分类并查找出风险原因的过程。其目的在于帮助金融机构了解自身面临的风险及风险的严重程度，为风险的计量和防控奠定基础。

2）风险识别的环节

（1）感知风险，通过系统化的方法发现金融机构所面临的风险种类和性质。

（2）分析风险，深入理解各种风险的成因及变化规律。

3）风险因素分析

风险识别的关键是对风险影响因素的分析。很多风险因素容易被信息系统自动捕捉和分析，如利率和汇率的波动；有些风险因素会对某些金融产品的价格以及多数信贷业务产生直接或间接的影响，但相关性很难捕捉或很难准确量化，如国内生产总值（GDP）、居民消费价格指数（CPI）、失业率等指标。所以，要采用科学的方法，避免简单化与主观臆断。

① 本部分内容参考中国银行业协会银行业专业人员职业资格考试办公室．风险管理［M］．北京：中国金融出版社，2024.

1.4.2　风险计量的含义和方法

1）风险计量的含义

风险计量是在风险识别的基础上，对风险发生的可能性、风险将导致的后果及严重程度进行充分的分析和评估，从而确定风险水平的过程。

2）风险计量的方法

风险计量可以基于历史记录以及专家经验，并根据风险类型、风险分析的目的以及信息数据的可获得性，采取定性、定量或者定性与定量相结合的方法。对不同类别的风险，要分别选择适当的计量方法，尽可能准确地计算可以量化的风险，评估难以量化的风险。随着现代金融理论的推进和信息科技的飞速发展，风险计量量化技术日益成熟和完善，为金融机构提高风险计量的准确性和风险管理的精细化提供了重要支持。我国《商业银行资本管理办法》的实施，也要求商业银行逐步采用资本计量高级方法，提高风险计量的科学性和准确性。目前，对于我国大多数金融机构来说，历史数据积累不足、数据真实性难以评估是模型开发的最大难题。考虑到不同风险计量方法的优势和局限性，商业银行等金融机构可以采用敏感性分析（sensitivity analysis）、压力测试（stress testing）、情景分析（scenario analysis）等方法作为补充。

1.4.3　风险监测、报告

1）风险监测、报告的内容

风险监测、报告包含风险管理的以下两项重要内容：

（1）监测各种风险水平的变化和发展趋势，在风险进一步恶化之前提交给相关部门，以便其密切关注并采取恰当的控制措施，确保风险在金融机构设定的目标范围以内。

（2）报告金融机构所有风险的定性、定量评估结果，并随时关注所采取的风险管理和控制措施的实施质量和效果。风险报告是金融机构实施全面风险管理的媒介，贯穿于整个流程和各个层面。可信度高的风险报告能够为管理层提供全面、及时和精确的信息，辅助管理决策，并为监控日常经营活动和合理的绩效考评提供有力支持。

2）风险报告的基本要求

巴塞尔委员会《有效风险数据加总和风险报告原则》要求，风险报告要具有准确性、综合性、清晰度和可用性，并满足报告频率和分发的要求。

（1）准确性。风险管理报告应该准确地反映和汇总风险数据，准确地呈现风险状况。报告应该经过审核和验证。

（2）综合性。风险管理报告应该涵盖组织内部的所有重要风险领域。报告的深度和广度应该与金融机构业务经营和风险状况的规模和复杂性相匹配，同时也要兼顾受众的要求。

（3）清晰度和可用性。风险管理报告用语要清晰、简洁，易于理解又综合全面，以帮助管理层在知情的基础上作出决策。

（4）频率。董事会和高级管理层（或酌情包括其他受众）应规定编制和分发风险管理报告的频率，体现受众要求、风险性质、风险变化速度及有效决策的重要性。当遇到压力、危机时，报告频率应该提高。

（5）分发。风险管理报告应分发给相关各方，所以要制定相关流程，快速收集和分析风险数据，及时向所有恰当受众发送报告。

1.4.4 风险控制、缓释

1）风险控制、缓释的含义

风险控制、缓释是金融机构对已经识别和计量的风险，采取分散、对冲、转移、规避和补偿等策略以及合格的风险缓释工具进行有效管理和控制风险的过程。风险控制与缓释应符合以下要求：一是与金融机构的整体战略目标保持一致；二是所采取的具体控制措施与缓释工具符合成本-收益要求；三是能够发现风险管理中存在的问题，并完善风险管理程序。

2）风险控制的方法

风险控制分为事前控制和事后控制。

（1）事前控制方法。常用的事前控制方法有限额管理、风险定价和制定应急预案等。限额管理是指金融机构可以对每个风险承担部门设定一定的限额，从而确保其避免介入高风险的业务活动。风险定价是指金融机构根据客户的风险水平收取合理的风险报酬，这也是进行风险补偿的重要方式。制定应急预案是指金融机构在面临极端市场压力环境下可以采取的应对措施，其作用是帮助金融机构快速应对突发事件和风险，降低风险的影响程度。

（2）事后控制方法。金融机构在对风险持续监控的基础上，根据所承担的风险水平和风险变化趋势，采取一系列风险转移或缓释工具来降低风险水平，从而将风险控制在目标范围以内。常用的方法主要有以下3种：

① 风险缓释或风险转移。风险缓释的目的在于降低未来可能发生的风险所带来的影响，缓释工具起到实质性减少风险的作用，如抵（质）押担保等。风险转移是指金融机构将自身的风险暴露转移给第三方，包括出售风险头寸、购买保险或进行互换、期权等避险交易等。

② 风险资本的重新分配。商业银行一般会根据不同风险承担部门的风险水平和经营情况重新分配风险资本。

③ 提高风险资本水平。金融机构还可以通过增加资本来提高其风险承受能力。

本章小结

风险和不确定性是密切联系的。金融风险是风险管理的主要对象。金融风险与风险事故、风险因素、风险事件、风险成本、金融危机、金融安全、金融稳定密切相关，具有不同于一般风险的特征。金融风险的形成既是经济环境的不稳定性造成的，又和金融机构的组织结构以及业务活动密不可分。金融风险管理通过消除和尽量减轻金融风险的不利影响，改善微观经济主体的经营管理，从而对整个宏观经济的稳定和发展起到促进作用。金融风险管理应建立完善的组织机构，设置完善的风险管理流程。

主要概念和观点

1. 风险的定义主要有以下几种：损失发生的可能性；结果的不确定性；结果对期望的偏离；风险是受伤害或损失的危险。

2. 金融风险的特征：普遍性、传导性和渗透性、隐蔽性、潜伏性和突发性、双重性、扩散性、可管理性、周期性。

3. 金融风险的分类：信用风险、流动性风险、利率风险、汇率风险、操作风险、法律风险、通货膨胀风险、政策风险、国别风险。

4. 金融风险管理的目的：创造持续稳定的生存环境，以最经济的方法减少损失，保护社会公众利益，维护金融体系的稳定和安全。

5. 金融风险管理的组织机构：内部组织机构包括股东大会、董事会与监事会，总部的高级管理层，各分支机构的中级管理层，审计部门，基层管理者；外部组织机构包括行业自律组织和政府监管组织。

6. 金融风险管理的流程：风险识别、分析，风险计量、评估，风险监测、报告，风险控制、缓释。

基础训练

1. 简述风险和金融风险的定义。
2. 简述金融风险的特征和种类。
3. 简述金融风险管理的目的。
4. 简述金融风险管理的组织机构。
5. 简述金融风险管理的流程。

第2章

金融风险管理的基本方法

2.1 现代风险管理的基础与发展

2.1.1 现代风险管理的基础

1）马柯维茨的资产组合选择

马柯维茨（Harry Markowitz，1952）认为，一个理性的投资者应该根据投资组合收益的均值与方差来分析可供选择的投资组合。马柯维茨的理论建立在两个假设基础上：一是资本市场是有效的；二是收益呈正态分布。马柯维茨的资产组合分析暗示：单个证券的特定或特殊风险不应该根据其波动性（收益率的方差）来计量。方差暗含着未来收益率的潜在分布，但对于单个证券来说，它并不与风险计量相关，因为绝大多数由收益率波动产生的特定风险很容易被分散或消除，基本上不需要成本。马柯维茨进一步推论，如果市场上的特定或特殊风险可以通过其他证券的收益来抵消，那么它们就不应该被定价。

2）夏普和林特纳的资本资产定价模型（CAPM）

夏普（Sharp，1964）和林特纳（Lintner，1965）将投资组合方法推进了一步，创立了资本资产定价模型。他们认为，在所有投资者持有无风险资产和市场资产组合（囊括了所有的风险资产）时，金融市场将实现均衡。风险资产的价格是通过它们被包含于市场组合这种方式来确定的。

3）期权定价模型（Black-Scholes模型）

期权定价模型是在20世纪70年代先后由布莱克（Fishier Black）、斯科尔斯（Myron Scholes）和默顿（Robert Merton）提出来的。其核心思想是：在一个没有套利机会的市场中，所有金融资产的预期回报率应该等于无风险利率。期权定价模型在金融管理领域的应用非常广泛，可以帮助金融机构更好地理解和管理潜在风险。期权定价模型可以帮助金融机构评估资产的未来价格走势，从而预测可能的风险。通过期权定价模型，金融机构可以将风险量化为具体的数值，比如以希腊字母体系表示的敏感性系数，这些系数反映了期权价格对特定风险因素的反映程度。在信贷业务中，期权定价模型可以用来评估借款方的信用风险。例如，评估信用风险的KMV模型就结合了期权定价模型，通过分析公司资产的价值和波动性来预测可能的违约风险。期权模型还可以应用在风险管理领域的风险调整定价和压力测试。

2.1.2　现代风险管理的发展

1）运用VaR对风险进行计量

（1）VaR的由来。VaR是金融风险管理技术的最新发展。VaR作为一个概念，最早源于20世纪80年代末交易商对金融资产风险测量的需要；作为一种金融风险测定和管理工具，则以J.P.摩根银行在1994年推出的风险计量模型为标志。这种方法最早用于对市场风险的计量和管理，后来又被用于信用风险、流动性风险和操作风险的计量和管理，最后它带来了全面风险管理的理念和实践。VaR涵盖了利率、货币、商品和权益等所有风险因子，还充分考虑了在较大的衍生品工具资产组合中极为重要的杠杆与相关性问题。它提供了对资产组合风险的一个概率意义上的综合计量和描述。

（2）VaR的含义。

① 经济学含义。在资本市场中，VaR的定义为：在给定的概率水平下（置信水平），在一定的时间内（如1天或10天），持有一种证券或资产组合可能遭受的最大损失。如果我们说某个风险敞口在99%的置信水平下，日VaR为100万元，这意味着平均看来，在100个交易日内，该风险敞口的实际损失超过100万元的可能天数只有1天。

② 数学含义。VaR是指在给定的置信水平下，资产组合在未来持有期内所遭受的最大可能损失，用数学公式表示为：

$$\text{Prob}(\Delta P \leqq \text{VaR}) = 1 - c$$

其中：Prob为概率度量；$\Delta P = P(t+\Delta t) - P(t)$，为组合在未来持有期$\Delta t$内的损失；$P(t)$为组合在当前时刻t的价值（也可以是收益率）；c为置信水平；VaR为置信水平c下组合的在险价值。

（3）VaR理解要点。

① 置信水平。置信水平（confidence level）是指构造总体参数的多个样本区间中，包含总体参数的区间占总数之比，而置信区间是指在某一置信水平下，样本统计值与总体参数值之间的误差范围。置信区间越大，置信水平越高。置信水平的选择依赖于对VaR的验证、内部风险资本需求、监管要求及不同机构之间进行比较的需要。置信水平通常为99%（BCBS，1997）或95%（J. P. Morgan），置信水平越大，VaR越大。与置信水平相对应的概念是显著性水平，即估计总体参数在一区间犯错误的概率，一般用α表示，c=1-α。显著性水平α通常为1%或5%。显著性水平取值越低，精度越高。一般显著性水平越低，VaR越大。

② 持有期。一般来说，在其他因素不变的情况下，持有期越长，组合面临的风险就越大，从而计算出的VaR值就越大，同时，持有期的选择还对VaR值的可靠性也产生很大影响。VaR不是已发生的实际损失额，而是对应于一定持有期的、未来的损失额。因此，持有期的选择和设定非常重要。通常持有期选择10个交易日（BCBS，1997），持有期越长，VaR越大，通常t日的VaR＝1日的VaR×$\sqrt{t}$。持有期的选择和设

定应考虑以下因素：组合收益率分布的确定方式，以及组合的市场流动性和头寸交易频繁程度。

③ 正常市场。VaR不是极端状态下的最大损失额，而是在正常市场条件下的最大损失额。因此，VaR可用于市场正常波动情况下非预期损失的测定。在正常市场条件下，VaR可用于确定内部风险资本需求和设定风险限额，进行资产组合，进行绩效评估和金融监管。而在市场处于极端情况下，比如发生经济危机或系统性风险时，使用VaR测定风险损失就会出现极大偏差。

（4）VaR的计算。

① 历史模拟法。基于历史可以复制未来且可以完整有效利用历史数据集的假设，将过去已经实现的收益率分布或市场变量分布应用于目前的投资（或组合），据此模拟下一个时期该投资（或组合）可能面临的收益分布，给定置信水平和持有期，就可以计算出VaR。

② 蒙特卡罗模拟法。假设资产价格或市场变量的变化服从于某个随机过程，通过模拟该随机过程，就可以得出在给定时点上投资组合的价格或市场变量的估计值。不断重复该模拟过程，就可以得到一系列估计值。如果重复的次数足够多，模拟出的估计值最终将会收敛于“真实的”组合价值。以此为基础，就可以进一步估计出组合“真实的”风险价值。

③ 方差-协方差法。借助统计学，利用历史数据拟合回报率的统计分布，如正态分布、t分布、广义误差分布（GED分布）等，由分布的参数来估计回报率在某个置信水平下的最小值。

在市场处于正常波动的状态下，时间跨度越短，收益率就越接近于正态分布，此时，假定收益率服从正态分布计算的VaR比较准确、有效。

（5）VaR的应用。VaR可用于确定内部风险资本需求和设定风险限额，进行资产组合，进行绩效评估和金融监管。

（6）VaR的局限。

① 尾部风险。VaR最明显的缺陷在于其无法衡量绝对的最大损失。它只是在一定置信水平下对损失进行估计。对于超出正常市场条件和超出置信区间的风险无法测量。

② 头寸风险。计算VaR时通常假设头寸固定不变，即组合的规模和结构不变。事实上，头寸经常会随市场的变动而发生调整。

③ 数据风险。计算VaR时通常需要大量的历史数据。如果数据缺乏或数据不准确，计算出来的VaR就很难保证其准确性。

④ 模型风险。运用模型计算VaR时可能面临着模型失败的风险，包括模型设计或选择错误、模型操作错误和参数估计错误等。比如，VaR通常为线性模型，若初始头寸增加n倍，风险也增加n倍，风险随头寸线性递增。

2）运用RAROC将风险管理同资本收益相联系

（1）RAROC（risk adjusted return on capital，经风险调整的资本收益率）的含义。

长期以来，衡量企业盈利能力普遍采用的是股本收益率（ROE）和资产收益率（ROA）指标，缺陷是这些指标只考虑了企业的账面盈利而忽略了风险因素。银行是经营特殊商品的高风险企业，以不考虑风险因素的指标衡量其盈利能力具有很大的局限性。目前，国际银行业的发展趋势是采用按经风险调整的收益率综合考核银行的盈利能力和风险管理能力。经风险调整的收益率克服了传统绩效考核中盈利目标未充分反映风险成本的缺陷，使银行的收益与风险直接挂钩，体现了业务发展与风险管理的内在统一，实现了经营目标与绩效考核的统一。使用经风险调整的收益率，有利于在银行内部建立良好的激励机制，可以从根本上改变银行忽视风险、盲目追求利润的经营方式，能激励银行充分了解其所承担的风险并自觉地识别、计量、监测和控制这些风险，从而在审慎经营的前提下拓展业务、创造利润。

20世纪70年代，美国信孚银行提出风险调整资本配置观念后，RAROC方法开始为金融机构和监管机构所接受。这种测度工具可以使银行高效地分配其经济资本，并在风险调整的基础上衡量经营业绩。如果不考虑精确性和稳定性，超过60%的银行采取了风险调整计量方法（RAROC、EC等），随着这些方法的标准化，这一比例持续提高。

（2）RAROC的计算。

在经风险调整的收益率中，目前被广泛接受和普遍使用的是RAROC。经风险调整的资本收益率是指经预期损失（expected loss，EL）和以风险资本（capital at risk，CaR；风险资本，即经济资本）计量的非预期损失（unexpected loss，UL）调整后的收益率。其计算公式如下：

RAROC=（收益-预期损失）÷风险资本（或非预期损失）

经风险调整的收益率意味着，如RAROC所强调的，银行承担风险是有成本的。在RAROC计算公式的分子项中，风险带来的预期损失被量化为当期成本，直接对当期盈利进行扣减，以此衡量经风险调整后的收益；在分母项中，则以经济资本或非预期损失代替传统ROE指标中的所有者权益，意即银行应为不可预计的风险提取相应的经济资本。整个公式衡量的是经济资本的使用效益。

下面以一个简单的例子说明RAROC的计算过程。例如，有一个贷款组合，本金为10亿元，年息9%。该贷款的经济资本估计为7 500万元（即贷款的7.5%），因此需要吸收9.25亿元的存款（年利率6%）来为这笔贷款筹集资金。银行每年的运营成本为1 500万元，假定这个贷款组合的预期损失是每年1%（1 000万元），则这项贷款的RAROC应为：

RAROC=（9 000-5 550-1 500-1 000）÷7 500×100%=12.67%

其中：9 000万元为预期收入；5 550万元为利息支出；1 500万元为运营成本；1 000万元为预期损失。

值得注意的是，RAROC是一个事前资本分析工具，因此预期损失应当在RAROC的算式中加以确定。当然，RAROC也可以用于绩效考核，这时，算式中的损失额就是实现的损失而不是预期的损失。

（3）RAROC的作用。

在通常情况下，金融机构按照信用风险、市场风险、操作风险来分类、测度和管理金融风险，而现在要把风险管理纳入一个整体框架当中。为了同时实现完整性和一致性，金融机构需要开发良好的RAROC方法，同时提供相应的辅助设施，以涵盖所有的风险类型和业务种类，用来收集足够的数据，建立强大的处理能力，并建设训练有素的员工队伍。RAROC方法依赖分析模型测度信用风险、市场风险和操作风险。

RAROC结果对金融机构所有分析和决策活动都有帮助。如图2-1所示，RAROC结果对银行如何分配限额、进行风险分析、管理资本、调整定价策略和进行资产组合管理等都有影响。RAROC分析也对资本管理、融资计划、资产负债表管理和补偿活动有帮助。

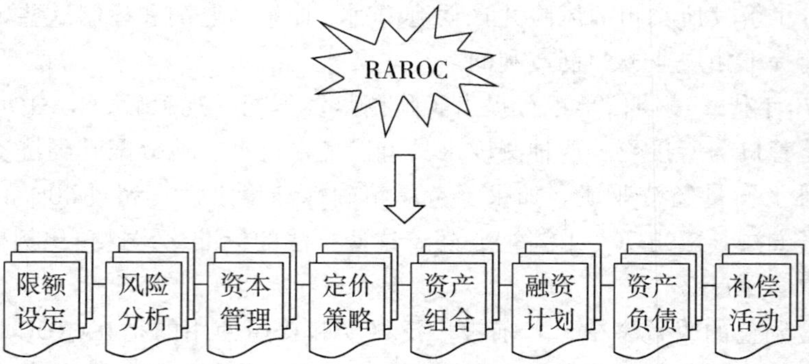

图2-1　RAROC流程输出结果的影响

资料来源　科罗赫，加莱，马克．风险管理［M］．曾刚，等译．北京：中国财政经济出版社，2005：443.

（4）RAROC使用上的限制。

加入风险因素的RAROC的确是一个能够具体且客观评估绩效的指标，但是在实际操作中仍有尚待克服的困难，其中最重要的一点就是EC的计算。当我们衡量EC时，必须将所有的风险都考虑进去，这就意味着将所有风险量化。当量化风险的能力不足时，就无法正确计算出RAROC。在实务操作中，变通方式为利用事后观察的实际损益计算损益波动度，代替计算EC所需事前预测的VaR，理由是事后的实际损益能反映投资组合事前所承担的风险。此方法称为以EaR（earnings at risk）为基础的RAPM方法，优点是操作简单，但是因采用的数据是历史资料，忽略了尚未实现的潜在损失，所以正确性不能令人信服。

3）ERM的提出及在金融企业中的应用

（1）ERM的含义。ERM（enterprise-wide risk management或enterprise risk management，全面风险管理）是近年来提出的企业风险管理综合模式，它确立了一种新的评价企业风险管理效果的标准。ERM是在以价值为导向的企业目标确立过程中取代传统风险管理，承担增加公司价值使命的新型风险管理体系和手段。ERM框架体系不仅包括通常的风险管理策略和过程，还包括所有支持和保障ERM效率、效果的辅助政策和设施，统称为ERM的配套设施。

2001年，北美非寿险精算师协会（Casualty Actuarial Society，CAS）在一份报告中明确提出了ERM概念，并对这种基于系统观点的风险管理思想进行了较为深入的研究。CAS（2003）对ERM的定义为：ERM是一个对各种来源的风险进行评价、控制、研发、融资、监测的系统过程，任何行业和企业都可以通过这一过程提升股东短期或长期价值。随后，在内部控制领域具有权威影响的COSO（The Committee of Sponsoring Organizations of the Treadway Commission，美国反虚假财务报告委员会所属的发起机构委员会）于2004年9月颁布了《全面风险管理——整合框架》（Enterprise Risk Management—Integrated Framework）报告。该报告从内部控制的角度出发，首次从体系上规范了企业全面风险管理的目标、要素和层次，将全面风险管理从理念发展到了实践操作层面。COSO对ERM的定义是：全面风险管理是一个过程，它由一个企业的董事会、管理当局和其他人员实施，应用于企业战略制定并贯穿于企业各种经营活动之中，目的是识别可能影响企业价值的潜在事项，管理风险于企业的风险容量之内，并为企业目标的实现提供保证。

归纳起来，ERM概念包括以下几个关键要素：

① 过程。ERM是一个过程，贯穿于企业的各种管理和经营活动之中。

② 对象。ERM的对象是企业内外部各种来源的风险整体。

③ 主体。ERM的执行主体涉及企业各个层级的全体员工和所有部门。

④ 目标。ERM的目标是把风险控制在风险容量以内，同时为企业寻找最佳的风险-收益平衡点，最终目的是提升股东短期或长期价值。

（2）ERM在金融企业中的应用。2004年《巴塞尔新资本协议》的发布和实施，标志着现代商业银行风险管理出现了一个显著变化，就是由以前单纯的信贷风险管理转向信用风险、市场风险、操作风险并举，信贷资产与非信贷资产并举，组织流程再造与技术手段创新并举的全面风险管理。《巴塞尔新资本协议》鼓励国际活跃银行实施全面风险管理，在提升风险衡量技术、建立风险管理组织结构等方面进行了许多有益的探索。

商业银行全面风险管理是由若干风险管理要素组成的一个有机体系，这个体系可以将风险和收益、风险偏好和风险策略紧密结合起来，增强风险应对能力，尽量减少操作失误和因此造成的损失；准确判断和管理交叉风险，提高对多种风险的整体反应能力；根据风险科学分配经济资本，确保商业银行各项业务持续健康发展。商业银行全面风险管理有以下几方面内容：

① 全面风险管理是一个过程。风险管理不是一个独立的管理活动，它是渗透到银行经营管理活动中的一系列行为，内生于银行各项经营管理的流程之中。风险管理本身也有输入和输出的要素，具有规范的管理流程。

② 全面风险管理必须依靠全体员工。全面风险管理不仅意味着大量的风险管理政策、报告和规章，而且包含银行各个层面员工的“知”和“行”。即使董事会、管理层以及员工决定了风险管理文化、风险偏好、风险管理目标和政策，风险管理流程也必须依靠全体员工才能运行，强调全员风险管理至关重要。

③ 全面风险管理涵盖了银行各层次的各类风险。根据《巴塞尔新资本协议》的划分，银行的各类业务风险都可以归结为信用风险、市场风险和操作风险3类。银行的全面风险就是由银行不同部门（或客户、产品）与不同风险类别（信用风险、市场风险、操作风险）组成的“银行业务风险矩阵”涵盖的各种风险。全面风险管理就是要对所有影响银行目标的风险进行系统识别、评估、报告和处置，它必须考虑银行所有层面的活动，从总行层面的战略规划和资源分配，到各业务单元的市场和产品管理，风险都应得

到有效控制。

（3）我国商业银行全面风险管理的实践。《银行业金融机构全面风险管理指引》（2016年9月由中国银监会颁布，2016年11月1日起施行）指出，银行业金融机构应当建立全面风险管理体系，采取定性和定量相结合的方法，识别、计量、评估、监测、报告、控制或缓释所承担的各类风险。

各类风险包括信用风险、市场风险、流动性风险、操作风险、国别风险、银行账户利率风险、声誉风险、战略风险、信息科技风险以及其他风险。

银行业金融机构的全面风险管理体系应当考虑风险之间的关联性，审慎评估各类风险之间的相互影响，防范跨境、跨业风险。

银行业金融机构应当制定风险管理政策和程序，包括但不限于以下内容：全面风险管理的方法，包括各类风险的识别、计量、评估、监测、报告、控制或缓释，风险加总的方法和程序；风险定性管理和定量管理的方法；风险管理报告；压力测试安排；新产品、重大业务和机构变更的风险评估；资本和流动性充足情况评估；应急计划和恢复计划。

4）金融科技在风险管理领域的应用

金融科技（Fintech），是指通过利用现代科技手段，如大数据、云计算、人工智能和区块链等，来提升金融行业的效率、降低成本、增强风险管理能力。金融科技不仅可以推进金融产品创新、变革金融服务模式，也可以优化传统风险管理手段，提升风险管理机制的前瞻性和有效性。随着金融科技的不断发展以及与传统管理方式的不断融合，金融科技正在加速改变传统风险管理的模式。

在信用风险管理领域，大数据通过对海量历史数据的深度分析，能够更准确地评估借款人的信用风险，提供更加充分、翔实的数据。通过机器学习算法，可以利用智能风控系统发现异常模式和潜在的欺诈行为，同时AI智能可以通过自动化方式对原始数据进行清洗、去噪和补充，更为准确地给出违约概率分布并对模型进行优化。通过对市场走势、宏观经济环境的分析实现风险的提前预测。

在市场风险管理领域，大数据和AI智能为市场数据分析提供足够的数据支持，区块链技术作为一种分布式账本技术，核心特点就是在多用户节点网络中，实现节点间高效、安全地共享网络中产生数据的同时，还可以保证数据的可靠性及节点的平等性，使交易信息公开透明，确保交易的真实性和可追溯性，能够有效地防止交易信息被篡改和伪造，提高交易的安全性和效率。智能监控体系可以实时监测市场动态和交易行为，发现异常波动和潜在风险时可以及时发出预警信号。

在操作风险领域，云计算利用云平台克服了传统金融风险度量中存在的业务、技术和数据的标准不统一，系统功能、统计口径等方面既有重叠又有分歧，“应用孤岛”现象等问题。基于云平台的架构，有助于实现各类风险管理系统的整合，支持大规模复杂风险计量，使原先难以快速处理的复杂风险指标计算效率得到显著提高，有助于进行操作性风险的度量，同时区块链等技术具有可追溯性，能有效防止交易被篡改和伪造，从而可以有效地减少来自内部和外部的操作性风险。

在流动性风险领域，利用大数据技术和机器学习算法，智能风控系统可以对市场行情、交易对手、资金流动等数据进行实时监测和分析，识别出可能影响流动性的因素，进行流动性风险预警，通过大量数据分析的基础模拟极端市场环境，对流动性进行压力测试，评估抵御风险的能力。大数据风控和智能风控系统可以实时监测流动性指标，能够及时发现和预警潜在风险，缩短风险处置时间。

微课 2-1

关于 VaR

综上所述，金融科技在金融风险管理领域有极大的发展前景。当前的管理技术还不足以支持金融科技在风险管理领域的全面应用，但随着金融科技的逐渐成熟，金融风险管理的生态和监管模式也会随之改变。

2.2 金融风险管理的定性方法

2.2.1 金融风险的预防

金融风险的预防是指在风险尚未导致损失之前，经济主体采用一定的防范措施，防止损失实际发生或将损失控制在可承受的范围之内。金融风险的预防是一种传统的风险管理方法，具有安全可靠、成本低廉、社会效果好的特点，可以防患于未然，对信用风险、流动性风险、操作风险等十分重要。它通常用于银行和其他金融机构信用风险和流动性风险的管理中。

2.2.2 金融风险的规避

金融风险的规避是指经济主体根据一定原则，采取一定措施避开金融风险，以减少或避免由于风险引起的损失。风险规避策略的实施成本主要是风险分析和经济资本配置方面的支出。此外，风险规避策略的局限性在于它是一种消极的风险管理策略。金融风险的规避与预防有类似之处，二者都可使经济主体事先减少或避免风险可能引起的损失。不过，金融风险的预防较为主动，在积极进取的同时争取预先控制风险；而金融风险的规避则较为消极、保守，在避开风险的同时，也放弃了获取较多收益的可能性。例如，经济主体在选择投资项目时，尽可能选择风险低的项目，放弃风险高的项目，而风险高的项目往往可能有较高的预期收益。银行在发放贷款时，倾向于发放短期的、以商品买卖为基础的自偿性流动资金贷款，而对固定资产贷款则采取十分谨慎的态度。金融风险的规避可以应用于信用风险、汇率风险和利率风险管理。

2.2.3 风险自留

风险自留是指企业自我承担风险。假如某些金融因素的改变会产生损失，企业将以此时可获得的所有资金偿付，以减少损失或使损失消失。在通常情况下，风险自留可以是有计划的，也可以是非计划的；可以预先为可能发生的损失留存资金，也可以不留存资金。计划自留是指有意识地对预计风险的自我承担。企业采取计划自留策略一般是因为它比较便利，有时也是在比较了各种方法之后结合企业自身能力而作出的决策。非计划自留是因为人们没有预计到风险会产生而形成的对风险的自我承担。有时即使预计到风险会发生，而风险造成的最大可能损失被低估了，也仍然会发生非计划自留。

在许多情况下，风险自留的目的是当损失发生的时候对其进行偿付，而不是在损失发生之前安排资金。风险自留的方式有以下3种：

1）储备基金

会计准则要求金融机构针对相关资产建立准备资金用于补偿风险自留的损失。如果风险所引起的损失有限，就能通过准备资金有效地防范风险。我国银行从1988年起建立贷款呆账准备金制度。2002年4月，为了增强银行抵御风险的能力，鼓励银行逐步与国际通行标准接轨，配合贷款风险分类的全面实施，中国人民银行制定和发布了《银行贷款损失准备计提指引》，要求各银行及时足额提取各类贷款损失准备。2004年初，中国银监会颁布的《商业银行资本充足率管理办法》（2007年进行了修改）明确提出，商业银行资本充足率的计算应建立在充分计提贷款损失准备等各项损失准备的基础之上。2023年11月，国家金融监督管理总局发布的《商业银行资本管理办法》规定，商业银行核心一级资本中包括一般风险准备；二级资本中包括超额损失准备。同时规定，商业银行应在最低资本要求的基础上计提储备资本。储备资本要求为风险加权资产的2.5%，由核心一级资本来满足。国家金融监督管理总局有权根据宏观经济金融形势、银行业整体风险状况以及单家银行经营管理和风险水平等情况，对储备资本要求进行调整。

商业银行应在最低资本要求和储备资本要求之上计提逆周期资本。逆周期资本的计提与运用规则由中国人民银行会同国家金融监督管理总局另行规定。

除最低资本要求、储备资本和逆周期资本要求外，系统重要性银行还应计提附加资本。

2）自保险

自保险也称自保，来源于自保险公司的业务。自保险公司（captive insurance company）是指由工商企业和金融集团设立、主要承保成员企业业务、规避成员风险的保险公司。自保险公司一般在避税港设立，主要业务是为其关联企业提供保险。由于自保险这种策略中的保险常常有风险转移的意思，所以有些人对此提出异议。很显然，自保险并没有涉及风险的转移，风险依然由企业自身承担，仍然属于风险自留范围，因此我们将这一术语应用于一些特殊情况。一些实力雄厚的大公司，尤其是跨国公司有频繁而数量庞大的国际经营业务和投资项目，自然免不了要面临风险，它们常在公司内部设立专项资金和专门部门对自保险等风险管理策略组织实施并进行监督。还应注意的是，自保险有两个因素：一是风险暴露单位数目要足够大，以便能准确地预计损失；二是通过设立专项基金对预期损失进行事先预留。

我国的自保公司是指经保险监督管理机构批准，由一家母公司单独出资或母公司与其控股子公司共同出资，且只为母公司及其控股子公司提供财产保险、短期健康保险和短期意外伤害保险的财产保险公司。由于其不接受母公司以外的保险业务，其经营风险最终由母公司自行承担，自保公司无须缴纳保险保障基金，也不纳入统一的保险保障基金管理体系。

3）资本充足管理

金融机构的非预期损失要由资本来承担，因此金融机构持有充足的资本是金融风险管理所必需的，也是金融业监管的要求。在现阶段，遵循国际惯例，商业银行的资本充足率由巴塞尔银行监管委员会统一规定，它建议采取适当的计量方法。证券公司的资本规定与商业银行不同。1975年，美国证券交易委员会（SEC）15c3-1款的规定中，对证券经纪人资本充足率的测定类似于基于市场价值的测量方法。证券经纪人必须逐日根据市场价值计算净值，确保净值与资产的比率大于2%。在美国市场上，人寿保险公司本质上与银行所使用的方法相似，但它的范围更广，包括其他类型的风险。2021年1月，中国银保监会修订发布的《保险公司偿付能力管理规定》明确，保险公司同时符合以下三项监管要求的，为偿付能力达标公司：（1）核心偿付能力充足率不低于50%；（2）综合偿付能力充足率不低于100%；（3）风险综合评级在B类及以上。不符合上述任意一项要求的，为偿付能力不达标公司。

2.2.4 内部风险抑制

从国际金融发展的进程来看，随着经济全球化和金融全球化、跨国公司蓬勃发展、金融业务规模逐步扩大、竞争激烈程度增加，银行所面临的金融风险也越来越大。通过进行联合重组，建立股份制银团，不仅可以满足市场需求的增加，更重要的是可以将原来单个银行所面临的巨大风险合理分摊，使每一家银行按照合同或协议的规定承担有限的风险，从而有利于从银团内部结构上抑制风险损失的严重性。此外，进行信息投资也是另一种主要的内部风险抑制形式。市场信息具有不对称性、滞后性，不能及时掌握信息会导致对市场预测的失效。信息投资是对市场的未来趋势进行更加精确的估计或预测，目的是使预测的风险和损失程度更准确，使风险承担者可以及时、准确地实施有效的风险管理措施。

2.3 金融风险管理的定量方法

2.3.1 损失控制

当金融风险不能规避时，应采取措施减少损失，这种处理金融风险的方法就是损失控制。控制风险与规避风险不同，进行风险控制时，风险承担者仍然进行有关活动。损失控制不是停止这些活动，而是在开展活动的过程中采取一系列措施，减少和避免最后的风险损失，或是降低损失发生时的成本。

风险承担者是否进行损失控制依赖于采用这种方法所花的成本是否能够由所获得的预期收益所抵补。若成本远远超出收益，则这种损失控制的投资就是不值得的。此时，损失控制的收益应能够被合理量化。损失控制通常涉及对潜在损失的量化与评估，以便更有效地管理风险。以下是一些常用的定量方法。

（1）敏感度分析。

敏感度分析是一种研究与分析一个系统（或模型）的状态变化或输出变化对系统参数或周围条件变化的敏感程度的方法。金融风险管理中常见的敏感度指标主要有久期、凸性、Beta值以及主要应用于金融衍生工具风险度量的Delta、Gamma、Theta、Vega、

Rho等。通过对这些敏感度指标的监测，可以对风险变动及时调整，从而实现对风险损失的控制。

（2）波动率方法。

波动率是衡量金融资产价格不确定性的关键指标，它可以帮助投资者评估资产的价格风险。在风险管理中通过波动率的建模，可以为金融资产定价提供一个简单的风险评估方法。通过合理定价，可以为风险控制、风险预测和决策支持等多方面提供理论支持和实践指导。常见的波动率模型有ARCH、GARCH、IGARCH等。

（3）VaR。

在险价值是指市场处于正常波动的状态下，对应于给定的置信水平，投资组合或资产组合在未来特定的一段时间内所遭受的最大可能损失。通过对最大损失的预测可以通过控制风险敞口的方式将VaR调整到可控范围。

（4）压力测试与极值理论。

在险价值法相对成熟，已经成为众多金融机构日常进行风险控制的主要手段，然而对厚尾分布的情况或极端情形VaR却无能为力。因为VaR是处理正常市场条件下的风险控制的主要手段，而对于非正常市场条件下的风险，在险价值法就不够准确，特别是金融资产的收益率变化分布经常表现出厚尾分布的特征。那么，就可以应用压力测试和极值理论。

压力测试是一种评估金融资产或投资组合在极端市场条件下可能遭受的最大损失的方法。它通过模拟或构造未来可能出现的极端情景，对极端情景下的资产组合价值变化作出评估和判断，以期当极端情况发生时，可以快速启动应急预案，对风险进行控制。

极值理论（extreme value theory，EVT）是一种用来度量和预测极端事件的统计理论。它通过测量在极小的概率下可能发生的极端风险损失。通过极值理论，可以补充VaR未曾考虑的风险因子尾部分布的特征变化。

综上，压力测试和极值理论也是从总体风险管理的角度对非正常市场条件的损失进行测度和控制的方法。

2.3.2 风险分散

风险分散是指通过多样化的投资来分散和降低风险的方法。风险分散是一种常用的策略。根据马柯维茨的资产组合理论，如果各资产彼此间的关系系数小于1，资产组合的标准差就会小于单个资产标准差的加权平均数，因此有效的资产组合就是要寻找彼此之间相关关系较弱的资产加以组合，在不影响收益的前提下尽可能地降低风险。当资产组合中资产的数目趋于无穷大时，组合的非系统性风险将趋于零。

在信贷管理中，银行可以利用分散策略降低信用风险。银行的贷款对象不应过度集中于单一客户，而应分布于各行业、各地区、各国家。为此，银行一般设立对单一客户贷款的最高限额或限制性比率。若某客户贷款需求量巨大，多家银行将组成银团为其提供贷款，以分散信贷风险。

分散策略还可以用于管理证券价格风险和汇率风险。风险管理中，风险分散的定量方法主要是应用投资组合理论。风险分为系统性风险和非系统性风险。系统性风险通常很难被分散，而非系统性风险可以通过合适的投资组合来进行分散，特别是信用风险和市场风险。

2.3.3　风险转移

风险转移是指通过购买某种金融产品或采取其他合法的经济措施将风险转移给其他经济主体的一种风险管理方法。风险转移可分为保险转移和非保险转移。所转移的风险通常是通过别的风险管理方法无法减少或消除的系统风险，人们只得借用适当的途径将它转移出去。这种策略的重要特征是风险的转移必须以被转移者同意承担为条件。从宏观角度来看，风险的程度保持不变，只是改变了风险的承担者。风险转移的方式有以下3种：

1）保险

保险是一种广泛应用且典型的风险转移方法。风险承担者可以向保险公司或某些担保银行投保，以保险费为代价，将风险转移给这些金融机构。在通常情况下，保险是通过一个具备法律效力的合同（或称保险单）来实施的。在保险合同中，保险公司承诺对被保险人在合同期限内所遭受的损失进行一定数量的赔偿。这暗示着保险公司将赔偿任何可能发生的损失，但是，有时候保险公司可能无力偿付，不能履行它们赔偿损失的承诺。在这种情况下，被保险人不得不承担原以为已经转移出去的损失。因此，在通过保险转移风险时，要充分考虑保险公司的财务实力，以及一旦发生承保损失保险公司是否能及时进行赔付。

2）担保

担保是指金融机构在发放贷款时，要求借款人以第三方信用或其拥有的各种资产作为还款保证的一种形式。在信用风险管理中，银行和其他金融机构对外贷款时，常常会采用由第三方担保的方式贷给借款人。这样，银行及其他金融机构通过设定担保，将所承担的信用风险转移给第三方。签订贷款合同后，担保人要监督借款人到期如数还本付息。如果借款人不能按期付清全部款项，则担保人必须依照合同的有关规定承担连带责任，替借款人还清债务。

3）延迟支付

在对外贸易和对外金融活动中，风险承担者也通过推迟外汇的支付，将面临的汇率风险转移给对方。例如，有一笔远期外汇收入，若出口商和债权人预期外汇将升值，本币将贬值，他们就会要求尽可能地推迟收汇。相反地，若进口商和债务人预计外汇将贬值，本币将升值，他们也会尽量推迟付汇。当然，采用这种方式的前提是风险承担者预测的汇率波动是准确的；否则，不但不会转移风险，还可能增加风险。

2.3.4　风险对冲

对冲又称套期保值。风险对冲是指通过投资或购买与标的资产收益波动负相关的某种资产或衍生产品，来冲销标的资产潜在的风险损失的一种风险管理方法。风险对冲可以管理系统性风险和非系统性风险，还可以根据投资者的风险承受能力和偏好，通过对对冲比率的调节将风险降低到预期水平。经济主体所从事的不同金融交易的收益彼此之间如负相关，当其中一种交易亏损时，另一种交易就将获利，从而实现盈亏相抵。风险对冲的工具主要是金融衍生品，包括期货、远期、期权。

套期保值者通过在远期、期货市场上建立与现货市场相反的头寸，将未来的价格固定下来，使未来价格变动的结果保持中性化，以冲抵现货市场价格波动的风险，达到保值的目的。远期利率协议、远期外汇交易、外汇期货、利率期货、指数期货、股票期货等品种可用于对冲汇率、利率以及证券价格未来波动的风险。金融期权交易不仅可以用于套期保值，还可能使期权卖方获得意外收益。

2.4 内部控制与金融风险管理

“内部控制”概念源于1949年美国会计师协会发布的一份报告，是指公司出于保护资产、核查会计数据的准确性和可靠性、提高经营效率、促使遵循既定的管理方针的目的而采取的方法和措施。美国注册会计师协会1958年将“内部控制”分为两类，即内部会计控制和内部管理控制；1988年引入“内部控制结构”概念，第一次将内部控制引申为一种结构和环境，认为内部控制的实质在于合理地评价和控制风险，因此被称为风险导向型内部控制，从而将内部控制和风险管理有机结合起来。

2.4.1 内部控制文件及其主要内容

1）COSO的《内部控制——整合框架》

1992年，COSO发布《内部控制——整合框架》，其核心观点包括：

（1）内部控制的定义。内部控制是由企业管理人员设计的，为实现经营的效果和效率、财务报告的可靠及合法合规目标提供合理保证，通过董事会、管理人员和其他职员实施的一种过程。

（2）内部控制的组成部分。内部控制由5个相互联系的要素组成：控制环境（control environment）、风险评估（risk assessment）、控制活动（control activities）、信息与沟通（information and communication）、监控（monitoring）。

（3）对不同层次的人员在内部控制中的角色和责任的理解。企业内部每一个成员在实施内部控制方面都扮演一定角色，负有一定责任。

2）巴塞尔银行监管委员会的《银行组织内部控制系统框架》

1998年，巴塞尔银行监管委员会发布《银行组织内部控制系统框架》，系统地提出了评价商业银行内部控制体系的指导原则，主要内容包括：

（1）内部控制的目的和作用。内部控制是由董事会、高级管理人员以及其他人员实施的一个过程，其目的是实现经营的效果与效率（营业目标），会计与管理信息的可靠、完整与及时（信息目标）以及经营活动符合现行法律、法规的要求（符合性目标）。

（2）内部控制要素及评估原则。内部控制由5个相关联的要素组成：管理层监察与控制文化、风险识别与评估、控制活动与岗位分离、信息与沟通、监控活动与偏差纠正。

3）中国银监会的《商业银行内部控制指引》

2014年9月，中国银监会发布《商业银行内部控制指引》，对促进商业银行规范内部管理、完善内部控制提出新的要求，主要内容包括：

（1）内部控制的定义。内部控制是商业银行董事会、监事会、高级管理层和全体员工参与的，通过制定和实施系统化的制度、流程和方法，实现控制目标的动态过程和机制。

（2）内部控制的目标。保证国家有关法律法规及银行规章制度的贯彻执行；保证商业银行发展战略和经营目标的实现；保证商业银行风险管理的有效性；保证商业银行业务记录、会计信息、财务信息和其他管理信息的真实、准确、完整和及时。

（3）内部控制的原则。

① 全覆盖原则。商业银行内部控制应当贯穿决策、执行和监督全过程，覆盖各项业务流程和各个操作环节，覆盖所有的部门、岗位和人员。

② 制衡性原则。商业银行内部控制应当在治理结构、机构设置及权责分配、业务流程等方面形成相互制约、相互监督的机制。

③ 审慎性原则。商业银行内部控制应当坚持风险为本、审慎经营的理念，设立机构或开办业务均应坚持内控优先。

④ 相匹配原则。商业银行内部控制应当与管理模式、业务规模、产品复杂程度、风险状况等相适应，并根据情况变化及时进行调整。

2.4.2 基于内部控制要素的金融风险管理

1）基于内部控制职责的金融风险管理环境

COSO的《内部控制——整合框架》提出，内部控制环境包括诚信和道德价值观，致力于提高员工工作能力及促进员工职业发展的承诺，董事会和审计委员会、管理层的理念和经营风格，组织结构、权限及职责分配，人力资源政策及程序。巴塞尔银行监管委员会的《银行组织内部控制系统框架》提出，内部控制环境包括管理层监察与控制文化，董事会、高管层的作用是确定银行可接受的风险水平，监控内部控制系统的有效性，促进高尚道德与诚实标准的形成，建立向各级员工显示的内部控制文化。中国银监会的《商业银行内部控制指引》提出，商业银行应当建立由董事会、监事会、高级管理层、内控管理职能部门、内部审计部门、业务部门组成的分工合理、职责明确、报告关系清晰的内部控制治理和组织架构；商业银行应当指定专门部门作为内控管理职能部门，牵头进行内部控制体系的统筹规划、组织落实和检查评估。这些内容充分体现了金融风险管理所需要的内部环境：风险文化、基础设施、内部控制、组织机构。当然，金融风险管理还取决于外部环境，即经济体制和外部监管。

2）基于内部控制措施的金融风险识别与计量

中国银监会的《商业银行内部控制指引》指出，商业银行应当合理确定各项业务活动和管理活动的风险控制点，采取适当的控制措施，执行标准统一的业务流程和管理流程，确保规范运作。商业银行应当采用科学的风险管理技术和方法，充分识别和评估经营中面临的风险，对各类主要风险进行持续监控。

对金融风险进行管理，应在风险管理总体框架内设置各级专门管理部门，基层设置专门管理人员。金融风险的计量采取定性和定量相结合的方法，应开发定量计量方法，为风险控制奠定基础，提高综合风险管理水平。

3）基于内部控制保障的金融风险信息交流与反馈

中国银监会的《商业银行内部控制指引》明确提出信息系统的建立、信息的处理和运用。商业银行应当建立健全信息系统控制，通过内部控制流程与业务操作系统和管理信息系统的有效结合，加强对业务和管理活动的自动控制。信息系统的建立和完善是金融风险管理水平提高的保障。风险量化管理方法往往要求有较长时间准确、完整的基础损失数据，这依赖数据库的建立和充实、信息系统功能的完善。

4）基于内部控制评价的金融风险控制

中国银监会的《商业银行内部控制指引》对商业银行的内部控制评价有全面阐释：商业银行内部控制评价是对商业银行内部控制体系建设、实施和运行结果开展的调查、测试、分析和评估等系统性活动。商业银行应当建立内部控制评价制度，规定内部控制评价的实施主体、频率、内容、程序、方法和标准等，确保内部控制评价工作规范进行。商业银行应当根据业务经营情况和风险状况确定内部控制评价的频率，至少每年开展一次。当商业银行发生重大并购或处置事项、营运模式发生重大改变、外部经营环境发生重大变化时，或当商业银行发生其他有重大实质影响的事项时，应当及时开展内部控制评价。内部控制评价是金融风险控制的基础。

5）基于内部控制监督的金融风险监测

中国银监会的《商业银行内部控制指引》对商业银行业务的监督评价提出了基本要求。商业银行内部审计部门、内控管理职能部门和业务部门均承担内部控制监督检查的职责，应根据分工协调配合，构建覆盖各级机构、各个产品、各个业务流程的监督检查体系。商业银行应当建立内部控制监督的报告和信息反馈制度，内部审计部门、内控管理职能部门、业务部门的人员应将发现的内部控制缺陷，按照规定报告路线及时报告董事会、监事会、高级管理层或相关部门。

可以说，《商业银行内部控制指引》对商业银行业务的内部控制进行了框架构建。以此为基础，进行定量化的过程监测，建立完善的管理体系，这样将实现对金融风险的总体控制。

本章小结

现代金融风险管理以马柯维茨的资产组合理论和夏普、林特纳的资本资产定价模型为基础。VaR是金融风险管理技术的最新发展。这种方法最先用于对市场风险的计量和管理，其后又被用于信用风险、流动性风险和操作风险的计量和管理，最后它带来了全面风险管理的理念和实践。用以VaR为基础的RAROC衡量金融机构的绩效更具有实际意义。在对金融风险进行具体管理时，可以采取定性管理方法和定量管理方法。定性管理方法包括金融风险的预防、金融风险的规避、风险自留、内部风险抑制；定量管理方法包括损失控制、风险分散、风险转移、风险对冲。金融机构建立内部控制制度、对金融风险进行管理具有重要意义。

主要概念和观点

1. 马柯维茨（1952）的资产组合选择。马柯维茨认为，一个理性的投资者，应该根据投资组合收益的均值与方差来分析可供选择的资产组合。

2. 夏普（1964）和林特纳（1965）的资本资产定价模型。夏普和林特纳将投资组合方法推进了一步，创立了资本资产定价模型。

3. 布莱克、斯科尔斯和默顿提出的期权定价模型。其核心思想是：在一个没有套利机会的市场中，所有金融资产的预期回报率应该等于无风险利率。

4. VaR定义。在资本市场中，VaR的定义为：在给定的概率水平下（置信水平），在一定的时间内（如1天或10天），持有一种证券或资产组合可能遭受的最大损失。

5. RAROC的界定和运用。RAROC即经风险调整的资本收益率，它描述了单位资本所获得的收益，反映了风险资本的效率。

6. ERM的提出及在金融企业管理中的运用。ERM是近年来提出的企业风险管理综合模式，它确立了一种新的评价企业风险管理效果的标准。ERM是在以价值为导向的企业目标确立过程中取代传统风险管理、承担增加公司价值使命的新型风险管理体系和手段。

7. 金融风险管理的定性方法包括金融风险的预防、金融风险的规避、风险自留、内部风险抑制。

8. 金融风险管理的定量方法包括损失控制、风险分散、风险转移、风险对冲。

9. 内部控制，是指公司出于保护资产、核查会计数据的准确性和可靠性、提高经营效率、促使遵循既定的管理方针的目的而采取的方法和措施。

基础训练

1. 简述现代金融风险管理的基础与发展。
2. 简述VaR的含义及在风险管理中的作用。
3. 简述RAROC的含义及在绩效评价中的作用。
4. 简述我国银行业金融机构全面风险管理政策和程序。
5. 简述金融风险管理的定性方法。
6. 简述金融风险管理的定量方法。
7. 简述内部控制与金融风险管理的关系。

第3章

信用风险管理

3.1 信用风险概述

信用风险是金融市场中最古老也是最重要的金融风险之一。它随着借贷的发生而产生，直到这笔贷款的本金和利息完全归还或者发生违约冲销损失准备才结束。随着金融市场的迅猛发展，金融机构有必要对信用风险进行更加灵活、积极和主动的管理，通过各种金融技术将信用风险层层剥离，选择更完善的风险管理方法，将风险降低或转移。

3.1.1 信用风险的概念

1）传统的信用风险概念

关于信用风险的概念，有许多不同的观点。传统观点认为，它是指交易对象无力履约的风险，即债务人未能如期偿还其债务造成违约而给经济主体经营带来的风险。

信用风险有广义和狭义之分。从狭义上讲，信用风险通常是指信贷风险。广义的信用风险是指所有因客户违约（不守信）所引起的风险，如资产业务中借款人不按时还本付息引起的资产质量恶化；负债业务中存款人大量提前取款形成挤兑，加剧支付困难；表外业务中交易对手违约引致或有负债转化为表内负债等。

2）现代的信用风险概念

从组合投资的角度出发，信用资产组合不仅因为交易对手（包括贷款借款人、债券发行人等）的直接违约而发生损失，而且交易对手履约可能性的变动也会给资产组合带来风险。一方面，一些影响交易对手信用状况的事件的发生，如信用等级降低、盈利能力下降，造成所发行的债券跌价，从而给银行带来风险；另一方面，在信用基础上发展起来的交易市场使贷款等流动性差的资产价值能得到更恰当和及时的反映，如在西方的信用衍生品市场上，信用产品的市场价格是随着借款人的还款能力的变化而不断变化的，这样借款人信用状况的变动也会随时影响银行资产的价值，而不仅仅是在违约发生时才有影响。从这两个方面来看，现代意义上的信用风险不仅包括违约风险，还包括交易对手（债务人）信用状况和履约能力的变化导致债权人的资产价值发生变动、遭受损失的风险。与传统的信用风险定义相比，这种对信用风险的解释更切合信用风险的本质。不同的信用风险定义作为信用风险计量模型的概念框架，将会直接影响信用模型的建立。

3）信用风险包含的内容

（1）违约风险[①]。在现代市场经济条件下，无论是企业还是个人，在其经济活动中一旦与他人或其他企业签订经济合约，就面临合约对方当事人不履约的风险，如不支付钱款、不运送货物、不提供服务、不偿还借款等。此外，在信用保险、不同的贸易支付方式（赊账、货到付款、预付货款、交货付款）、国际贸易、托收、汇票、合同保证书、第三方担保、对出口商的中长期融资、福费廷等业务中，均存在对方当事人违约的可能。

（2）主权风险。它是指债务人所在国采取某种政策，如外汇管制，使债务人不能履行债务所造成的损失。这种风险的主要特点是针对国家，而不像其他违约风险那样针对的是企业和个人。

（3）结算前风险和结算风险。结算前风险一般是在正式结算前就已经发生。结算风险则是指在结算过程中发生不可预料的情况，即当一方已经支付了合同资金但另一方发生违约的可能性。这种情况在外汇交易中较为常见，如交易的一方早晨在欧洲支付资金而后在美国进行交割，在这个时间差中，结算银行的倒闭可能导致交易对手不能履行合同。

信用风险对衍生金融产品和基础金融产品的影响不同。对于衍生金融产品而言，违约带来的潜在损失小于产品的名义价值损失，实际上它只是头寸价值的变化；对于基础金融产品（如公司债券或银行贷款）而言，信用风险所带来的损失就是债务的全部名义价值。

4）信用风险与信贷风险的辨析

信用风险与信贷风险是两个既有联系又有区别的概念。信贷风险是指在信贷过程中，由于各种不确定性，借款人不能按时偿还贷款，造成银行贷款本金、利息损失的可能性。对于商业银行来说，信贷风险与信用风险的主体是一致的，即均是由于债务人信用状况发生变动给银行经营带来风险。二者的不同点在于其所包含的金融资产的范围不同。信用风险不仅包括贷款风险，还包括存在于其他表内、表外业务，如贷款承诺、证券投资、金融衍生工具中的风险。由于贷款业务是商业银行的主要业务，所以信贷风险是商业银行信用风险管理的主要对象。[②]

3.1.2 信用风险产生的原因

1）现代金融市场内在本质的表现

信用风险是金融市场的一种内在推动力和制约力，它既促进了市场参与者管理效率的提高，增添了市场活力，也具有风险警示作用，起到“看不见的手”的调节和约束作用。

（1）信用风险内生于金融市场。20世纪80年代相继发生在世界各地的金融风波或金融事件，绝大多数是由信用风险引发的。实际上，即使没有造成大的金融危机，信用

① 霍利韦尔．金融风险管理手册［M］．励雅敏，钱婵娟，等译．上海：上海译文出版社，2000：35.
② 宋清华，李志辉．金融风险管理［M］．北京：中国金融出版社，2005：226.

风险在金融活动中也无处不在。由于金融市场上有无数参与者，每时每刻都有大量的交易发生，因此金融市场上客观存在着大量的信用风险。在信用风险管理中，风险与风险暴露结合在一起，但风险暴露与信用风险也有不同。风险暴露是指在信用活动中存在信用风险的部位以及受信用风险影响的程度。例如，银行持有的贷款头寸就是一种风险暴露，但不是信用风险；而贷款的拖欠或违约则是信用风险，而不是风险暴露。事实上，一些信用产品的风险暴露程度高，其信用风险未必高。例如，一笔以美元存款作抵押的1 000万元贷款，尽管风险暴露（贷款金额）程度很高，但风险较低；而一笔小额的10万元信用贷款，风险暴露程度较低，但发生损失的可能性较大。风险暴露较具体，容易计量，便于研究。

（2）信用风险是金融市场的一种内在推动和制约力量。一方面，金融市场参与者如果能把握时机，就能获得较好的收益，从而在激烈的竞争中赢得胜利；反之，就可能陷于被动，进而遭受损失。因此，从某种意义上讲，信用风险促进了金融市场参与者管理效率的提高，增添了金融市场的活力。另一方面，信用风险可能造成的严重后果具有警示作用，能够在一定程度上约束金融市场参与者，从而对整个金融市场起到调节作用。

2）信用活动中的不确定性导致信用风险

不确定性是现实生活中客观存在的，它反映一个特定事件在未来有多种可能的结果。在信用活动中，不确定性包括外在不确定性和内在不确定性两种。

（1）外在不确定性。外在不确定性来自经济体系之外，是经济运行过程中随机性、偶然性的变化或不可预测的趋势，如宏观经济走势、市场资金供求状况、政治局势、技术和资源条件等。外在不确定性也包括国外金融市场上不确定性的冲击。一般来说，外在不确定性对整个金融市场都会有影响，所以，外在不确定性导致的信用风险等金融风险又被称为系统性风险。显然，系统性风险不可能通过投资分散化等方式来化解，而只能通过某些措施来转嫁或规避。

（2）内在不确定性。内在不确定性来自经济体系之内，它是由行为人主观决策及获取信息的不充分性等原因造成的，带有明显的个性特征。例如，企业的管理能力、产品的竞争能力、生产规模、信用品质等变化都直接影响其履约能力，甚至企业内部的人事任命、负责人的身体状况等都会影响其股票和债券的价格。投机者不可预测的炒作又加大了内在不确定性。内在不确定性可以通过设定合理的规则来降低，所以，内在不确定性导致的金融风险又被称为非系统性风险。

3）信用当事人遭受损失的可能性形成信用风险

信用风险往往与损失联系在一起，或者说，信用风险可能导致损失。这里包括两层意思：第一，对于信用活动的一个事件来说，只要它存在损失的可能性，就表明它存在信用风险，但这并不意味着该事件不存在营利的可能性。第二，信用风险指的是一种可能性，是一种结果未知的未来事件。对于已经发生的事情，比如一企业不能履约归还贷款使银行遭受100万元的损失，这一损失只是信用风险造成的结果，而非信用风险本身。

信用风险可能导致的损失有以下两种情况：一是信用风险可能给行为人带来直接的损失。一般认为，信用风险导致的可能损失越大，信用风险就越大。二是信用风险还可能给行为人带来潜在的损失，如银行因贷款不能及时收回、长期债券投资者由于发行人违约不能收回债券本息等，这些都可能使人们失去良好的再投资机会，甚至影响正常的经营秩序。从整个国民经济来看，信用风险还会扰乱整个市场秩序，从而对经济发展产生不利影响。

3.1.3　信用风险管理的特征及变化

信用风险管理表现出与其他风险管理不同的特征。此外，随着风险管理领域的迅速扩展，信用风险管理也在不断发展和深化，呈现出与传统风险管理不同的特点。

1）信用风险管理的特征

（1）信用文化及人们对风险的态度对风险管理至关重要。金融机构管理层对风险的态度非常关键，它决定金融机构到底愿意承受多大的风险。在确定了可以承受的风险区域后，管理层应该让每一个员工对此有所了解并给予支持，然后确定配套的系统、政策和程序来使所有员工严格执行。

（2）随时监测企业所面临的风险并采取相应对策。建立支持性信用风险管理框架，明确风险管理的程序和环节。第一，完全暴露企业各个经营环节的风险状况，以便随时检测问题所在；第二，明确企业各层级在风险管理方面的职能并建立相应的约束和激励机制；第三，在贷款管理的各个环节进行一系列分析工作，积极控制信用风险的生成和恶化，利用技术手段控制风险。

（3）在机构设置上更有利于风险管理，即在流量和存量两个方面解决问题。在流量方面，将客户关系管理与信贷风险管理分开，独立进行信贷风险评估，排除潜在利益冲突引起的道德风险，也避免对客户关系的负面影响。在存量方面，派专人对“问题账户”进行管理，定期编制“问题贷款”报告。

2）信用风险管理特征的变化

（1）信用风险的量化和模型管理更加困难。信用风险管理存在难以量化和衡量的问题，主要原因有：

① 数据匮乏。由于信息不对称、不采取盯市原则计量每日损益、持有期限长、违约事件发生少等原因，数据极为匮乏。

② 难以检验模型的有效性。模型有效性检验的困难在很大程度上是由信用产品持有期限长、数据有限等原因造成的。近年来，在市场风险量化模型技术和信用衍生品市场发展的推动下，信用风险量化和模型管理的研究和应用获得了长足发展，这也成为现代信用风险管理的重要特征之一。

（2）管理技术不断发展，信用风险对冲手段出现。在市场力量的推动下，以信用衍生品为代表的新的信用风险对冲管理技术开始出现，并推动整个信用风险管理体系不断向前发展。

（3）信用风险管理实践中存在悖论现象。这种悖论是指，理论上要求银行在管理信用风险时遵守投资分散化、多样化原则，防止授信集中化，但在实践中这一原则往往很难得到贯彻执行，银行信贷资产分散化程度不高。

（4）信用风险管理由静态转向动态。在现代信用风险管理中，金融机构更多地运用信用风险动态管理手段。信用风险计量模型的发展使得管理者可以每天根据市场和交易对手的信用状况动态地衡量信用风险水平，盯市的方法也被引入信用产品的估价和衡量中；信用衍生产品的发展使得管理者拥有了更加灵活、有效的管理信用风险的工具，他们可以根据自己的风险偏好，动态地进行调整。

微课3-1

信用与信用风险

（5）信用评级机构有重要作用。对企业的信用状况及时、全面的了解是投资者防范信用风险的基本前提。信用评级机构可以保护投资者利益、提高信息收集与分析的规模效益，现代信用风险管理理论与方法对信用评级的依赖更加明显。巴塞尔银行监管委员会在《巴塞尔新资本协议》中强化了信用评级机构在金融监管中的作用。

【思政小课堂】

信用风险管理与信用体系建设

信用风险的管理是推进金融业改革，保证经济健康、稳定运行的重中之重。作为金融市场中必不可少的经济活动主体，主动控制信用风险是肩负社会责任的一种表现。我们应该重视培养重合同守信用的诚信经营意识，注重遵守职业道德和商业道德，担负起企业与个人的社会责任。贯彻落实国务院发布的《社会信用体系建设规划纲要（2014—2020年）》，完善社会主义市场经济体制，加强和创新金融市场治理，促进诚信金融建设，构建金融市场信用体系。

3.2 信用风险的计量

3.2.1 信用风险的定性计量方法

传统的信用风险管理方法主要运用定性方法，包括专家制度、评级方法、信用评分方法。

1）专家制度

专家制度是一种最古老的信用风险分析方法，它是商业银行在长期的信贷活动中形成的一种有效的信用风险分析和管理制度。这种方法的最大特征是：银行信贷的决策权是由该机构那些经过长期训练、具有丰富经验的贷款人员所掌握的，他们作出是否贷款的决定。因此，在信贷决策过程中，信贷人员的专业知识、主观判断及某些关键要素的权重均为最重要的因素。

（1）“5C”分析。在专家制度下，各商业银行条件不同，对贷款人进行信用分析的内容也不尽相同。绝大多数银行都将重点集中在借款人的“5C”上，即品德与声望（character）、资格与能力（capacity）、资金实力（capital or cash）、担保（collateral）、经营条件和商业周期（cycle and condition）。

① 品德与声望。品德与声望主要是指借款人偿债的意愿及诚意。信贷人员必须确定借款人对贷款资金的使用是否有明确的、符合银行贷款政策的目的，是否具有负责任的态度和真诚的还款意愿。

② 资格与能力。首先，信贷人员必须确定借款人是否具有申请贷款及签署贷款协议的资格及合法权利。其次，应分析借款人的还款能力。这可以通过借款人的收益变动状况来考查，即使在一段时间里借款人还款很稳定，但若借款人自身收益状况变化很大（较高的标准差），也表明该借款人的还款能力可能受到影响。

③ 资金实力。资金实力主要是指借款人资财的价值、性质、变现能力。信贷人员在分析借款人的资金实力时，要特别注意借款人在还本付息期间，是否有足够的现金流量来偿还贷款。另外，信贷人员还要考查借款人股东的股权分布状况以及财务杠杆状况，因为这可以作为借款人是否会倒闭的重要预警指标。

④ 担保。担保主要指抵押品以及保证人。对于借款人提供的用作还款担保的抵押品，信贷人员应特别注意该抵押品的价值、已使用年限、专业化程度、市场流动性（易售性）和是否投保。

⑤ 经营条件和商业周期。这是指企业自身的经营状况和外部经营环境。前者包括企业的经营特点、经营方式、技术情况、竞争地位、市场份额、劳资关系等；后者的范围很广，大至政局变动、社会环境、商业周期、通货膨胀、国民收入水平、产业结构调整等，小至本行业的发展趋势、同业竞争状况、原材料价格变动、市场需求变化等。

（2）信用分析中常用的财务指标。专家进行信用分析离不开企业的财务指标。根据财务指标进行综合分析，可以对借款人的信用状况有一个全面的了解。信用分析中常用的财务指标见表3-1。

表3-1　银行在信用分析中常用的财务指标

类　型	比　率
经营业绩	EBITDA[①]/销售收入
	净收入/销售收入
	实际有效税率
	净收入/净值
	净收入/总资产价值
	销售收入/固定资产
偿债保障程度	EBITDA/利息支付
	（活动现金流量-资本支出）/利息支付
	（活动现金流量-资本支出-股息）/利息支付
财务杠杆情况	长期债务量/资本总额
	长期债务量/有形净值
	总负债额/有形净值
	（总负债-长期资本）/长期资本
	长期资本=总净值+优先股+次级债务

续表

类　型	比　率
	流动负债/有形净值
流动性（变现速度）	流动比率
	速动比率
	存货占净销售收入比率
	存货占净流动资本比率
	流动负债占存货比率
	原材料、半成品、产成品占存货总量比率
应收款状况	应收款的期限：30天、60天、90天、90天以上
	应收款的平均收回期限

资料来源　CAOUETTE，ALTMAN，NARAYANAN. Managing Credit Risk [M]. New York：John Wiley & Sons Inc.，1998：87.

①EBITDA是指earnings before interest、taxes、depreciation和amortization。

由此可见，在专家制度下，信贷决策依靠的是银行高级信贷人员的经验和主观判断。在银行这种典型的等级制度企业中，信贷人员经验越丰富、资格越老，其分析能力也越强。同时，信用分析是一个相当繁琐的过程，需要耗费大量的人力、物力和财力。实践证明，专家制度存在许多难以克服的缺点和不足。

2）评级方法

大多数评级方法（体系）既考虑质量方面的因素，也考虑数量方面的因素，最后的评级结果取决于很多因素，通常都不是利用正规模型计算的结果。从本质上看，评级方法（体系）依靠的是对所有因素的全面考虑以及分析人员的经验，而不是数学模型。很显然，评级结果在一定程度上依赖评级人员的主观判断。目前，世界最著名的三大信用评级机构主要依据的评价参考指标主要为企业经营能力、资本结构、盈利能力、债务结构、长期偿债能力、短期流动性等6类。这里介绍常见的几种评级方法。

（1）OCC的评级方法。最早的评级方法之一是美国货币监理署（OCC）开发的。OCC的评级方法将现有的贷款组合归入5类，其中4类是低质量级别的、1类是高质量级别的。多年来，银行家已经扩展了OCC的评级方法，开发出内部评级法。目前，美国银行持股公司的内部评级法包括1~10个级别。其中，1~6级为合格级别，7~10级对应4种低质量贷款。这种评级方法也被用于债券评级。贷款级别与债券级别的对应及风险程度见表3-2。

表3-2　**贷款级别与债券级别的对应及风险程度**

贷款级别	债券级别	风险程度
1	AAA	最小
2	AA	温和

续表

贷款级别	债券级别	风险程度
3	A	平均（中等）
4	BBB	可接受
5	BB	可接受但要予以关注
6	B	管理性关注
7	CCC	特别关注
8	CC	未达到标准
9	C	可疑
10	D	损失

资料来源　朱忠明，张淑艳．金融风险管理学［M］．北京：中国人民大学出版社，2004：243.内容经过整理。

使用这种方法时，贷款评级一般评估个别贷款，债券评级更倾向于对债务人整体进行评估。

（2）标准普尔公司的信用评级体系。标准普尔公司是世界著名的评级公司之一，其业务范围覆盖50多个国家和地区。对于工业公司，标准普尔公司和穆迪公司在美国和欧洲都有较高的市场覆盖率；在拉丁美洲，标准普尔公司的市场覆盖率更高一些。表3-3、表3-4列出了标准普尔公司对长期债务和短期债务的评级体系。

表3-3　**标准普尔公司的长期债务评级体系**

级别	含　义
AAA	债券质量最高，债务人偿付债务的能力很强
AA	和最高级别相差不大，债务人偿付债务的能力也很强
A	在市场环境和经济条件出现问题时，偿付可能存在问题
BBB	保险系数较高，但经济情况或市场环境的不利变化可能削弱债务人的偿付能力
BB	违约风险比其他投机级别要低一些，但商业环境、财务状况或经济情况的变化很可能导致债务人无力承担责任
B	比BB的风险要高。从目前情况看，债务人仍有能力承担债务。商业环境、财务状况或经济情况的变化会削弱债务人偿债的能力和愿望
CCC	目前偿付能力较低，只能依赖商业环境、财务状况或经济情况出现有利变化，债务人才有可能偿付债务
CC	违约可能性很大
C	适用的情形是：债务人已经提交了破产申请或从事其他类似活动，不过债务偿付仍未停止
D	评为D级不是对未来的预期，只有在违约实际发生后，才使用这个级别

续表

级别	含　义
+或-	从AA到CCC的每个级别都要用附加的“+”或“-”进行调整，表明同一级别的相对质量
R	这个符号主要用于那些含有很高非信用风险的工具。它强调的是信用评级时未关注的本金风险或收益率波动的风险

表3-4　**标准普尔公司的短期债务评级体系**

级别	含　义
A-1	债务人承担义务的能力很强；如果有一个“+”，表明能力非常强
A-2	在经济环境恶化时，偿付可靠性稍低，但还是令人满意
A-3	能表现出一定的偿付保障，不过经济情况的不利变化或环境的改变可能削弱债务人的偿付能力
B	具有一定的投机性。当前具有偿付能力，但面临一些重要的不确定性因素，这些因素可能导致债务人无力承担偿付义务
C	从当前看有违约的可能，只有在财务状况和经济情况出现有利变化时，债务人才有可能偿付债务
D	在违约已经发生的情况下给出的评级

通过该评级体系可以看出，不同的信用级别是根据违约风险和债务人偿付债务的可能性来划分的，被评为最高级别的债券通常被认为是投资级债券。有些金融机构出于特殊目的或受许可的投资计划制约，只能持有投资级债券和其他债务工具。

（3）穆迪公司的信用评级体系。穆迪公司的主要业务在美国开展，但也有很多国际分支机构。在亚洲，穆迪公司的市场覆盖率是最高的。穆迪公司对长期债务和短期债务的评级体系和标准普尔公司很相近，虽然两者可能在对某项具体债务的评级上存在分歧。

（4）评级体系结果的差别及影响。在实践中，虽然各个评级机构在对债券评级时所采用的方法基本相同，但有时也会对同一种债务工具作出不同的评级。研究发现，在某一年度，在标准普尔公司和穆迪公司进行评级的1 000多家企业中，只有53%的企业同时被评为AAA或AA级；在其他投资级别中，两家公司给予相同评级的情况只占36%；而在低于投资级别的评级中，两家公司作出相同判断的情况占41%。

不同的公司对相同的对象作出不同评级是一个值得关注的问题。这个问题包括两个方面：第一，在评级时应在多大程度上基于实际数据，又应在多大程度上基于分析人员的判断；第二，关于评级机构的独立性，评级机构进行评级是收取费用的，这是否会对评级产生影响。

小资料3-1

央行对标普中国、中诚信国际等6家评级机构开出罚单

央行公布2024年首批面向评级机构的罚单，包括中诚信国际信用评级有限责任公司、上海新世纪资信评估投资服务有限公司、标普信用评级（中国）有限公司、中证鹏元资信评估股份有限公司、联合资信评估股份有限公司和远东资信评估有限公司在内的6家机构，罚款金额合计3 446.645万元。

标普信用评级（中国）有限公司被处以警告和罚款212万元，涉及未按照法定评级程序及业务规则开展信用评级业务、未按规定向信用评级行业主管部门或者其派出机构报送报告和违反一致性原则共3个违法行为类型。时任标普信用评级（中国）有限公司评级分析总监Eastham因对未按照法定评级程序及业务规则开展信用评级业务这一违法行为负有责任，被警告，罚款3万元。

中诚信国际信用评级有限责任公司则涉及未按照法定评级程序及业务规则开展信用评级业务、违反独立性要求、违反一致性原则、违反信用评级从业人员管理要求等行为，被处以警告并罚款768.5万元。时任中诚信国际副总裁王某方和时任中诚信国际副总裁任某红分别被罚款3万元和13万元。

上海新世纪资信评估投资服务有限公司因未按规定办理备案等3个违法行为，被处以警告并罚款726.75万元。同时，时任上海新世纪资信评估投资服务有限公司董事、常务副总裁丁某樑因对违反独立性要求这一违法行为负有责任，被警告，罚款10万元。

中证鹏元资信评估股份有限公司同样涉及未按规定办理备案、未按照法定评级程序及业务规则开展信用评级业务等行为，被处以警告并罚款600.995万元。时任中证鹏元常务副总裁秦某朝和副总裁黄某被罚款3万元和9万元。

联合资信评估股份有限公司因未按照法定评级程序及业务规则开展信用评级业务等5个违法行为，被处以警告并罚款741万元。时任联合资信总裁万某伟被警告，罚款27万元。

远东资信评估有限公司因未按规定办理备案，被罚款397.4万元。

资料来源　财联社.央行对标普中国、中诚信国际等6家评级机构开出罚单［EB/OL］.［2024-07-10］. https://k.sina.com.cn/article_1704103183_65928d0f02003he70.html.

小资料3-2

穆迪公司的债务评级体系

穆迪公司的长期债务评级体系见表3-5。

表3-5　穆迪公司的长期债务评级体系

级别	含义
Aaa	评级为Aaa的债务（obligations）具备最高的信用质量，最低的信用风险
Aa	评级为Aa的债务（obligations）也具备高的信用质量和非常低的信用风险
A	评级为A的债务被认为属于中上等级（upper medium）而且具备低的信用风险
Baa	评级为Baa的债务被认为具备中等信用风险（moderate credit risk），因此具备某些投机性债券的特征

续表

级别	含义
Ba	评级为Ba的债务被认为本质上具备投机性（speculative elements），拥有相当程度的信用风险（substantial credit risk）
B	评级为B的债务被认为是投机性的，面临高的信用风险
Caa	评级为Caa的债务情况较差（poor standing）而且信用风险高
Ca	评级为Ca的债务具备高度的投机性，通常是非常接近或者已经违约，但投资人有一定可能性清收回本金和利息
C	评级为C的债务为评级最低的债券，该类债券一般已经违约，而且投资者清收回本金或者利息的前景并不乐观

穆迪公司的短期债务评级体系见表3-6。

表3-6 **穆迪公司的短期债务评级体系**

级别	含义
P-1	评级为P-1的债务人对于偿还其短期债务有超强的能力（superior ability）
P-2	评级为P-2的债务人对于偿还其短期债务有很强的能力（strong ability）
P-3	评级为P-3的债务人对于偿还其短期债务有可接受的能力（accpetable ability）
NP	评级为NP的债务人不属于任何评级为P的级别

3）信用评分方法——Z评分模型和θ评分模型

在信用风险评估中，如何选择财务指标以便确定多变量的信用风险预测法，确定关键的破产指标、指标权重等问题尤为重要。在前人研究的基础上，阿尔特曼（Edward Altman）在1968年提出了著名的Z评分模型（Z-score model）；1977年他又对该模型进行了修正和扩展，建立了θ评分模型（θ credit risk model）。其基本思路是：事先确认某些决定违约概率的关键因素，然后将它们综合考虑或加权计算，得出一个数量化的分数。Z评分模型一经推出，便引起各界的关注，许多金融机构纷纷采用它来预测信用风险，并取得了一定的成效，目前它已经成为西方国家信用风险计量的重要模型之一。

（1）Z评分模型的主要内容及准确性分析。Z评分模型是一个多变量的分辨模型。阿尔特曼选择了一部分最能够反映借款人的财务状况、对贷款质量影响最大、最具预测或分析价值的比率，设计出一个能最大限度区分贷款风险度的数学模型（也称为判断函数），对贷款人进行信用风险及资信评估。

Z评分模型主要是依据以下步骤建立起来的：

① 选取一组最能反映借款人财务状况、还本付息能力的财务比率，如流动性比率、资产收益率、偿债能力等。

② 从银行过去的贷款资料中分类收集样本。样本分为两大类：一类是能正常还本付息的案例；另一类是呆滞、呆账贷款案例。每大类还可按行业或贷款性质、贷款方式

再细分。

③ 根据各行业的实际情况，科学地确定每一比率的权重。权重主要是根据该比率对借款还本付息的影响程度确定的。

④ 将每一比率乘以相应的权重，然后相加，便可得到一个Z。

⑤ 对一系列所选样本的Z进行分析，可得到一个衡量贷款风险度的Z值或值域。

信用分析人员在运用该模型时，只要将贷款人的有关财务数据填入，便可计算出Z的得分。阿尔特曼确立的分辨函数为：

$$Z=0.012(X_1)+0.014(X_2)+0.033(X_3)+0.006(X_4)+0.999(X_5)$$

其中，X为变量指标，一共有5个：X_1为营运资本/总资产；X_2为留存盈余/总资产；X_3为息税前利润/总资产；X_4为股权的市场价值/总负债的账面价值；X_5为销售额/总资产。

若该得分大于或高于某一预先确定的Z值或值域，就可以判定这家公司的财务状况良好或其风险水平可被银行接受；若该得分小于或低于预定的Z值或值域，则意味着该公司可能无法按时还本付息，甚至可能破产。Z值越大，资信状况就越好；Z值越小，风险就越大。

（2）θ评分模型的主要内容。θ评分模型包含7个变量指标，即资产收益率、收益稳定性指标、债务偿付能力指标、累计盈利能力指标、流动性指标、资本化程度指标、规模指标。该模型的适用范围更广，对不良借款人的辨认精度也大大提高了。

为了凸显新模型的有效性，阿尔特曼等人对θ评分模型和Z评分模型在分辨的准确性方面进行了比较，表3-7就是这一比较的结果。由于新模型无论是在变量的选择、变量的稳定性方面，还是在样本的开发和统计技术方面，都比以前有了很大的改进，所以θ评分模型要比Z评分模型更加准确、有效，特别是在破产前，预测的年限越长，其预测的准确性也越高。

表3-7　**θ评分模型与Z评分模型分辨的准确性之比较**

破产前预测的年数	θ评分模型		Z评分模型		将θ评分模型样本用在Z评分模型所得出的结果		将Z评分模型样本用在θ评分模型所得出的结果	
	破产（%）	非破产（%）	破产（%）	非破产（%）	破产（%）	非破产（%）	破产（%）	非破产（%）
1	96.2	89.7	93.9	97.0	86.8	82.4	92.5	84.5
2	84.9	93.1	71.9	93.9	83.0	89.3	83.0	86.2
3	74.5	91.4	48.3	NA	70.6	91.4	72.7	89.7
4	68.1	89.5	28.6	NA	61.7	86.0	67.5	87.0
5	69.8	82.1	36.0	NA	55.8	86.2	59.2	82.1

资料来源　CAOUETTE，ALTMAN，NARAYANAN. Managing Credit Risk［M］. New York：John Wiley & Sons Inc.，1998：125.

Z评分模型和θ评分模型均是以会计资料为基础的多变量信用评分模型。由这两个模型所计算出的Z值可以较为准确地反映借款人（企业或公司）在一定时期内的信用状况（违约或不违约、破产或不破产），因此它们可以作为借款人经营前景好坏的早期预警系统。由于Z评分模型和θ评分模型具有较强的操作性、适应性以及预测能力，所以它们一经推出，便在许多国家和地区得到推广和使用，并取得显著效果，成为当代预测企业违约或破产的核心分析方法。

然而，在实践中，人们发现，无论是Z评分模型还是θ评分模型都存在很多先天不足，这使模型的预测能力大打折扣，限制了模型功效的发挥。

3.2.2 信用风险的定量计量方法

近年来，经济全球化、金融一体化趋势进一步加强，特别是金融市场发生了巨变，现代信用风险量化管理模型在国际金融界得到了普遍重视和长足发展。J.P.摩根银行继1994年推出著名的以VaR为基础的市场风险计量模型后，1997年又推出了信用风险量化计量和管理模型——信用计量模型，随后瑞士信贷银行也推出了另一类型的信用风险量化模型，两者都在银行业引起很大的反响。同样为银行业所重视的其他信用风险模型还有KMV公司的以EDF为核心手段的KMV模型、麦肯锡公司的信用风险组合模型等。信用风险管理模型在金融领域的发展也引起了监管当局的高度重视，1999年4月，巴塞尔银行监管委员会发布《信用风险模型化：当前的实践和应用》研究报告，研究这些风险管理模型的应用对国际金融领域风险管理的影响，以及这些模型在金融监管，尤其是在风险资本监管方面应用的可能性。

1）违约概率模型

（1）信用风险计算方法（risk calculator，Risk Calc）。Risk Calc是在传统信用评分技术基础上发展起来的一种适用于非上市公司的违约概率模型，其核心是通过严格的步骤从客户信息中选择出最能预测违约的一组变量，经过适当变换后运用Logit/Probit回归技术预测客户的违约概率。

（2）信用监测模型（credit monitor model，KMV）。利用期权定价理论对贷款和风险债券进行估价，以及对它们的信用风险进行计量是现代信用风险管理模型的重要特征。其中，美国的KMV公司利用期权定价理论创立了违约预测模型——信用监测模型，用来对上市公司的信用风险（特别是违约状况）进行预测。信用监测模型利用了两个关系：其一，企业股权市值与它的资产市值之间的结构性关系；其二，企业资产市值波动程度和企业股权市值变动程度之间的关系。通过这个模型，可以求出企业资产市值及其波动程度。一旦算出所有变量值，信用监测模型便可以测算出借款企业的预期违约频率（EDF）。

（3）风险中性定价模型（KPMG）。风险中性定价模型的核心思想是假设金融市场的每个参与者都是风险中性者，不论是高风险资产、低风险资产还是无风险资产，只要资产的期望收益是相等的，金融市场参与者对其接受态度就是一样的，这样的市场环境被称为风险中性范式。根据风险中性定价模型，无风险资产的预期收益与不同等级风险资产的预期收益是相等的，即：

$$P_1(1+K_1)+(1-P_1)\times(1+K_1)\times\theta=1+i_1$$

其中：P_1为期限为1年的风险资产的非违约概率，$1-P_1$即其违约概率；K_1为风险资产的承诺利息；θ为风险资产的回收率，等于1-违约损失率；i_1为期限为1年的无风险资产的收益率。

2）信用风险组合计量模型

（1）信用计量制模型（credit metrics）。信用计量制模型是J.P.摩根银行在1997年与其他合作者在已有的风险计量制方法基础上创立的一种专门用于对非交易性金融资产，如贷款和私募债券的价值和风险进行计量的模型。信用计量制模型的基础是：在一个既定的期限内（通常是1年）估计一项贷款或者债券资产组合未来价值变动的分布。资产组合价值的变化与信用等级转移、降级、升级、债务人信用质量及违约事件有关。信用计量制模型要解决的问题是：如果下一年度是一个坏年头的话，贷款及贷款组合的价值将会损失多少？

信用计量制模型主要用于对债券和贷款的处理。由于贷款是不能公开交易的，所以人们既无法观察贷款的市值，也不能获得贷款市值的变动率。但是人们仍然可以通过掌握借款企业的一些资料来解决这个问题。这些资料包括借款人的信用等级、在下一年度里该信用级别水平转换为其他信用级别的概率、违约贷款的收付率。一旦人们获得了这些资料，便可以利用在险价值方法对单笔贷款或贷款组合的在险价值进行计量。

（2）信用风险量化模型（credit risk+）。该模型由瑞士信贷银行金融产品部开发。其基本思想来源于保险业，即保险的损失源自被保事件的发生频率或事件发生后损失的价值。将这种理念用于贷款，即形成贷款违约及违约严重性的联合分布，它运用了一种实用的科学框架来推导债务或贷款组合的损失分布。信用风险量化模型假定，任何时期的违约企业数量的概率分布服从泊松分布。在这个假设下，该模型认为，每笔贷款违约的概率是随机事件；两两贷款之间的相关性为零，即各贷款违约的概率是相互独立的。该模型适用于小笔贷款组成的贷款组合。

（3）信用风险组合模型（credit portfolio view）。信用风险组合模型对促进银行进行资产分散化管理从而降低信用风险具有重要意义，它可以在以下几个方面帮助银行进行决策：通过信用在险价值分析决定是否增加信贷；通过识别信用风险基于交易对手、行业、国家或工具的集中度有效管理信用风险；通过准确计量信用风险降低资本持有额，提高资本收益率。其中，较广泛使用的是两种简单测度贷款组合信用风险的模型，即信用等级转移分析模型和贷款集中度限制模型。

3.2.3　我国《商业银行资本管理办法》中的信用风险加权资产计量方法

按照《商业银行资本管理办法》的规定，商业银行可以采用权重法或内部评级法计量信用风险加权资产，规定为：

信用风险加权资产=信用风险资本要求

1）权重法

权重法是指银行将全部资产按照监管规定的类别进行分类，并采用监管规定的风险权重计量信用风险加权资产的方法。权重法下信用风险加权资产为银行账簿表内资产信用风险加权资产与表外项目信用风险加权资产之和。

商业银行计量各类表内资产的风险加权资产，应首先从资产账面价值中扣除相应的减值准备，然后乘以风险权重。

商业银行计量各类表外项目的风险加权资产，应将表外项目名义金额乘以信用转换系数得到等值的表内资产，再按表内资产的处理方式计量风险加权资产。

风险权重最小为0，最大为1 250%。现金及现金等价物的风险权重为0；对其他国家或地区政府及其中央银行风险暴露，该国家或地区的评级为AA-（含）以上的，风险权重为0；商业银行对国际清算银行、国际货币基金组织、欧洲中央银行、欧盟、欧洲稳定机制和欧洲金融稳定机制风险暴露的风险权重为0；商业银行对经巴塞尔委员会认定的合格多边开发银行风险暴露的风险权重为0；商业银行对我国中央政府和中国人民银行风险暴露的风险权重为0；商业银行对我国中央政府投资的金融资产管理公司为收购国有银行不良贷款而定向发行的债券的风险权重为0；商业银行对我国开发性金融机构和政策性银行风险暴露（不含次级债权）的风险权重为0。

商业银行对工商企业其他股权投资的风险权重为1 250%。

商业银行采用权重法，应按照《商业银行资本管理办法》规定的机构划分标准，实施差异化的银行账簿信用风险暴露分类和信用风险加权资产计量规则。

（1）第一档商业银行应按照办法附件2的规定对银行账簿信用风险暴露进行分类，按照本章第二节的规定计量信用风险加权资产。

（2）第二档商业银行应按照《商业银行资本管理办法》第六十五条第五款、第六十六条第二款、第六十七条第二款、第六十八条第三款、第六十九条第三款、第七十一条第三款、第七十二条第三款、第七十四条、第七十九条第三款、第八十条第三款的规定，对商业银行风险暴露、其他金融机构风险暴露、公司风险暴露、个人风险暴露、房地产风险暴露、存在币种错配情形的个人风险暴露和向个人发放的居住用房地产风险暴露、合格资产担保债券、已违约风险暴露进行划分和计量。

商业银行采用权重法，可以按照办法附件3的规定审慎考虑信用风险缓释工具的风险抵补作用。

小资料3-3

权重法下的资产分类

权重法下的资产分为以下16类：

（1）现金及现金等价物。

（2）对我国中央政府和中央银行（中国人民银行）的债权。

（3）对我国公共部门实体的债权。

（4）对我国政策性银行的债权。

（5）持有我国中央政府投资的金融资产管理公司的债权。

（6）对我国其他商业银行的债权。

（7）对我国其他金融机构的债权。

(8) 对境外主权和金融机构债权。

(9) 对多边开发银行、国际清算银行和国际货币基金组织的债权。

(10) 对一般企业的债权。

(11) 对微型和小型企业的债权。

(12) 对个人的债权。这主要包括：个人住房抵押贷款；对已抵押房产，在购房人没有全部归还贷款前，商业银行以再评估后的净值为抵押追加的贷款；个人其他债权。

(13) 租赁资产余值。

(14) 股权投资。

(15) 非自用不动产。

(16) 其他资产等。

权重法下，不同的资产类别分别对应不同的风险权重/信用转换系数。

2）内部评级法

信用风险是商业银行面临的最重要的风险，《巴塞尔新资本协议》最重要的制度创新就是鼓励商业银行采用内部评级体系计量信用风险监管资本要求。商业银行内部评级体系是指用于信用风险评估、风险等级确定和信用风险参数量化的各种方法、过程、控制措施和IT系统的总称。内部评级体系应能够有效识别信用风险，具备稳健的风险区分和排序能力，并能准确量化风险。

我国商业银行采用内部评级法计量信用风险资本要求，应符合《商业银行资本管理办法》的规定，并经监管当局核准。商业银行内部评级体系包括对主权、金融机构和公司风险暴露的内部评级体系以及零售风险暴露的风险分池体系。内部评级体系的基本要素为：

（1）内部评级体系的治理结构，保证内部评级结果的客观性和可靠性。

（2）非零售风险暴露内部评级和零售风险暴露风险分池的技术标准，确保非零售风险暴露每个债务人和债项划入相应的风险级别，确保每笔零售风险暴露划入相应的资产池。

（3）内部评级的流程，保证内部评级的独立性和公正性。

（4）风险参数的量化，将债务人和债项的风险特征转化为违约概率、违约损失率、违约风险暴露和期限等风险参数。

（5）信息系统和数据管理，收集和处理内部评级相关信息，为风险评估和风险参数量化提供支持。

（6）内部评级的应用，保证内部评级和风险参数量化的结果应用于信用风险管理实践。

商业银行申请采用内部评级法计量信用风险加权资产的，提交申请时内部评级法资产覆盖率应不低于50%。

内部评级法资产覆盖率按以下公式确定：

$$\text{内部评级法资产覆盖率}=\frac{\text{按内部评级法计量的风险加权资产}}{\text{按内部评级法计量的风险加权资产}+\text{按权重法计量的内部评级法未覆盖信用风险暴露的风险加权资产}}\times 100\%$$

商业银行采用内部评级法，应按照《商业银行资本管理办法》附件4的规定对银行账簿信用风险暴露进行分类，按照附件5的规定建立内部评级体系，按照附件6的规定计量信用风险加权资产。

按照附件7的规定审慎考虑信用风险缓释工具的风险抵补作用。

按照附件8的规定采用监管映射法计量专业贷款信用风险加权资产。

3.2.4 信用悖论及其解决

一般认为，信用风险是指由于对手信用水平和履约能力变化而使交易主体资产价值下降而造成损失的风险。银行作为一个风险中介，一直致力于研究和解决信用风险管理问题。银行对借款人进行的贷款行为主要是在风险与收益的替代关系中寻求平衡。这里存在一个信用悖论问题：由于对客户信用状况的了解主要来源于长期业务关系，因此银行往往倾向于将贷款投向并集中于有限的老客户。这样，一方面，银行在贷款管理上得益于其对客户情况的了解和把握，有比较优势；另一方面，银行又将其信用风险暴露过分集中于某一特定客户群体，一旦这个客户群体发生违约，就可能带来巨额损失。

管理信用悖论的传统方法是在二级市场上出售贷款头寸，但这样做存在许多弊端。信用监测模型的出现将现代投资组合理论运用于银行贷款的信用风险管理，实现了信用贷款的分散化，较好地解决了信用悖论。信用监测模型也存在缺陷：实践中并不存在最优组合，该模型虽然可以作为决策的参考，但也不能忽略其与现实世界不符的可能性。信用衍生品的诞生很好地解决了上述问题，既可以保证银行满足其有价值的、关系良好的客户的贷款需求，又部分或全部对冲了信用风险。信用衍生品解决信用悖论的有效途径是：在无须出售贷款、维持良好的客户关系的前提下，运用金融创新工具实现其贷款组合头寸的风险-收益最佳组合，并且降低银行的资本充足率要求，节约资本，提高资本收益率水平。信用衍生品也并未完全解决信用风险问题：在信用风险管理和信用悖论得到部分解决的同时，信用衍生品本身的运用也带来了交易对手风险或对信用衍生品交易对手的信用风险管理问题。

3.3 信用风险的控制

3.3.1 限额管理

1）限额管理的主要内容

在商业银行风险管理实践中，限额管理包含两个层面的主要内容，即银行管理层面和信贷业务层面。

（1）在银行管理层面，限额的制定过程体现了商业银行董事会对损失的容忍程度，反映了商业银行在信用风险管理上的政策要求和风险资本抵御以及消化损失的能力。商业银行消化信用风险损失的方法首先是提取损失准备金或冲减利润，在准备金不足以消化损失的情况下，商业银行只有使用资本来弥补损失。如果资本也不足以弥补损失，银行就会破产倒闭。

（2）在信贷业务层面，商业银行分散信用风险、降低信贷集中度的通常做法就是对客户、行业、区域和资产组合实行授信限额管理。具体到每一个客户，授信限额是商业银行在客户的债务承受能力和银行自身的损失承受能力范围以内所愿意并允许提供的最高授信额。

2）统一授信管理——确定综合授信限额

为加强银行业金融机构信用风险管理，防范风险累积，2016年9月，中国银监会颁布了《关于进一步加强信用风险管理的通知》，提出改进统一授信管理。银行业金融机构应将贷款（含贸易融资）、票据承兑和贴现、透支、债券投资、特定目的载体投资、开立信用证、保理、担保、贷款承诺，以及其他实质上由银行业金融机构承担信用风险的业务纳入统一授信管理，其中，特定目的载体投资应按照穿透原则对应至最终债务人。在全面覆盖各类授信业务的基础上，银行业金融机构应确定单一法人客户、集团客户以及地区、行业的综合授信限额。综合授信限额应包括银行业金融机构自身及其并表附属机构授信总额。银行业金融机构应将同业客户纳入实施统一授信的客户范围，合理设定同业客户的风险限额，全口径监测同业客户的风险暴露水平。对外币授信规模较大的客户设定授信额度时，应充分考虑汇率变化对风险暴露的影响。

3.3.2　关键业务流程/环节控制

1）规范授信审批流程

《关于进一步加强信用风险管理的通知》要求：银行业金融机构应明确新增授信、存量授信展期和滚动融资的审批标准、政策和流程，并根据风险暴露的规模和复杂程度明确不同层级的审批权限。

对集团客户授信总额超过资本净额10%或单一客户授信总额超过资本净额5%的，应视为大额风险暴露，其授信应由董事会或高级管理层审批决定。银行业金融机构可根据风险管理的需要自行确定大额风险暴露管理政策，但不得低于以上要求。在计算大额风险暴露时，对具有经济关联关系的客户参照集团客户进行授信和集中度管理。存在经济关联性是指一方的倒闭很可能对另一方的清偿能力造成重大负面影响的情形，包括但不限于：一方为另一方提供大额担保，一方作为另一方绝大部分产品的购买商且不易被替代，一方现金流大量来源于与另一方的交易等。

2）贷款定价

贷款定价就是确定贷款的合同利率，在利率市场化条件下，利率的高低和种类是各种客观经济变量综合作用的结果。

我国银行正处于市场化进程中，健全有效的市场融资机制的核心是以价格机制为基础分配金融资源。因此，彻底改变银行单一的贷款定价模式，使收益与风险相匹配，是银行经营体制改革的必经之路。

（1）收益与风险的关系。

一般情况下，收益与风险是对等的。这里的收益是指贷款经营过程中因规避风险成功而可能带来的收益。它实质上是一种机会收益，这种机会收益取决于贷款的风险度。当贷款风险度较小时，风险收益也较小；随着贷款风险度的增大，风险收益也在增大；当贷款风险度达到最大时，风险收益也达到最大。约瑟夫·辛克提出一个在风险收益结构中进行贷款定价的方法，即贷款利率总是随着信贷风险的增大而上升。

银行不同于一般的企业，它必须在承担风险中创造收益。即使银行再努力，它也不可能实现无风险贷款。一般来说，金融机构在市场竞争中的核心技能是确定风险与报酬的对应关系，并进行相应的定价和营销。因此，对客户授信并承担相应的风险是银行创造效益的重要途径。只有正确地认识贷款风险与收益的关系、打破贷款僵化的单一定价模式、实行收益与风险对等的积极定价策略，银行才能防范信用风险，增强竞争力。

（2）贷款定价的影响因素。

银行作为金融交易的主体之一，必须综合考虑多个因素，决定交易的价格水平。银行在进行贷款定价时需要考虑的因素包括：

① 中央银行利率。以再贴现率和再贷款利率为主的中央银行利率反映了货币政策的要求，影响商业银行从中央银行取得资金的成本。一般来说，商业银行的贷款利率以中央银行利率为基准，略高于中央银行利率。

② 银行负债的平均利率。银行负债主要是存款和主动负债，其利息是银行借入资金的主要成本，其中存款利率影响最大。存贷利差收入形成银行利润，银行为保持一定的利润必须使贷款利率高于存款利率。

③ 营业费用。银行的正常运转需要支付各种营业费用，这些成本由贷款、投资及服务收入来补偿，而且补偿后要有一定的盈余。营业费用提高，银行必须从贷款、投资等业务中获取更多的收入，因此贷款利率也倾向于提高。

④ 贷款的风险。借款人的信用、贷款的期限和种类、预期的通货膨胀等都使银行贷款具有一定的风险。为补偿风险可能带来的损失，贷款人在确定每笔贷款的利率时都要考虑风险因素，风险越大，贷款利率越高。贷款风险导致差别利率，比如信用差别、行业差别、用途差别、按期和逾期差别等。

⑤ 借贷资金的供求状况。借贷资金的供求状况是影响当前利率的主要因素。一般来说，在经济景气时，贷款需求大，资金可能供不应求，利率水平随之提高；在经济衰退时，投资需求不足，情况则相反。

⑥ 当前资产组合结构。贷款定价不仅受客户方面风险的影响，还受商业银行当前资产组合结构的影响。一项贷款在放入资产组合后会改变资产组合的整体风险。一般情况下，资产组合管理部门所确定的定价被视为刚性的，只有在例外情况下才可偏离这一定价，同时还需有必要的授权。

⑦ 全面考虑客户关系。进行贷款定价时，应当从全面的角度审视客户关系，要考虑该客户的其他收入。即便一笔贷款按较低的利率发放，但由于为该客户提供的其他产品或服务能带来足够的收入，从全面的客户关系考虑，总体仍然是盈利的。

（3）贷款定价公式。

贷款定价的形成机制比较复杂，市场、金融机构和监管机构是形成均衡定价的3个主要力量。由于市场和监管机构对金融机构来说是不可控因素，所以许多金融机构把注意力集中于内部定价机制上。贷款最低定价的公式为：

贷款最低定价=（资金成本+经营成本+风险成本+资本成本）÷贷款额

其中：资金成本包括债务成本和股权成本；经营成本包括日常管理成本和税收成本；风险成本指预期损失，预期损失=违约概率×违约损失率×违约风险暴露；资本成本主要指用来覆盖该笔贷款的信用风险所需经济资本的成本，在数值上等于经济资本与股东最低资本回报率的乘积。

3）贷后管理

贷后管理是指从贷款发放或其他信贷业务发生之日起到贷款本息收回或信用结束之时止贷款管理行为的总称，是信贷全过程管理的重要阶段。贷后管理主要包括以下内容：贷后审核、信贷资金监控、贷后检查、担保管理、风险分类、到期管理、考核与激励及信贷档案管理等。

贷后管理一直都是我国银行信贷管理的薄弱环节，由于在信贷经营中存在的惯性思维和做法，当前的贷后管理工作仍然存在着许多问题。例如，对贷后管理重视程度不够、贷后管理制度建设滞后、贷后检查制度流于形式、贷后管理激励约束机制不健全、贷后管理工作人员业务能力不强等。加强贷后管理不仅是信贷管理的重要内容和本质要求，而且是强化信用风险管理、提高信贷资产质量、确保信贷资产业务稳健发展和经营效益持续增长的迫切需要。

3.3.3　资产分散化策略

投资的多样化和分散化是金融风险管理的重要策略，也是投资者普遍运用的投资理念，它可以有效防范或降低多种金融风险。对于银行来说，信贷资产分散化是降低银行信用风险的一个重要策略，当今许多信贷专家确信，最有效的信贷管理就是合理地安排贷款组合。

1）贷款组合管理概述

20世纪50年代，马柯维茨提出的现代证券组合理论是金融风险分散化的经典理论，该理论阐明了金融风险分散化的基本原理。按照这一理论，金融风险分散化的通俗表达是“不要将全部鸡蛋放在一个篮子里”，即商业银行通过持有不同种类、不同币种的信贷资产来分散每种资产价值损失的可能性，使总资产得到保值或减少价值损失。贷款组合管理的重要原则是贷款之间应尽量减少相关性，最大限度地降低贷款风险的传染效应。不同贷款间的负相关关系可以减少风险在贷款之间的传播，起到相互抵消风险的作用，这是银行防范信贷风险、稳定收入的保证。这就要求银行实行贷款组合管理，根据市场、产品、客户、信用和经营条件来预测、分散和控制整体风险。

商业银行确定资产组合时，必须根据其发展战略、经营计划和承受风险程度，确定目标市场和客户群，贷款的种类、币种，授信方式的搭配，贷款展期的可能性和贷款组合集中程度等，运用数学分析方法和组合管理理论，寻找有效边界，建立有效组合，以求在既定风险下收益最大或在既定收益下风险最小。贷款组合确定以后，并不意味着这个组合就是固定不变的。这是因为，当外部环境以及银行自身发展战略、风险承受能力等内部条件发生变化时，贷款组合的有效边界会发生移动，原有的组合就不是现有条件下的最优组合了。这时，银行应在认真评估贷款组合风险的前提下，对贷款组合进行调整，使其符合银行的战略目标、风险承受能力和外部环境的变化。

2）贷款组合管理的类型

根据国际银行业资产组合管理的发展历史，商业银行对信用风险的组合管理一般分为两种类型：

（1）传统的随机组合管理。在传统的随机组合管理中，组合管理者对组合的信用风险只能进行定性管理，根据自己的需要确定分类方式并从中进行选择，这种选择通常是随机性的。银行为组合中的每一种资产主观地设置一个信用风险暴露限额，以避免单一资产过度扩张、风险集中度超过银行可承受的水平。这种管理手段简单易行，技术要求不高，但显然不足以分析风险与收益的关系。20世纪80年代以来，许多大银行的实践经验证明，这种管理手段的关键是有分散风险的观念和行动，而不在于是否进行十分详细和有效的分析、计算，因而，传统的随机组合管理在银行的实际风险管理中受到普遍欢迎。

（2）科学的量化组合管理。20世纪90年代以来，随着新型融资工具在全球的风行以及新兴金融市场的不断发展，国际金融机构信用风险暴露总额激增，市场迫切需要一种较为成熟的信用风险计量和管理手段。科学的量化组合管理是运用资产组合理论和有关定量模型对各种资产的选择方式进行分析，根据它们各自的风险-收益特征和相互之间的相关性，组成在一定风险水平下期望收益最高或在一定期望收益水平上风险最小的有效组合。这一管理手段需要专门人员通过系统的资产分析和历史数据进行统计，技术要求高，计算复杂，成本费用较高，但可以有效分散风险。

就中国目前的条件来看，传统的随机组合管理更为适宜，但科学的量化组合管理是一种发展方向。

小资料3-4

加强对商业银行大额风险暴露管理

2018年6月，中国银保监会颁布《商业银行大额风险暴露管理办法》，将商业银行大额风险暴露管理纳入全面风险管理体系，建立并完善与业务规模及复杂程度相适应的组织架构、管理制度、信息系统等，有效识别、计量、监测和防控大额风险。

《商业银行大额风险暴露管理办法》规定，商业银行对非同业单一客户的贷款余额不得超过资本净额的10%，对非同业单一客户的风险暴露不得超过一级资本净额的15%。非同业单一客户包括主权实体、中央银行、公共部门实体、企事业法人、自然人、匿名客户等。匿名客户是指在无法识别资产管理产品或资产证券化产品基础资产的情况下设置的虚拟交易对手。

商业银行对一组非同业关联客户的风险暴露不得超过一级资本净额的20%。非同业关联客户包括非同业集团客户、经济依存客户。

商业银行对同业单一客户或集团客户的风险暴露不得超过一级资本净额的25%。

全球系统重要性银行对另一家全球系统重要性银行的风险暴露不得超过一级资本净额的15%。商业银行被认定为全球系统重要性银行后，对其他全球系统重要性银行的风险暴露应在12个月内达到上述监管要求。

商业银行对单一合格中央交易对手清算风险暴露不受本办法规定的大额风险暴露监管要求约束，非清算风险暴露不得超过一级资本净额的25%。商业银行对单一不合格中央交易对手清算风险暴露、非清算风险暴露均不得超过一级资本净额的25%。

3.3.4 贷款证券化

贷款证券化在20世纪80年代中期以后迅速发展起来，成为金融资产证券化最主要的推动力量。贷款证券化是运用各种结构化交易技术，将贷款组合组成贷款池，并对贷款池未来预期现金流进行分割，转换为资本市场可交易的、具有不同风险-收益特征的证券。

1）贷款证券化的含义

规范的资产证券化（asset securitization）是指发起人将同质的、缺乏流动性但可产生稳定现金流的资产（如贷款、租赁、应收账款等）组成一个资产池，通过一个特殊目的载体（special purpose vehicle，SPV），以一定的结构安排和信用增级，分离与重组资产的收益和风险，并转化成以资产产生的现金流担保的证券（ABS），发售给投资者。

贷款证券化是将银行资产负债表内信贷资产出售给投资者的一种结构性交易，这个批发性金融中介过程将已有的金融产品的未来现金流重新安排，通过出售贷款产生的现金流支付投资者到期债务，用新的证券代表对原有贷款的收益索取权。贷款证券化发行的“结构化票据”成为银行贷款再融资方式，投资者持有票据，获得相应收益索取权并承担贷款信用风险。

通过贷款证券化方式，传统上对立的两个融资渠道——银行金融中介和资本市场产生了一种互补性关系。第一，对于银行金融中介而言，贷款证券化在银行中引入了证券化安排，提供了买卖贷款实际利益的有效方式，以票据分割贷款组合的总体收益，交易手续简便，贷款交易的成本降低。这使得贷款证券化成为交易贷款权益和改变银行信贷资产组合的重要途径。第二，对于资本市场而言，贷款证券化提供了以贷款未来收益现金流支持的投资产品，增加了传统资本市场的投资产品类型。这使得贷款证券化成为增加投资品种、扩大交易规模和促进市场结构调整的重要因素。

2）贷款证券化的约束条件

从市场发展角度看，贷款证券化在贷款组合管理方面的制约因素有两个：第一，贷款交易过程转移贷款的法定权益，银行需要在维持贷款客户关系与处理表内信贷资产之间进行权衡。第二，将信贷资产移出资产负债表的交易过程依赖资本市场的效率，资本市场本身的完备性和有效性是吸纳银行信贷资产的重要保证，而大多数急需管理庞大信贷资产的银行金融体系普遍存在资本市场发展滞后的局限性。因此，通过贷款交易或贷款证券化交易管理贷款信用风险的过程与银行发放贷款、维持客户关系存在潜在的冲突，而且这种运行机制的有效性受限于经济体资本市场的成熟程度。

3）贷款证券化的主要工具

贷款证券化的工具较多，主要有以下几种：

（1）过手结构债券。这是一种权益类债券，它的发行是以组合资产池为支撑的，代表对具有相似的到期日、利率和特点的资产组合的直接所有权。典型种类有住宅抵押贷款、消费者应收款（汽车贷款、信用卡应收款），是基础资产池中的典型资产。其收益公式为：

现金流-相关费用=余额

（2）资产支持债券。这是发行人以贷款组合或过手结构债券为抵押而发行的债券。发行人要将一部分组合资产作为发行债券的担保抵押给托管人。

（3）转付结构债券。这是过手结构债券和资产支持债券的结合。它是根据投资者的偏好，对证券化资产产生的现金流重新安排而发行的债券。这种债券是发行人的债务，保留在资产负债表中（与资产支持证券相同），但基础资产的现金流用来支付给债券持有人（与过手结构债券相似）。

小资料3-5

资产证券化产品与规模

中国证券投资基金业协会发布的数据显示，截至2023年12月底，存续企业资产证券化产品2 268只，存续规模19 238.60亿元。其中，应收账款、商业不动产抵押贷款（CMBS）、融资租赁债权、小额贷款债权、不动产持有型ABS以及基础设施公募REITs存续规模合计16 470.40亿元，占总存续规模的85.61%。基础设施类收费、保障房、保理融资债权等其他类别基础资产存续规模合计2 768.20亿元，占总存续规模的14.39%。

3.3.5 风险资本比率约束机制

风险资本比率是国际上公认的用于计量银行信用风险和稳健程度的指标。它与银行经营管理、银行信贷风险、金融危机都有密切联系。因此，应该以风险资本比率为依据，控制银行信贷资产的扩张规模，控制银行资产组合风险，将风险资本比率作为银行信用风险控制体系的重要组成部分。

我国商业银行呈现出“数量-扩张-风险”的经营模式，导致信用风险在银行内部逐步积累。随着银行业资产的日益多样化和资本金比例的不断缩小，在银行内部建立规模适度扩张约束与资本充足率约束并重的双重约束，对于控制银行信用风险非常重要。

1）风险资本比率的定义

1988年的《巴塞尔资本协议》定义了针对偿付能力的共同计量标准：风险资本比率（也称为Cooke比率，即银行的监管资本占风险加权资产的比例）要达到8%以上，这里的风险只涵盖了信用风险。该协议将银行资本分为核心资本与附属资本，将银行资产分为5类，相应设置0、10%、20%、50%、100%共5个风险权数，并对表外资产规定了信用转换系数。

1999年，巴塞尔银行监管委员会建议修订《巴塞尔资本协议》时对资本充足率提出了新的计量要求。巴塞尔银行监管委员会在新框架中将银行承受的风险分为3类，即信用风险（主要指由银行账面信贷资产引发的风险）、市场风险、其他风险（包括银行交易所承受的利息风险、操作风险、流动性风险、法律风险和名誉风险等）。巴塞尔银行监管委员会的有关研究表明，银行的资本支出即资本储备，要与银行所承受的风险保持高度的正相关。

2010年修订的《巴塞尔协议Ⅲ》规定，截至2015年1月，全球各商业银行的一级资本充足率下限上调至6%。其中，由普通股构成的核心一级资本占银行风险资产的下限提高至4.5%。此外，各银行还需增设“资本防护缓冲资金”，总额不得低于银行风险资产的2.5%，商业银行的核心一级资本充足率将由此被提高至7%。当时要求，该规定将在2016年1月至2019年1月分阶段执行。

中国国家金融监督管理总局2023年发布的《商业银行资本管理办法》规定，商业银行各级资本充足率最低要求为：核心一级资本充足率不得低于5%，一级资本充足率不得低于6%，资本充足率不得低于8%。

2）风险资本比率对银行信用风险的限制功能

风险资本比率反映银行的资本充足率，直接反映银行资本不足的风险，即资本金不能抵补各项损失和支付到期负债的可能性。风险资本比率对银行信用风险的限制功能体现在两个方面：一方面是到期债务不能清偿时，资本有保护功能；另一方面是贷款和投资发生损失时，由资本充当缓冲器。

（1）风险资本比率与清偿能力风险。银行倒闭的根源在于其所面临的清偿能力风险变为现实。所谓清偿能力风险，是指在某一时点银行不能偿还到期债务的可能性，也就是说，银行的负债总额超过银行的资产总额的可能性。银行拥有充足的资本金，就能增加客户的安全感，赢得社会大众的信任，从而降低债务回收的不确定性；也能使银行以合理的价格从市场上借入资金，有效地减少资金外流，保证偿付。

（2）风险资本比率与贷款风险。商业银行是靠负债来经营的，自有资本在其经营资金中只占极小比例，它必须保证其贷款能及时收回。如果贷款成为呆账，就会影响银行的清偿能力，严重的会导致银行破产。假设银行的某个客户拖欠贷款，银行不能收回本金和利息，现金流入就直接减少了。但现金流出并不会受影响（除增加托收或本外），因为除了银行债务的利息支付是强制的现金流出外，普通股和优先股股利的支付都不是强制的，银行可在不违约的情况下延期支付这些红利，而把这些当前收益用于补偿银行的贷款拖欠损失。所以，资本的存在减少了强制的现金流出，从而成为缓冲器。

（3）风险资本比率与流动性风险。银行会将资本较长时间投放于证券投资业务。其目的一方面是获取收益；另一方面是增加资产的流动性，降低风险。对于这部分资产，银行要承担信用风险（证券发行人在证券到期时无法偿还本金和履行义务）、市场风险（证券市场或经济形势变化带来的损失）、货币风险（市场利率变化或通货膨胀加剧带来的损失）。因此，银行应该有所准备，以便应对投资出现问题而导致的一系列流动性风险。风险资本比率反映了银行解决这一问题的能力。

小资料3-6

中国银监会关于进一步加强信用风险管理的通知

2016年9月，中国银监会下发了《关于进一步加强信用风险管理的通知》，要求：

（1）改进统一授信管理。银行业金融机构应将贷款（含贸易融资）、票据承兑和贴现、透支、债券投资、特定目的载体投资、开立信用证、保理、担保、贷款承诺，以及其他实质上由银行业金融机构承担信用风险的业务纳入统一授信管理，其中，特定目的载体投资应按照穿透原则对应至最终债务人。

（2）加强授信客户风险评估。银行业金融机构应加强内部客户风险信息共享，探索对客户风险信息实施统一管理，整合分析全体客户的各类信用风险信息。强化银行业金融机构之间信息共享机制建设，多渠道收集授信客户非传统融资信息，增强对授信客户总负债情况的监测评估能力。

（3）规范授信审批流程。银行业金融机构应明确新增授信、存量授信展期和滚动融资的审批标准、政策和流程，并根据风险暴露的规模和复杂程度明确不同层级的审批权限。对集团客户授信总额超过资本净额10%或单一客户授信总额超过资本净额5%的，应视为大额风险暴露，其授信应由董事会或高级管理层审批决定。

（4）完善集中度风险的管理框架。银行业金融机构应建立涵盖客户、行业、地区、货币、抵（质）押品、市场、国家/区域等各类风险源，覆盖信贷、投资、衍生品交易、承兑、担保等全部表内外风险暴露，充分体现穿透性原则的集中度风险管理框架。

（5）加强国别风险管理。银行业金融机构应建立健全与其系统重要性、风险状况及风险偏好相一致的各项政策和程序，及时对覆盖银行集团范围的国别和转移风险进行识别、计量、评估、监测、报告、控制和缓释。

（6）提高贷款分类的准确性。银行业金融机构应加强贷款分类管理，定期开展贷款分类政策、程序执行情况内部审计，对在贷款分类中弄虚作假掩饰贷款质量的，要严格实施问责，加大处罚力度。应明确上调贷款分类的标准和程序，审慎实施贷款分类中不良贷款上调为非不良贷款的操作。只有符合所有逾期的本金、利息及其他欠款已全部偿还，并至少在随后连续两个还款期或6个月内（按两者孰长的原则确定）正常还本付息，且预计之后也能按照合同条款持续还款的不良贷款，才能上调为非不良贷款。

（7）开展非信贷资产分类。银行业金融机构要参照贷款分类的有关规定，进一步健全完善制度办法，明确表内外各类非信贷资产的分类标准和操作流程，真实、准确和动态地反映非信贷资产风险状况。

（8）提升风险缓释的有效性。银行业金融机构应根据本机构业务特点，建立信用风险缓释制度、政策和程序，定期对风险缓释措施的有效性进行评估。

小资料3-7

《银行业金融机构联合授信管理办法（试行）》发布

2018年6月，《银行业金融机构联合授信管理办法（试行）》发布，旨在进一步优化银企合作关系、提高金融资源配置效率、有效防控重大信用风险。这里的联合授信是指拟对或已对同一企业（含企业集团，下同）提供债务融资的多家银行业金融机构，通过建立信息共享机制，改进银企合作模式，提升银行业金融服务质效和信用风险防控水平的运作机制。联合授信管理框架要求：

多家银行业金融机构对同一企业进行授信时，可建立信息共享机制，共同收集汇总、交叉验证企业经营和财务信息。

对在3家以上银行业金融机构有融资余额，且融资余额合计在50亿元以上的企业，银行业金融机构应建立联合授信机制。对在3家以上的银行业金融机构有融资余额，且融资余额合计在20亿~50亿元之间的企业，银行业金融机构可自愿建立联合授信机制。

银行业金融机构发现企业符合通知第六条明确的建立联合授信机制条件时，应通知银行业协会。银行业协会协调企业的债权银行业金融机构在1个月内建立联合授信机制。

企业债权银行业金融机构应签署联合授信成员银行协议，并组建联合授信委员会。成员银行协议内容包括但不限于：联合授信委员会的组织架构、议事规则、运作方式，成员银行的权利义务和违约责任，联合风险防控、风险预警、风险处置的工作规则等。

小资料3-8

中国银保监会发布《关于保险资金参与信用风险缓释工具和信用保护工具业务的通知》

2019年5月，中国银保监会发布了《关于保险资金参与信用风险缓释工具和信用保护工具业务的通知》，要求运用保险资金为信用风险管理提供对冲手段。通知所称信用风险缓释工具和信用保护工具，是指用于管理信用风险的信用衍生产品。其中，信用风险缓释工具包括合约类产品和凭证类产品，信用保护工具包括信用保护合约和信用保护凭证。保险资金参与信用风险缓释工具和信用保护工具业务仅限于对冲风险，保险集团（控股）公司、保险公司和保险资产管理公司不得作为信用风险承担方。

本章小结

本章描述了信用风险及信用风险管理的基本概念，信用风险包含的内容、信用风险产生的原因、信用风险管理方法及其变化。信用风险的定性计量方法主要有专家制度、评级方法、信用评分方法。信用风险的定量计量方法主要包括：违约概率模型——信用风险计算方法、信用监测模型、风险中性定价模型；信用风险组合计量模型——信用计量制模型、信用风险量化模型、信用风险组合模型；《商业银行资本管理办法》中规定的权重法或内部评级法。在信用风险的控制中，运用限额管理、关键业务流程/环节控制、资产分散化策略、贷款证券化、风险资本比率约束机制对信用风险进行管理。

主要概念和观点

1. 现代意义上的信用风险不仅包括违约风险，还包括由于交易对手（债务人）信用状况和履约能力的变化导致债权人资产价值发生变动遭受损失的风险。

2. 信用风险产生的原因：现代金融市场内在本质的表现；信用活动中的不确定性；信用当事人遭受损失的可能性。

3. 传统的信用风险计量方法主要运用定性方法，包括专家制度、评级方法、信用评分方法。

4. 现代信用风险量化管理模型在国际金融界受到普遍重视并有长足发展。违约概率模型中的信用风险计算方法、信用监测模型、风险中性定价模型；信用风险组合计量模型中的信用计量制模型、信用风险量化模型、信用风险组合模型等都在金融业有很大影响。

5. 在商业银行的风险管理实践中，限额管理包含两个层面的主要内容，即银行管理层面和信贷业务层面。

6. 统一授信管理。银行业金融机构应将贷款（含贸易融资）、票据承兑和贴现、透支、债券投资、特定目的载体投资、开立信用证、保理、担保、贷款承诺，以及其他实质上由银行业金融机构承担信用风险的业务纳入统一授信管理。其中，特定目的载体投资应按照穿透原则对应至最终债务人。

7. 贷款定价及贷款定价影响因素。贷款定价就是确定贷款的合同利率，在利率市场化条件下，利率的高低和种类是各种客观经济变量综合作用的结果。贷款定价影响因素包括中央银行利率、银行负债的平均利率、营业费用、贷款的风险、借贷资金的供求状况、当前资产组合结构、全面考虑客户关系。

8. 贷后管理及其主要内容。贷后管理是指从贷款发放或其他信贷业务发生之日起到贷款本息收回或信用结束之时止贷款管理行为的总称，是信贷全过程管理的重要阶段。贷后管理主要包括以下内容：贷后审核、信贷资金监控、贷后检查、担保管理、风险分类、到期管理、考核与激励及信贷档案管理等。

9. 资产分散化策略。投资的多样化和分散化是金融风险管理中的重要策略，也是投资者普遍运用的投资理念，可以有效防范或降低多种金融风险。对于银行来说，信贷资产分散化就是进行合理的贷款组合安排。

10. 贷款证券化。贷款证券化是将银行资产负债表内的信贷资产出售给投资者的一种结构性交易，这个过程用新的证券代表对原有贷款的收益索取权。贷款证券化成为银行贷款再融资方式，并且使传统上对立的两个融资渠道——银行金融中介和资本市场产生了一种互补性关系。

11. 风险资本比率约束机制。风险资本比率是国际上公认的用于计量银行信用风险和稳健程度的指标。银行应以风险资本比率为依据，控制银行信贷资产的扩张规模，控制银行资产组合风险，将其作为银行信用风险控制体系的重要组成部分。我国的商业银行要建立规模适度扩张约束与资本充足率约束并重的双重约束，这对于控制银行信用风险非常重要。

12. 权重法。权重法是指银行将全部资产按照监管规定的类别进行分类，并采用监管规定的风险权重计量信用风险加权资产的方法。对不实施内部评级法的商业银行，需要运用权重法计算全行表内外资产的信用风险加权资产。

13. 内部评级体系。商业银行内部评级体系是指用于信用风险评估、风险等级确定和信用风险参数量化的各种方法、过程、控制措施和信息系统的总称。对实施内部评级法的银行，内部评级法覆盖的表内外资产使用内部评级法计算信用风险加权资产。

基础训练

1. 简述信用风险产生的原因。
2. 简述信用风险的定性计量方法。
3. 简述信用风险的定量计量方法。
4. 简述信用风险的控制策略。
5. 简述信用风险加权资产计量的权重法的含义和计算方法。
6. 简述信用风险加权资产计量的内部评级法的含义及基本要素。

第4章

流动性风险管理[①]

4.1 流动性风险概述

流动性风险是金融机构面临的主要风险之一。流动性原则要求经济主体拥有的资金、资产具有即时变现能力，或者能够及时从外部获得资金。当金融机构不能及时提供充足的现金来满足客户提取存款的要求和支付到期债务时，金融机构就会面临流动性危机。这种流动性危机很容易导致银行破产。提供充足的流动性是资产负债管理的目标之一，为达到这一目标，必须进行全面、准确的流动性分析，并根据流动性分析结果制定有效的流动性风险管理策略。

4.1.1 流动性风险的概念

1）流动性的内涵

（1）流动性的定义。流动性是指银行能够在一定时间内以合理的成本筹集一定数量的资金来满足客户当前或未来的资金需求。

（2）流动性包含的要素。

① 资金数量。一家银行若能在一定时间内以合理成本筹集到较大数量的资金，该银行便具有较好的流动性。

② 资金成本。银行以合理成本，较快地取得一定数量的资金，也具有较好的流动性。

③ 时间。银行在一定时间内以较低成本取得一定数量的资金，同样具有较好的流动性。

2）流动性风险的内涵

（1）流动性风险的定义。流动性风险是指商业银行无法以合理成本及时获得充足资金，用于偿付到期债务、履行其他支付义务和满足正常业务开展的其他资金需求的风险。

流动性风险可以分为融资流动性风险和市场流动性风险。融资流动性风险是指商业

① 本章内容以2018年5月中国银行保险监督管理委员会颁布的《商业银行流动性风险管理办法》为依据修订。

银行在不影响日常经营或财务状况的情况下，无法及时有效满足资金需求的风险，反映商业银行在合理的时间、成本条件下迅速获取资金的能力；市场流动性风险是指由于市场深度不足或市场动荡，商业银行无法以合理的市场价格出售资产以获得资金的风险，反映商业银行在无损失或微小损失情况下迅速变现的能力。

（2）流动性风险的表现形式。

① 银行的一切经营活动正常。信贷资金市场正常运转，银行本身并无严重问题发生。

② 银行本身出现短期危机。例如，银行出现坏账。

③ 银行业整体出现短期危机。这种情况往往是由国际金融危机所导致的。

④ 银行陷于长期危机。例如，银行不断出现营业亏损，从而存在倒闭的风险。

对银行流动性风险管理的研究重点在第一种情况，后三种情况属于流动性风险的极端表现，往往伴有其他风险的存在。

3）银行保持适当流动性的重要意义

（1）银行保持适当流动性，可以保证其债权人的债权得到偿付。银行的债权人，无论是小额储蓄者还是大额存单持有者，或者是其他金融机构，均属于风险厌恶者（risk-averse），他（它）们将资金贷给银行，主要目的是收回本金，然后才是选择不同的利率。银行保持适当的流动性才会使本金偿付得到保证。

（2）银行保持适当流动性，才有能力兑现对客户的贷款承诺。一家银行发出的贷款承诺往往是其贷款余额的数倍。当银行的某个高质量客户提出新的贷款需求时，银行会尽量满足他的需求。银行保持适当流动性才能在任何时候都满足贷款需求。

（3）银行保持适当流动性，可以使银行及时把握有利可图的机会。银行既可以在需要时扩大其资产规模，又可以在不利的市场环境下出售其流动资产，避免亏损。

4.1.2 流动性风险的成因

对于正常经营的银行来说，资产和负债期限的不匹配、利率水平的波动均可能导致流动性风险；而对于经营不善的银行来说，除上述原因外，信贷风险也会成为其流动性风险的重要诱因。此外，宏观政策也会导致流动性风险的产生。

1）流动性风险的内部成因

（1）资产负债期限结构。资产负债期限结构是指在未来特定时段内，到期资产（现金流入）与到期负债（现金流出）的构成状况。商业银行的核心功能是“期限的转换”，即将短期存款或负债转变为长期营利资产，这种“借短贷长”行为在银行资产负债表中具体表现为资产和负债的期限不匹配，这就使由资产产生的现金流入与由负债产生的现金流出不能相互吻合。

资产和负债期限不匹配的情况可能导致两种弊端的出现：①银行过分依靠负债管理；②银行用于应急的资金不够充足。但“借短贷长”行为所引起的资产和负债的期限不匹配被认为是一种正常的、可控性较强的流动性风险，银行要营利就不可避免地会面临这一风险。

（2）资产负债币种结构。对于从事国际业务的商业银行而言，多币种的资产负债期限结构增加了流动性风险管理的复杂程度。在本国市场或国际市场出现异常状况时，外币债权方通常因为对债务方缺乏足够了解并且无法对市场的发展情况作出正确判断而要求债务方提前偿付债务。在这种不利的市场条件下，商业银行如果不能迅速满足外币债务的偿付需求，就会不可避免地陷入外币流动性危机，并严重影响其在国际市场上的声誉。商业银行应当按照本外币合计和重要币种分别进行流动性风险识别、计量、监测和控制，对其他币种的流动性风险可以进行合并管理。

（3）资产负债分布结构。商业银行应当严格执行限额管理的相关要求，尽可能降低其资金来源（负债）和使用（资产）的同质性，形成合理的资产负债分布结构，以获得稳定、多样化的现金流量，最大限度降低流动性风险。

（4）金融企业的信誉。金融企业拥有良好的信誉，会增强客户尤其是存款人的信心，这样的金融企业一般流动性较强；如果金融企业丧失了信誉，客户就会对它产生不信任感，进而可能发生挤兑及其他影响流动性的行为，使金融机构面临经营危机。

2）流动性风险的外部成因

（1）货币政策的影响。中央银行的货币政策与商业银行的流动性风险有着密切联系。当中央银行采取扩张性货币政策时，商业银行较容易获得资金，其存款量会上升，客户的贷款要求容易被满足，流动性风险很少发生；如果中央银行采取紧缩性货币政策，整个社会货币数量和信用总量减少，商业银行的资金来源从而减少，挤兑的可能性就会增加，商业银行会有流动性风险。

（2）金融市场发育程度的影响。金融市场发育程度直接影响商业银行资产的变现能力及主动负债的能力，进而对商业银行的流动性风险有影响。短期证券和票据是商业银行保持流动性的工具，如果金融市场不完备，短期证券和票据不能以合理的市场价格买卖，就会加大商业银行的交易成本和损失，使商业银行获得流动性的代价变大。同时，活跃的二级市场也为商业银行随时获得流动性提供了方便。

（3）客户信用风险的影响。如果一家管理不善的银行冒了很大的风险将资金贷给信誉欠佳的客户，由于借款者经营不善导致坏账而使银行盈利下滑，一旦在金融市场上出现该银行盈利下滑的传言，该银行将不得不以高昂的代价保留原有的存款或从市场上购买资金，这会使银行的盈利状况进一步恶化，甚至会出现严重亏损。

（4）对利率变动的敏感性。当市场利率水平上升时，某些客户会将存款提现并转为其他报酬更高的产品，某些贷款客户可能推迟新贷款的申请或者加速使用利率较低的信用额度，所以利率的变动对客户的存款需求和贷款需求都会产生影响，也会严重影响银行的流动性头寸。此外，利率变动还将引起银行所出售资产（换取流动性）市值的波动，甚至直接影响银行在货币市场的借贷资金成本。

4.1.3 流动性风险管理体系

1）流动性风险管理体系的含义

流动性风险管理是识别、计量、监测和控制流动性风险的全过程。商业银行应当建立健全流动性风险管理体系，对法人和集团层面、各附属机构、各分支机构、各业务条线的流动性风险进行有效识别、计量、监测和控制，确保其流动性需求能够及时以合理成本得到满足。流动性风险管理是资产负债管理的重要组成部分。银行在确定资产负债额度、结构和期限时，一定要考虑流动性风险，以加强资产的流动性和融资来源的稳定性。

2）流动性风险管理体系的基本要素

作为商业银行风险管理体系的组成部分之一，流动性风险管理体系应当与商业银行总体发展战略和整体风险管理体系相一致，商业银行应当在法人和集团层面建立与其业务规模、性质和复杂程度相适应的流动性风险管理体系。流动性风险管理体系包括以下基本要素：（1）有效的流动性风险管理治理结构。（2）完善的流动性风险管理策略、政策和程序。（3）有效的流动性风险识别、计量、监测和控制。（4）完备的管理信息系统。

3）流动性风险管理治理结构

商业银行应建立有效的流动性风险管理治理结构，明确董事会及其专门委员会、监事会（监事）、高级管理层以及相关部门在流动性风险管理中的职责和报告路线，建立适当的考核及问责机制。

商业银行董事会、高级管理层和负责流动性风险管理的部门职责见表4-1。

表4-1　商业银行流动性风险管理机构及其职责

管理机构	职　能
董事会	承担流动性风险管理的最终责任，应履行以下职责： （1）审核批准流动性风险偏好、流动性风险管理策略、重要的政策和程序。流动性风险偏好至少每年审核一次 （2）监督高级管理层对流动性风险实施有效管理和控制 （3）持续关注流动性风险状况，定期获得流动性风险报告，及时了解流动性风险水平、管理状况及重大变化 （4）审批流动性风险信息披露内容，确保披露信息的真实性和准确性 （5）其他有关职责
高级管理层	负责流动性风险的具体管理工作，应履行以下职责： （1）制定、定期评估并监督执行流动性风险偏好，以及流动性风险管理策略、政策和程序 （2）确定流动性风险管理组织架构，明确各部门职责分工，确保商业银行具有足够的资源，独立、有效地开展流动性风险管理工作 （3）确保流动性风险偏好，以及流动性风险管理策略、政策和程序在商业银行内部得到有效沟通和传达 （4）建立完备的管理信息系统，支持流动性风险的识别、计量、监测和控制 （5）充分了解并定期评估流动性风险水平及管理状况，及时了解流动性风险的重大变化，并向董事会定期报告 （6）其他有关职责

续表

管理机构	职　能
负责流动性风险管理的部门	(1) 拟定流动性风险管理策略、政策和程序，提交高级管理层和董事会审核批准 (2) 识别、计量和监测流动性风险，包括持续监控优质流动性资产状况，监测流动性风险限额遵守情况并及时报告超限额情况，组织开展流动性风险压力测试，组织流动性风险应急计划的测试和评估 (3) 识别、评估新产品、新业务和新机构中包含的流动性风险，审核相关操作和风险管理程序 (4) 定期提交独立的流动性风险报告，及时向高级管理层和董事会报告流动性风险水平、管理状况及重大变化 (5) 拟定流动性风险信息披露内容，提交高级管理层和董事会审批 (6) 其他有关职责

注：根据中国银行保险监督管理委员会2018年5月发布的《商业银行流动性风险管理办法》整理而成。

4）流动性风险管理策略、政策和程序

商业银行应根据经营战略、业务特点、财务实力、融资能力、总体风险偏好及市场影响力等因素确定流动性风险偏好，并以此为基础制定书面的流动性风险管理策略、政策和程序，涵盖表内外各项业务以及境内外所有可能对其流动性风险产生重大影响的业务部门、分支机构和附属机构，包括正常和压力情景下的流动性风险管理。

流动性风险管理策略应明确流动性风险管理的总体目标、管理模式，以及主要政策和程序。流动性风险管理政策和程序包括但不限于以下内容：流动性风险的识别、计量和监测，包括现金流测算和分析；流动性风险限额管理；融资管理；日间流动性风险管理；压力测试；应急计划；优质流动性资产管理；跨机构、跨境以及重要币种的流动性风险管理；对影响流动性风险的潜在因素以及其他类别风险对流动性风险的影响进行持续监测和分析。

【思政小课堂】

资本也喜欢“自由”

马克思说过：“自由确实是人的本质。”而在金融管理中，自由可以体现为资金要具有流动性。可以说，流动性管理是商业银行的原则和根本。我国一直重视对商业银行的流动性管理。商业银行在货币政策执行中发挥着重要作用。货币政策的传导、流动性的“吞吐”，主要是通过商业银行这一载体实现的。商业银行的流动性变化将会放大市场流动性走势，对市场整体流动性产生重要影响。

从“存贷比”指标到《商业银行流动性风险管理办法》的“净稳定资金比例”“优质流动性资产充足率”“流动性匹配率”等量化指标体系，计量流动性风险更精细化，使流动性管理更敏感、更前瞻，更能充分体现去通道、去同业空转、回归本源的监管思路。

4.2 流动性风险管理的技术方法

从表面上看，银行的流动性风险是一个比较简单的概念，但对它进行衡量不是一件容易的事。商业银行应当根据业务规模、性质、复杂程度及风险状况，运用适当方法和模型，对正常和压力情景下未来不同时间段的资产负债期限错配、融资来源多元化和稳定程度，优质流动性资产、重要币种流动性风险及市场流动性等进行分析和监测。

4.2.1 现金流量管理

现金流量管理是识别、计量和监测流动性风险的重要工具，商业银行应当建立现金流测算和分析框架，有效计量、监测和控制正常和压力情景下未来不同时间段的现金流缺口。现金流测算和分析应当涵盖资产和负债未来现金流以及或有资产和或有负债的潜在现金流，并充分考虑支付结算、代理和托管等业务对现金流的影响。

1）现金流测算分析的基本方法

（1）商业银行应当在涵盖表内外各项业务的基础上，按照本外币合计和重要币种，区分正常和压力情景，并考虑资产负债未来的增长，分别测算未来不同时间段的现金流入和流出，形成现金流量报告。

（2）未来现金流可分为确定到期日现金流和不确定到期日现金流。确定到期日现金流是指有明确到期日的表内外业务形成的现金流。不确定到期日现金流是指没有明确到期日的表内外业务（如活期存款）形成的现金流。商业银行应当按照审慎性原则测算不确定到期日现金流。

（3）商业银行应当合理评估未提取的贷款承诺、信用证、保函、银行承兑汇票、衍生产品交易、因其他履约事项可能发生的垫款、为防范声誉风险而超出合同义务进行支付等所带来的潜在流动性需求，将其纳入现金流测算和分析，并关注相关客户的信用状况、偿债能力和财务状况变化对潜在流动性需求的影响。

（4）商业银行在测算未来现金流时，可以按照审慎性原则进行交易客户的行为调整。商业银行所使用的行为调整假设应当以相关历史数据为基础，经充分论证和适当程序审核批准，并进行事后检验，确保合理性。

（5）商业银行各个时间段的现金流缺口为该时间段的现金流入与现金流出的差额。根据重要性原则，商业银行可以选定部分现金流量少、发生频率低的业务不纳入现金流缺口计算，但应当经内部适当程序审核批准。

（6）商业银行应当由负责流动性风险管理的部门设定现金流缺口限额，确保现金流缺口限额与流动性风险偏好相适应，并经内部适当程序审核批准。商业银行应当至少每年对现金流缺口限额进行一次评估，必要时予以修订。

2）现金流缺口限额的设定原则

商业银行应当按照以下原则设定未来特定时间段的现金流缺口限额：

（1）商业银行应当预测其未来特定时间段内的融资能力，尤其是来自银行或非银行金融机构的批发融资能力，并依据压力情景下的调减系数对预测进行适当调整。

（2）商业银行应当按照合理审慎的方法计算优质流动性资产变现所能产生的现金流入。

（3）商业银行设定现金流缺口限额时应当充分考虑支付结算、代理和托管等业务对现金流的影响。

4.2.2 流动性风险预警

商业银行要根据业务规模、性质、复杂程度及风险状况，监测可能引发流动性风险的特定情景或事件，采用适当的预警指标，前瞻性地分析其对流动性风险的影响。可能引发流动性风险的情景或事件包括：

（1）资产快速增长，负债波动性显著上升。

（2）资产或负债集中度上升。

（3）负债平均期限下降。

（4）批发或零售存款大量流失。

（5）批发或零售融资成本上升。

（6）难以继续获得长期或短期融资。

（7）期限或货币错配程度增加。

（8）多次接近内部限额或监管标准。

（9）表外业务、复杂产品和交易对流动性的需求增加。

（10）银行资产质量、盈利水平和总体财务状况恶化。

（11）交易对手要求追加额外抵（质）押品或拒绝进行新交易。

（12）代理行降低或取消授信额度。

（13）信用评级下调。

（14）股票价格下跌。

（15）出现重大声誉风险事件。

4.2.3 流动性风险的限额管理和融资策略

1）限额管理

商业银行应当对流动性风险实施限额管理，根据其业务规模、性质、复杂程度、流动性风险偏好和外部市场发展变化情况，设定流动性风险限额。

（1）限额管理的内容。流动性风险限额包括但不限于现金流缺口限额、负债集中度限额、集团内部交易和融资限额。

（2）限额管理的方法。商业银行应当制定流动性风险限额管理的政策和程序，建立流动性风险限额设定、调整的授权制度、审批流程和超限额审批程序，至少每年对流动性风险限额进行一次评估，必要时进行调整。

商业银行应当对流动性风险限额的遵守情况进行监控，发生超限额情况应当及时报告。对未经批准的超限额情况，应当按照限额管理的政策和程序进行处理。对超限额情况的处理应当保留书面记录。

2）融资策略

商业银行应当建立并完善融资策略，提高融资来源的多元化和稳定程度。商业银行融资管理应符合以下要求：

（1）分析正常和压力情景下未来不同时间段的融资需求和来源。

（2）加强负债品种、期限、交易对手、币种、融资抵（质）押品和融资市场等的集中度管理，适当设置集中度限额。

（3）加强融资渠道管理，积极维护与主要融资交易对手的关系，保持在市场上的适当活跃程度，并定期评估市场融资和资产变现能力。

（4）密切监测主要金融市场的交易量和价格等变动情况，评估市场流动性对商业银行融资能力的影响。

4.2.4 融资抵（质）押品管理

商业银行应当加强融资抵（质）押品管理，确保其能够满足正常和压力情景下日间和不同期限融资交易的抵（质）押品需求，并且能够及时履行向相关交易对手返售抵（质）押品的义务。

（1）区分有变现障碍资产和无变现障碍资产。对可以用作抵（质）押品的无变现障碍资产的种类、数量、币种、所处地域和机构、托管账户，以及中央银行或金融市场对其接受程度进行监测分析，定期评估其资产价值及融资能力，并充分考虑其在融资中的操作性要求和时间要求。

（2）提高抵（质）押品的多元化程度。商业银行应当在考虑抵（质）押品的融资能力、价格敏感度、压力情景下的折扣率等因素的基础上提高抵（质）押品的多元化程度。

4.2.5 日间流动性风险管理

商业银行应确保具有充足的日间流动性头寸和相关融资安排，及时满足正常和压力情景下的日间支付需求。商业银行的日间流动性风险管理应符合以下要求：

（1）有效计量每日的预期现金流入总量和流出总量，日间各个时点现金流入和流出的规模、缺口等；

（2）及时监测业务行为变化，以及账面资金、日间信用额度、可用押品等可用资金变化等对日间流动性头寸的影响；

（3）具有充足的日间融资安排来满足日间支付需求，必要时可通过管理和使用押品来获取日间流动性；

（4）具有根据日间情况合理管控资金流出时点的能力；

（5）充分考虑非预期冲击对日间流动性的影响。

商业银行应当结合历史数据对日间流动性状况进行回溯分析，并在必要时完善日间流动性风险管理。

4.2.6 建立压力测试制度

商业银行应通过压力测试分析银行承受短期和中长期压力情景的能力，考虑并预防未来可能的流动性危机，提高在流动性压力情景下履行支付义务的能力。

1）商业银行流动性风险压力测试的要求

（1）合理审慎设定并定期审核压力情景，充分考虑影响商业银行自身的特定冲击、影响整个市场的系统性冲击和两者相结合的情景，以及轻度、中度、严重等不同压力程度。

（2）合理审慎设定在压力情景下商业银行满足流动性需求并持续经营的最短期限，在影响整个市场的系统性冲击情景下该期限应当不少于30天。

（3）充分考虑各类风险与流动性风险的内在关联性和市场流动性对商业银行流动性风险的影响。

（4）定期在法人和集团层面实施压力测试；当存在流动性转移限制等情况时，应当对有关分支机构或附属机构单独实施压力测试。

（5）压力测试频率应当与商业银行的规模、风险水平及市场影响力相适应；常规压力测试应当至少每季度进行一次，出现市场剧烈波动等情况时，应当增加压力测试频率。

（6）在可能情况下，应当参考以往出现的影响银行或市场的流动性冲击，对压力测试结果实施事后检验，压力测试结果和事后检验应当有书面记录。

（7）在确定流动性风险偏好，流动性风险管理策略、政策和程序，以及制订业务发展和财务计划时，应当充分考虑压力测试结果，必要时应当根据压力测试结果对上述内容进行调整。

董事会和高级管理层应当对压力测试的情景设定、程序和结果进行审核，不断完善流动性风险压力测试。

2）制订应急计划

商业银行应当根据其业务规模、性质、复杂程度、风险水平、组织架构及市场影响力，充分考虑压力测试结果，制订有效的流动性风险应急计划，确保其可以应对紧急情况下的流动性需求。商业银行应当至少每年对应急计划进行一次测试和评估，必要时进行修订。流动性风险应急计划应符合以下要求：

（1）设定触发应急计划的各种情景。

（2）列明应急资金来源，合理估计可能的筹资规模和所需时间，充分考虑跨境、跨机构的流动性转移限制，确保应急资金来源的可靠性和充分性。

（3）规定应急程序和措施，至少应包括资产方应急措施、负债方应急措施、加强内外部沟通和其他减少因信息不对称而给商业银行带来不利影响的措施。

（4）明确董事会、高级管理层及各部门实施应急程序和措施的权限与职责。

（5）区分法人和集团层面应急计划，并视需要针对重要币种和境外主要业务区域制订专门的应急计划。对于存在流动性转移限制的分支机构或附属机构，应当制订专门的应急计划。

3）持有充足的优质流动性资产

商业银行应当持有充足的优质流动性资产，确保其在压力情景下能够及时满足流动性需求。优质流动性资产应当为无变现障碍资产，可以包括在压力情景下能够通过出售或抵（质）押方式获取资金的流动性资产。

商业银行应当根据其流动性风险偏好，考虑压力情景的严重程度和持续时间、现金流缺口、优质流动性资产变现能力等因素，按照审慎原则确定优质流动性资产的规模和构成。

4.2.7 流动性风险的并表管理

商业银行应当对流动性风险实施并表管理，既要考虑银行集团的整体流动性风险水平，又要考虑附属机构的流动性风险状况及对银行集团的影响。

微课4-1

流动性风险及其管理的特殊性

商业银行应当设立集团内部的交易和融资限额，分析银行集团内部负债集中度可能对流动性风险产生的影响，防止分支机构或附属机构过度依赖集团内部融资，减少集团内部的风险传导。

商业银行应当充分了解境外分支机构、附属机构及业务所在国家或地区与流动性风险管理相关的法律、法规和监管要求，充分考虑流动性转移限制和金融市场发展差异程度等因素对流动性风险并表管理的影响。

4.3 流动性风险的监管指标与监测工具

4.3.1 流动性风险监管指标

2018年5月发布的《商业银行流动性风险管理办法》规定：流动性风险监管指标包括流动性覆盖率、净稳定资金比例、流动性比例、流动性匹配率和优质流动性资产充足率。

资产规模不小于2 000亿元人民币的商业银行应当持续达到流动性覆盖率、净稳定资金比例、流动性比例和流动性匹配率的最低监管标准。

资产规模小于2 000亿元人民币的商业银行应当持续达到优质流动性资产充足率、流动性比例和流动性匹配率的最低监管标准。

1）流动性覆盖率

流动性覆盖率旨在确保商业银行具有充足的合格优质流动性资产，能够在规定的流动性压力情景下，通过变现这些资产满足未来至少30天的流动性需求。流动性覆盖率的计算公式为：

流动性覆盖率=合格优质流动性资产÷未来30天现金净流出量×100%

流动性覆盖率的最低监管标准为不低于100%。

2）净稳定资金比例

净稳定资金比例旨在确保商业银行具有充足的稳定资金来源，以满足各类资产和表外风险敞口对稳定资金的需求。净稳定资金比例的计算公式为：

净稳定资金比例=可用的稳定资金÷所需的稳定资金×100%

净稳定资金比例的最低监管标准为不低于100%。

3）流动性比例

流动性比例的计算公式为：

流动性比例=流动性资产余额÷流动性负债余额×100%

流动性比例的最低监管标准为不低于25%。

4）流动性匹配率

流动性匹配率衡量商业银行主要资产与负债的期限配置结构，旨在引导商业银行合理配置长期稳定负债、高流动性或短期资产，避免过度依赖短期资金支持长期业务发展，提高流动性风险抵御能力。流动性匹配率的计算公式为：

流动性匹配率=加权资金来源÷加权资金运用×100%

流动性匹配率的最低监管标准为不低于100%。

5）优质流动性资产充足率

优质流动性资产充足率旨在确保商业银行保持充足的、无变现障碍的优质流动性资产，在压力情况下，银行可通过变现这些资产来满足未来30天内的流动性需求。优质流动性资产充足率的计算公式为：

优质流动性资产充足率=优质流动性资产÷短期现金净流出×100%

优质流动性资产充足率的最低监管标准为不低于100%。

商业银行应当在法人和集团层面分别计算未并表和并表的流动性风险监管指标，并表范围按照银行业监督管理机构关于商业银行资本监管的相关规定执行。

在计算并表流动性覆盖率时，若集团内部存在跨境或跨机构的流动性转移限制，相关附属机构满足自身流动性覆盖率最低监管标准之外的合格优质流动性资产不能计入集团的合格优质流动性资产。

4.3.2　流动性风险监测工具

银行业监督管理机构应当从商业银行资产负债期限错配情况、融资来源的多元化和稳定程度、无变现障碍资产、重要币种流动性风险状况以及市场流动性等方面，定期对商业银行和银行体系的流动性风险进行分析和监测。

银行业监督管理机构应当充分考虑单一的流动性风险监管指标或监测工具在反映商业银行流动性风险方面的局限性，综合运用多种方法和工具对流动性风险进行分析与监测。

银行业监督管理机构可结合商业银行的发展战略、市场定位、经营模式、资产负债结构和风险管理能力，对全部或部分监测工具设置差异化的监测预警值或预警区间，适时进行风险提示或要求银行采取相关措施。

1）合同期限错配情况

银行业监督管理机构应当定期监测商业银行的所有表内外项目在不同时间段的合同期限错配情况，并分析其对流动性风险的影响。合同期限错配情况的分析和监测可以涵盖隔夜、7天、14天、1个月、2个月、3个月、6个月、9个月、1年、2年、3年、5年和5年以上等多个时间段。相关参考指标包括但不限于各个时间段的流动性缺口和流动性缺口率。

2）商业银行融资来源多元化和稳定程度

银行业监督管理机构应当定期监测商业银行融资来源的多元化和稳定程度，并分析其对流动性风险的影响。银行业监督管理机构应当按照重要性原则，分析商业银行表内外负债在融资工具、交易对手和币种等方面的集中度。对负债集中度的分析应当涵盖多个时间段。相关参考指标包括但不限于核心负债比例、同业融入比例、最大10户存款比例和最大10家同业融入比例。

当商业银行出现对短期同业批发融资依赖程度较高、同业批发融资增长较快、发行同业存单增长较快等情况时，或商业银行在上述方面明显高于同质同类银行或全部商业银行平均水平时，银行业监督管理机构应当及时了解原因并分析其反映出的商业银行风险变化，必要时进行风险提示或要求商业银行采取相关措施。

3）商业银行无变现障碍资产

银行业监督管理机构应当定期监测商业银行无变现障碍资产的种类、金额和所在地。相关参考指标包括但不限于超额备付金率、优质流动性资产以及向中央银行或市场融资时可以用作抵（质）押品的其他资产。

4）重要币种的流动性风险监测

银行业监督管理机构应当根据商业银行的外汇业务规模、货币错配情况和市场影响力等因素决定是否对其重要币种的流动性风险进行单独监测。相关参考指标包括但不限于重要币种的流动性覆盖率。

5）金融市场的整体流动性状况

银行业监督管理机构应当密切跟踪研究宏观经济形势和金融市场变化对银行体系流动性的影响，分析、监测金融市场的整体流动性状况。发现市场流动性紧张、融资成本提高、优质流动性资产变现能力下降或丧失、流动性转移受限等情况时，应当及时分析其对商业银行融资能力的影响。

银行业监督管理机构用于分析、监测市场流动性的相关参考指标包括但不限于银行间市场相关利率及成交量、国库定期存款招标利率、票据转贴现利率及证券市场相关指数。

6）存贷比

银行业监督管理机构应当持续监测商业银行存贷比的变动情况，当商业银行出现存贷比指标波动较大、快速或持续单向变化等情况时，或商业银行的存贷比明显高于同质同类银行或全部商业银行平均水平时，应当及时了解原因并分析其反映出的商业银行风险变化，必要时进行风险提示或要求商业银行采取相关措施。

小资料 4-1

《商业银行流动性风险管理办法》的过渡期要求

（1）商业银行的流动性覆盖率应当在2018年年底前达到100%。在过渡期内，应当不低于90%。鼓励有条件的商业银行提前达标；对于流动性覆盖率已达到100%的银行，鼓励其流动性覆盖率继续保持在100%之上。

（2）商业银行应当自2020年1月1日起执行流动性匹配率监管要求。2020年前，流动性匹配率为监测指标。

（3）商业银行的优质流动性资产充足率应当在2019年6月底前达到100%。在过渡期内，应当在2018年年底前达到80%。

（4）对于资产规模首次达到2 000亿元人民币的商业银行，在首次达到的当月仍可适用原监管指标；自次月起，无论资产规模是否继续保持在2 000亿元人民币以上，均应当适用针对资产规模不小于2 000亿元人民币的商业银行的监管指标。

（5）经银行业监督管理机构批准，资产规模小于2 000亿元人民币的商业银行可适用流动性覆盖率和净稳定资金比例监管要求，不再适用优质流动性资产充足率监管要求。

商业银行提交的申请调整适用监管指标的报告中，应当至少包括：管理信息系统对流动性覆盖率、净稳定资金比例指标计算、监测、分析、报告的支持情况，流动性覆盖率中稳定存款、业务关系存款的识别方法及数据情况，流动性覆盖率与优质流动性资产充足率的指标差异及原因分析，以及优质流动性资产管理情况等。

商业银行调整适用监管指标后，非特殊原因，不得申请恢复原监管指标。

本章小结

流动性风险是金融机构日常经营过程中随时会面临的一种风险。本章对流动性风险进行了界定，分析了流动性风险的成因，阐述了流动性风险管理体系的构成。流动性风险管理的技术方法主要包括：现金流量管理、流动性风险预警、流动性风险的限额管理和融资策略、融资抵（质）押品管理、日间流动性风险管理、压力测试制度、流动性风险的并表管理等。2018年5月发布的《商业银行流动性风险管理办法》提出5个流动性风险监管指标：流动性覆盖率、净稳定资金比例、流动性比例、流动性匹配率、优质流动性资产充足率。流动性风险监测工具包括：合同期限错配情况、商业银行融资来源多元化和稳定程度、商业银行无变现障碍资产、重要币种的流动性风险监测、金融市场的整体流动性状况、存贷比。

主要概念和观点

1.流动性是指银行能够在一定时间内以合理的成本筹集一定数量的资金来满足客户当前或未来的资金需求。流动性风险是指商业银行无法以合理成本及时获得充足资金，用于偿付到期债务、履行其他支付义务和满足正常业务开展的其他资金需求的风险。

2. 对于经营正常的银行而言，流动性风险产生的内部原因是资产负债期限结构、资产负债币种结构、资产负债分布结构、金融企业信誉等；流动性风险产生的外部原因是货币政策、金融市场发育程度、客户信用风险、利率变动等。

3. 商业银行流动性风险管理体系是风险管理体系的组成部分，是识别、计量、监测和控制流动性风险的全过程。商业银行应当建立健全流动性风险管理体系，对法人和集团层面、各附属机构、各分支机构、各业务条线的流动性风险进行有效识别、计量、监测和控制，确保其流动性需求能够及时以合理成本得到满足。

4. 流动性风险管理的技术方法主要包括现金流量管理、流动性风险预警、流动性风险的限额管理和融资策略、融资抵（质）押品管理、日间流动性风险管理、压力测试制度、流动性风险的并表管理等。

5.《商业银行流动性风险管理办法》提出5个流动性风险监管指标：流动性覆盖率、净稳定资金比例、流动性比例、流动性匹配率、优质流动性资产充足率。

6. 银行业监督管理机构提出从6个方面进行流动性风险监测：合同期限错配情况、商业银行融资来源多元化和稳定程度、商业银行无变现障碍资产、重要币种的流动性风险监测、金融市场的整体流动性状况、存贷比。

基础训练

1. 简述流动性风险的概念和成因。
2. 简述流动性风险管理体系的内容。
3. 简述流动性风险的表现形式。
4. 简述流动性风险管理的技术方法。
5. 简述流动性风险监管指标及计算方法。
6. 简述流动性风险监测的内容。

第5章

市场风险管理

5.1 市场风险概述

5.1.1 市场风险的概念和种类

1）市场风险的概念

市场风险是指因市场价格（利率、汇率、股票价格和商品价格）的不利变动而使商业银行表内和表外业务发生损失的风险。

2）市场风险的种类

市场风险可以分为利率风险、汇率风险（包括黄金）、股票风险和商品风险，分别是指由于利率、汇率、股票价格和商品价格的不利变动可能给金融机构造成经济损失的风险。

（1）利率风险，是指市场利率变动的不确定性给金融机构造成损失的可能性。大部分金融工具都以利率为定价基础，汇率、股票和商品的价格皆离不开利率，而影响利率变动的因素主要有经济周期、通货膨胀预期、货币政策、国际利率水平、资本市场状况、经营成本及其他因素。目前，我国利率市场化程度加快，国内利率波动幅度明显增大，利率风险对我国金融机构，尤其是商业银行的影响日益显著。

（2）汇率风险，是指由于汇率的不利变动而导致金融机构业务发生损失的风险。汇率波动取决于外汇市场的供求状况，主要包括国际收支、通货膨胀率、利率政策、汇率政策、市场预期、投机冲击，以及各国国内的政治、经济等多方面的因素。

（3）股票风险，是指由于股票价格发生不利变动而给金融机构带来损失的风险。单个股票市场的风险可以用反映该市场整体股价变动的综合市场风险因素来表示（如股指）。根据资本资产定价模型，个股或某个行业股指的市场风险可以用与综合市场风险因素相对应的Beta值来表示。

（4）商品风险，是指金融机构所持有的各类商品及衍生头寸由于商品价格发生不利变动而给金融机构造成经济损失的风险。这里所述的商品主要是指可以在场内自由交易的农产品、矿产品（包括石油）和贵金属等，尤其以商品期货的形式为主。商品价格波动取决于国家的经济形势、商品市场的供求状况和国际炒家的投机炒作等。

5.1.2 利率风险的种类

利率是连接货币因素与实际经济因素的中介变量，它的波动与金融资产的价值和收益直接相关，任何意外的利率波动都可能给金融参与者，包括银行、企业和个人，带来严重的后果。利率风险是由利率水平变动的不确定性所导致的行为人遭受损失的可能性。对于利润一般来自资产收益率与负债成本率之间差额的金融机构来说，一旦其资产与负债的到期日匹配不当，就有可能把自己暴露于利率风险之中。自从20世纪70年代金融自由化浪潮开始之后，西方各国纷纷放弃了严格的利率管制政策，先后推出了浮动利率资产和浮动利率负债，这就导致了利率敏感性缺口（利率风险敞口）的形成，人们对利率风险管理的重要性也有了更为深刻的认识。利率风险管理就是采取各种措施，监测、控制和化解利率风险，将其带来的损失降到最低程度。

根据中国银监会颁布的《商业银行市场风险管理指引》(2004年12月)，利率风险按照来源不同，可以分为重新定价风险、收益率曲线风险、基准风险和期权性风险。

1）重新定价风险

重新定价风险（repricing risk）也称为期限错配风险，是最主要和最常见的利率风险形式，来源于银行资产、负债和表外业务到期期限（就固定利率而言）或重新定价期限（就浮动利率而言）所存在的差异。这种重新定价的不对称性使银行的收益或内在经济价值会随着利率的变动而变化。例如，如果银行以短期存款作为长期固定利率贷款的融资来源，当利率上升时，贷款的利息收入是固定的，但存款的利息支出会随着利率的上升而增加，这就会使银行的未来收益减少，经济价值降低。

2）收益率曲线风险

重新定价的不对称性也会使收益率曲线的斜率、形态发生变化，即收益率曲线非平行移动，对银行的收益或内在经济价值产生不利影响，从而形成收益率曲线风险(yield curve risk)，也称为利率期限结构变化风险。例如，若以5年期政府债券的空头头寸为10年期政府债券的多头头寸进行保值，当收益率曲线变陡的时候，虽然上述安排已经对收益率曲线的平行移动进行了保值，但该10年期债券多头头寸的经济价值还是会下降。

3）基准风险

基准风险（basis risk）也称为利率定价基础风险，是另一个重要的利率风险来源。在利息收入和利息支出所依据的基准利率变动不一致的情况下，虽然资产、负债和表外业务的重新定价特征相似，但因其现金流和收益的利差发生了变化，也会对银行的收益或内在经济价值产生不利影响。例如，一家银行可能用1年期存款作为1年期贷款的融资来源，贷款按照美国国库券利率每月重新定价一次，而存款则按照伦敦银行同业拆借利率每月重新定价一次。以1年期存款为来源发放1年期贷款，虽然由于利率敏感性负债与利率敏感性资产的重新定价期限完全相同而不存在重新定价风险，但因为其基准利率的变化可能不完全相关、变化不一定同步，仍然会使该银行面临因基准利率的利差发生变化而带来的基准风险。

4）期权性风险

期权性风险（optionality risk）是一种越来越重要的利率风险，来源于银行资产、负债和表外业务中所隐含的期权。一般而言，期权赋予其持有者买入、卖出或以某种方式改变某一金融工具或金融合同的现金流量的权利而非义务。期权可以是单独的金融工具，如场内（交易所）交易期权和场外期权合同；也可以隐含于其他的标准化金融工具之中，如债券或存款的提前兑付、贷款的提前偿还等选择性条款。一般而言，期权和期权性条款都是在对买方有利而对卖方不利时执行的，因此，此类期权性工具因具有不对称的支付特征而会给卖方带来风险。比如，若利率变动对存款人或借款人有利，存款人就可能选择重新安排存款，借款人可能选择重新安排贷款，从而对银行产生不利影响。目前，越来越多的期权品种因具有较高的杠杆效应，还会进一步增大期权头寸对银行财务状况产生的不利影响。

5.1.3 利率风险的成因

从宏观角度看，利率是资金供求总量达到均衡时的借贷价格。从微观角度看，利率对于不同经济主体具有不同的意义：对于投资者来说，利率代表投资者在一定时期内可能获得的收益；对于筹资者来说，利率代表筹资者在一定时期内获得资金的成本。

1）基于金融机构自身的原因

（1）资产负债期限结构不对称。金融机构通常以成本较低的中短期负债来支撑收益较高的中长期资产。在资产负债期限结构不对称背景下，一旦市场利率上升，金融机构将不得不为今后的存款付出更高昂的成本，如果原先的贷款利率低于现在的市场利率，就将使其经营难以为继。

（2）利率可控性差。利率是一个内生变量，可控性差，不管运用多么高明的定价技术，都难以与市场利率保持一致。在市场利率下跌时，以固定利率吸收存款，以浮动利率发放贷款；或者在市场利率上升时，以浮动利率吸收存款，以固定利率发放贷款，都可能导致金融机构的经营成本上升，甚至出现亏损。

（3）信贷定价机制问题。金融机构信贷定价的依据是客户的资信及期限，资信等级越高，期限越短，利率就越低；反之，资信等级越低，期限越长，利率就越高。这一定价机制具有明显的“防君子不防小人”倾向，可能导致逆向选择，虽然在一定程度上减少了利率风险，却增大了信用风险。其实，具有道德风险倾向的借款人在借款之时就有赖账的念头。

（4）利率预期不准确。虽然金融机构对自己的产品拥有定价权，但这一定价能否被市场所接受则取决于是否与市场利率水平相一致。实际上，利率风险就是金融机构预期利率与未来市场利率不一致而产生的风险。金融机构尽管在不断地发展和完善利率定价技术，但市场利率瞬息万变，而且其变化又是由多种不确定性因素综合作用的结果，所以，金融机构的利率预期很难准确。

（5）利率计算具有不确定性。金融机构为避免利率的变化在结构不对称的负债和资产上引起失衡，不断发展和完善利率定价技术，通过引入浮动利率定价机制来减少利率风险，但并不能完全消除利率风险。因为利率是一个内生变量，可控性差，通过计算得出的利率水平与实际利率经常是不一致的。

2）基于行业的原因

一般来说，大多数储蓄金融机构和寿险公司的盈利都存在利率风险暴露，因为这些公司负债的到期日比资产的到期日短，负债的重新定价也比资产的重新定价快。如果利率上升，这些金融机构资金成本率的上升就会比资产收益率的上升快，因此会减少净利息收入，使其面临潜在的再融资风险。下面以银行为例介绍金融业利率风险的形成。

对一家银行来说，利率风险是指市场利率变化的不确定性给商业银行带来损失或额外收益的可能性。就银行而言，它所贷出去的款项的绝大部分是借入的资金，当银行吸收或借入的各种货币资金的利率和它贷出去的资金利率不匹配时，利率风险就产生了。银行的利率风险分为两种：一种是由利率性质不匹配引起的，比如银行借入的资金是按浮动利率计息的，而它贷出去的资金按固定利率计息，或者是相反的情况。另一种是与计算利率有关的期限不匹配引起的，比如银行借入的资金是按1年期的固定利率计息的，而银行贷出去的资金虽然也是1年期，但是按3个月调整一次的浮动利率计息，这也会给银行带来利率风险。因为即使贷出去的资金在第一期3个月的浮动利率高于借入资金的固定利率，但在以后9个月中，贷出去的资金浮动利率不一定总是高于借入资金的固定利率。

微课5-1

我国的利率市场化进程

5.1.4 市场风险管理的目标和流程

1）市场风险管理的目标

市场风险管理的目标是通过将市场风险控制在商业银行可以承受的合理范围内，实现经风险调整的收益率最大化。

2）市场风险管理的流程

市场风险管理是识别、计量、监测和控制市场风险的全过程。商业银行应当充分识别、准确计量、持续监测和适当控制所有交易和非交易业务中的市场风险，确保在合理的市场风险水平之下安全、稳健经营。商业银行所承担的市场风险水平应当与其市场风险管理能力和资本实力相匹配。为了确保有效进行市场风险管理，商业银行应当将市场风险的识别、计量、监测和控制与全行的战略规划、业务决策和财务预算等经营管理活动有机结合起来。

5.2 市场风险管理体系

商业银行应当建立与本行的业务性质、规模和复杂程度相适应的、完善的、可靠的市场风险管理体系。市场风险管理体系的基本要素包括：董事会和高级管理层的有效监控，完善的市场风险管理政策和程序，完善的市场风险识别、计量、监测和控制程序，完善的内部控制和独立的外部审计，适当的市场风险资本分配机制。

5.2.1 董事会、高级管理层及其他市场风险管理部门的职责

1）董事会的职责

商业银行的董事会承担对市场风险管理实施监控的最终责任，确保商业银行有效地识别、计量、监测和控制各项业务所承担的各类市场风险。董事会负责审批市场风险管理的战略、政策和程序，确定商业银行可以承受的市场风险水平，督促高级管理层采取必要的措施识别、计量、监测和控制市场风险，定期获得关于市场风险性质和水平的报告，监控和评价市场风险管理的全面性、有效性以及高级管理层在市场风险管理方面的履职情况。董事会可以授权其下设的专门委员会履行以上部分职能，获得授权的委员会应当定期向董事会提交有关报告。

2）高级管理层的职责

商业银行的高级管理层负责制定、定期审查和监督执行市场风险管理的政策、程序以及具体的操作规程，及时了解市场风险水平及其管理状况，确保商业银行具有足够的人力、物力以及恰当的组织结构、管理信息系统和技术水平以有效地识别、计量、监测和控制各项业务所承担的各类市场风险。

商业银行的董事会和高级管理层应当对本行与市场风险有关的业务、所承担的各类市场风险以及相应的风险识别、计量和控制方法有足够的了解。

3）监事会的职责

商业银行的监事会负责监督董事会和高级管理层在市场风险管理方面的履职情况。

4）市场风险管理部门的职责

（1）拟定市场风险管理政策和程序，提交董事会和高级管理层审查批准；

（2）识别、计量和监测市场风险；

（3）监测相关业务经营部门和分支机构对市场风险限额的遵守情况，报告超限额情况；

（4）设计、实施事后检验和压力测试；

（5）识别、评估新产品、新业务中包含的市场风险，审核相应的操作和风险管理程序；

（6）及时向董事会和高级管理层提供独立的市场风险报告；

（7）其他有关职责。

5）业务经营部门的职责

商业银行承担市场风险的业务经营部门应当充分了解并在业务决策中充分考虑所从事业务包含的各类市场风险，争取实现经风险调整的收益率最大化。业务经营部门应当为市场风险所带来的损失承担责任。

5.2.2 市场风险管理政策和程序

商业银行应当制定适用于整个银行的、正式的书面市场风险管理政策和程序。市场风险管理政策和程序应当与银行的业务性质、规模、复杂程度和风险特征相适应，与其总体业务发展战略、管理能力、资本实力和能够承担的总体风险水平相一致，并符合中

国银保监会关于市场风险管理的有关要求。市场风险管理政策和程序的主要内容包括：

（1）可以开展的业务，可以交易或投资的金融工具，可以采取的投资、保值和风险缓解策略和方法；

（2）商业银行能够承担的市场风险水平；

（3）分工明确的市场风险管理组织结构、权限结构和责任机制；

（4）市场风险的识别、计量、监测和控制程序；

（5）市场风险的报告体系；

（6）市场风险管理信息系统；

（7）市场风险的内部控制；

（8）市场风险管理的外部审计；

（9）市场风险资本的分配；

（10）对重大市场风险情况的应急处理方案。

商业银行应当根据本行市场风险状况和外部市场的变化情况，及时修订和完善市场风险管理政策和程序。

5.2.3 市场风险限额管理

商业银行进行市场风险管理，应将自身所承担的市场风险控制在可以承受的合理范围内，使市场风险水平与银行的风险管理能力和资本实力相匹配，限额管理是对市场风险进行控制的重要手段。商业银行应当根据所采用的市场风险计量方法设定市场风险限额，制定对各类和各级限额的内部审批程序和操作规程，根据业务性质、规模、复杂程度和风险承受能力设定、定期审查和更新限额。

1）市场风险限额的种类

市场风险限额包括交易限额、风险限额及止损限额等，并可按地区、业务部门、资产组合、金融工具和风险类别进行分解。商业银行应当根据不同限额控制风险的不同作用及局限性，建立不同类型和不同层次的限额相互补充的合理限额体系，有效控制市场风险。商业银行总的市场风险限额以及限额的种类、结构应当由董事会批准。

（1）交易限额（limits on net and gross positions），是指对总交易头寸或净交易头寸设定的限额。总交易头寸限额对特定交易工具的多头头寸或空头头寸加以限制，净交易头寸限额对多头头寸和空头头寸相抵后的净额加以限制。在实践中，商业银行通常将这两种交易限额结合使用。

（2）风险限额，是指对按照一定的计量方法所计量的市场风险设定的限额，如对内部模型计量的风险价值设定的限额（value-at-risk limits）和对期权性头寸设定的期权性头寸限额（limits on options positions）等。期权性头寸限额是指对反映期权价值的敏感性参数设定的限额，通常包括衡量期权价值对基准资产价格变动率的德尔塔（Delta）、衡量德尔塔对基准资产价格变动率的伽马（Gamma）、衡量期权价值对市场预期的基准资产价格波动性敏感度的维加（Vega）、衡量期权临近到期日时价值变化的Theta，以及衡量期权价值对短期利率变动率的Rho设定的限额。

（3）止损限额（stop-loss limits），即允许的最大损失额。在通常情况下，当某项头寸的累计损失达到或接近止损限额时，就必须对该头寸进行对冲交易或将其变现。典型的止损限额具有追溯力，即止损限额适用于1日、1周或1个月等一段时间内的累计损失。

2）设计限额体系应考虑的因素

（1）业务性质、规模和复杂程度；

（2）商业银行能够承担的市场风险水平；

（3）业务经营部门的既往业绩；

（4）工作人员的专业水平和经验；

（5）定价、估值和市场风险计量系统；

（6）压力测试结果；

（7）内部控制水平；

（8）资本实力；

（9）外部市场的发展变化情况。

3）市场风险的超限额管理

商业银行应当对超限额情况制定监控和处理程序。超限额情况应当及时向相应级别的管理层报告，该级别的管理层应当根据限额管理的政策和程序决定是否批准以及此超限额情况可以保持多长时间。未经批准的超限额情况应当按照限额管理的政策和程序进行处理。管理层应当根据超限额情况决定是否对限额管理体系进行调整。

商业银行应当确保不同市场风险限额之间的一致性，协调市场风险限额管理与流动性风险限额等其他风险类别的限额管理。

5.2.4 市场风险管理内部控制

商业银行应按照中国银保监会关于商业银行内部控制的有关要求，建立完善的市场风险管理内部控制体系，并将其作为银行整体内部控制体系的有机组成部分。市场风险管理内部控制应当有利于促进有效的业务运作，提供可靠的财务和监管报告，促使银行严格遵守相关法律、行政法规、部门规章和内部的制度、程序，确保市场风险管理体系有效运行。

1）市场风险管理内部控制的基本做法

（1）商业银行为避免潜在的利益冲突，应当确保各职能部门具有明确的职责分工，以及相关职能适当分离。商业银行的市场风险管理职能与业务经营职能应当保持相对独立。交易部门应当将前台、后台严格分离，前台交易人员不得参与交易的正式确认、对账、重新估值、交易结算和款项收付，必要时可设置中台监控机制。

（2）商业银行应当避免其薪酬制度和激励机制与市场风险管理目标产生利益冲突。董事会和高级管理层应当避免薪酬制度具有鼓励过度冒险投资的负面效应，防止绩效考核过于注重短期投资的收益表现，而不考虑长期投资的风险。负责市场风险管理工作的人员的薪酬不应当与直接投资收益挂钩。

（3）商业银行内部审计部门应当定期（至少每年一次）对市场风险管理体系各个组成部分和环节的准确性、可靠性、充分性及有效性进行独立审查和评价；应当既对业务部门也对负责市场风险管理的部门进行内部审计；内部审计报告应当直接提交董事会，董事会应当督促高级管理层对内部审计所发现的问题提出改进方案并采取改进措施；内部审计部门应当跟踪检查改进措施的实施情况，并向董事会提交有关报告。

2）内部审计的内容

（1）市场风险头寸和风险水平；

（2）市场风险管理体系文档的完备性；

（3）市场风险管理的组织结构，市场风险管理职能的独立性，市场风险管理人员的充足性、专业性和履职情况；

（4）市场风险管理所涵盖的风险类别及范围；

（5）市场风险管理信息系统的完备性、可靠性，市场风险头寸数据的准确性、完整性，数据来源的一致性、时效性、可靠性和独立性；

（6）市场风险管理系统所用参数和假设前提的合理性、稳定性；

（7）市场风险计量方法的恰当性和计量结果的准确性；

（8）对市场风险管理政策和程序的遵守情况；

（9）市场风险限额管理的有效性；

（10）事后检验和压力测试系统的有效性；

（11）市场风险资本的计算和内部配置情况；

（12）对重大超限额交易、未授权交易和账目不匹配情况的调查。

商业银行在引入对市场风险水平有重大影响的新产品和新业务、市场风险管理体系出现重大变动或者存在严重缺陷的情况下，应当扩大市场风险内部审计范围，增加内部审计频率。

5.3 市场风险的计量方法

5.3.1 交易账簿和银行账簿

《商业银行资本管理办法》规定，市场风险资本计量应覆盖商业银行交易账簿中的违约风险、一般利率风险、信用利差风险、股票风险以及全账簿汇率风险和商品风险。

1）交易账簿和银行账簿包括的内容

合理的账簿划分是商业银行开展有效的市场风险计量和监控、准确计量市场风险监管资本要求的基础。

（1）交易账簿。交易账簿包括以交易目的或对冲交易账簿其他项目的风险而持有的金融工具、外汇和商品头寸及经国家金融监督管理总局认定的其他工具。除交易账簿工具外，其他工具应划入银行账簿。为交易目的而持有的头寸是指短期内有目的地持有以便出售，或从实际或预期的短期价格波动中获利，或锁定套利的头寸，包括自营业务、做市业务和为执行客户买卖委托的代客业务而持有的头寸。

（2）银行账簿。除交易账簿工具外，其他工具应划入银行账簿。

2）交易账簿和银行账簿风险计量及管理视角

（1）交易账簿风险计量及管理视角。交易账簿业务主要以交易为目的，短期持有以便出售，或从实际或预期的短期价格波动中获利，须每日计量其公允价值。通常按市场价格计价（Mark-to-Market，盯市），当缺乏可参考的市场价格时，可以按模型定价（Mark-to-Model，盯模），主要受公允价值变动对盈利能力的影响。对交易账簿业务的风险管理采用经济价值视角，即在综合考虑各类市场风险因素变动的情况下，计量交易账户业务预期未来现金流量净现值，以及净现值变动对盈利水平的影响。

（2）银行账簿风险计量及管理视角。对国内商业银行而言，最典型的银行账簿业务是存贷款业务。银行账簿中的项目通常按历史成本计价，主要受净利息收入变动对当期盈利能力的影响。对银行账簿业务的风险管理采用收益视角，分析的重点是利率水平、期限结构等不利变动导致银行账簿经济价值和整体收益遭受损失的风险，主要包括缺口风险、基准风险和期权性风险。

5.3.2 市场风险资本要求

根据《商业银行资本管理办法》的规定，商业银行可以采用标准法、内部模型法或简化标准法计量市场风险资本要求。商业银行市场风险加权资产为市场风险资本要求的12.5倍，计算公式为：

市场风险加权资产=市场风险资本要求×12.5

1）简化标准法

商业银行采用简化标准法计量市场风险资本要求应分别计量利率风险、汇率风险、商品风险和股票风险的资本要求，并单独计量以各类风险为基础的期权风险的资本要求。具体公式如下：

$$\text{市场资本要求}=\text{利率风险资本要求(含利率类期权资本要求)}\times 1.3+\text{汇率风险资本要求(含汇率类期权资本要求)}\times 1.2+\text{商品风险资本要求(含商品类期权资本要求)}\times 1.9+\text{股票风险资本要求(含股票类期权资本要求)}\times 3.5$$

使用简化标准法计量市场风险资本要求的商业银行应同时满足以下条件：

① 简化标准法下，并表口径市场风险加权资产不超过150亿元；

② 并表口径非中央交易对手衍生工具的名义本金（全账簿）不超过4 000亿元；

③ 银行及其任何附属公司未使用内部模型法计量市场风险资本要求；

④ 非全球系统重要性银行（G-SIB）或国内系统重要性银行（D-SIB）；

⑤ 未持有任何相关性交易头寸。

利率风险资本要求和股票风险资本要求为一般市场风险资本要求和特定市场风险资本要求之和。期权风险资本要求纳入其标的对应风险类别进行资本要求汇总。

（1）利率风险资本要求。利率风险包括交易账户中的债券（固定利率和浮动利率债券、央行票据、可转让存单、不可转换优先股及按照债券交易规则进行交易的可转换债券）、利率及债券衍生工具头寸的风险。利率风险资本要求包括特定市场风险资本要求和一般市场风险资本要求两部分。

①特定市场风险资本要求。特定市场风险资本计提比率见表5-1。

表5-1 特定市场风险资本计提比率

类别	发行主体外部评级	特定市场风险资本计提比率
政府证券	AA-以上（含AA-）	0
	A+至BBB-（含BBB-）	0.25%（剩余期限不超过6个月）
		1.00%（剩余期限为6~24个月）
		1.50%（剩余期限为24个月以上）
	BB+至B-（含B-）	8.00%
	B-以下	12.00%
	未评级	8.00%
合格证券	BB+以上（不含BB+）	0.25%（剩余期限不超过6个月）
		1.00%（剩余期限为6~24个月）
		1.60%（剩余期限为24个月以上）
其他	外部评级为BB+以下（含）的证券以及未评级证券的资本计提比率为证券主体所适用的信用风险权重除以12.5	

说明：①政府证券包含各国中央政府和中央银行发行的各类债券和短期融资工具。我国中央政府、中国人民银行及政策性银行发行的债券的资本计提比率均为0。

②合格证券包括：多边开发银行、国际清算银行和国际货币基金组织发行的债券，我国地方政府、公共部门实体发行的债券，若无法获取前述发行主体的外部评级，可使用债项评级。被至少两家合格外部评级机构评为投资级别的发行主体发行的债券。投资级别应符合《商业银行资本管理办法》附件25要求。

③对于其他发行主体发行的债券，其资本计提比率为证券发行主体所对应的信用风险权重除以12.5，具体风险权重根据《商业银行资本管理办法》附件3确定。

②一般市场风险资本要求。一般市场风险资本要求包含3个部分：第一，每时段内加权多头和空头头寸可相互对冲的部分所对应的垂直资本要求。第二，不同时段间加权多头和空头头寸可相互对冲的部分所对应的横向资本要求。第三，整个交易账户的加权净多头或净空头头寸所对应的资本要求。

商业银行可以采用到期日法或久期法计算利率风险的一般市场风险资本要求。

商业银行采用到期日法计算一般市场风险资本要求，应先对各头寸划分时段和时区。时段的划分和匹配的风险权重由国家金融监督管理总局规定，时区的划分和匹配的风险权重也由国家金融监督管理总局规定。

经国家金融监督管理总局或其派出机构认可，商业银行可以使用久期法计量一般市场风险资本要求。一旦选择使用久期法，应持续使用该方法，如变更方法，应经国家金融监督管理总局或其派出机构认可。[①]

小资料5-1

到期日法和久期法的计算步骤

1.到期日法的具体计算步骤

（1）各时段的头寸乘以相应的风险权重，得出各时段的加权头寸。

（2）各时段的加权多头、空头头寸可相互对冲的部分乘以10%，得出垂直资本要求。

（3）各时段的加权多头头寸和加权空头头寸互相抵消，得出各时段的加权头寸净额；将在各时区内各时段的加权头寸净额之间可相互对冲的部分乘以同一时区内的权重，得出各时区内的横向资本要求。

（4）各时区内各时段的加权头寸净额互相抵消，得出各时区加权头寸净额；每两个时区加权头寸净额之间可相互对冲的部分乘以相邻时区以及1时区和3时区之间的权重，得出时区间的横向资本要求。

（5）各时区加权头寸净额互相抵消，得出整个交易账户的加权净多头或净空头头寸所对应的资本要求。

2.久期法的具体计算步骤

（1）在久期法计算表中找出每个头寸期限对应的收益率变化，逐笔计算该收益率变化下的价格敏感性。

（2）将价格敏感性对应到久期法计算表的15级久期时段中。

（3）每个时段中的多头和空头头寸分别计提5%的垂直资本要求，以覆盖基差风险。

（4）按照到期日法的要求，计算横向资本要求。

（5）按照到期日法的规定，将各时区加权头寸净额互相抵消，得出整个交易账户的加权净多头或净空头所对应的资本要求。

③利率及债券衍生工具。利率衍生工具包括受利率变化影响的衍生金融工具，如利率期货、远期利率协议、利率互换及交叉货币互换合约、利率期权及远期外汇头寸。债券衍生工具包括债券的远期、期货和债券期权。

衍生工具应转换为基础工具，并按基础工具的特定市场风险和一般市场风险的方法计算资本要求。利率和货币互换、远期利率协议、远期外汇合约、利率期货及利率指数期货不必计算特定市场风险资本要求；如果期货合约的基础工具是债券或代表债券组合的指数，则应根据发行主体的信用风险计算特定市场风险资本要求。

（2）股票风险资本要求。股票风险是指交易账簿中股票及股票衍生金融工具头寸的风险。其中，股票是指按照股票交易规则进行交易的所有金融工具，包括普通股（不考虑是否具有投票权）、可转换债券和买卖股票的承诺。

① 特定市场风险和一般市场风险。特定市场风险资本要求等于各不同市场中各类

① 节选自2023年11月国家金融监督管理总局发布的《商业银行资本管理办法》之附件十六《市场风险简化标准法计量规则》。

股票多头头寸绝对值及空头头寸绝对值之和乘以8%后所得各项数值之和。一般市场风险资本要求等于各不同市场中各类多头及空头头寸抵消后股票净头寸的绝对值乘以8%后所得各项数值之和。

② 股票衍生工具。股票衍生工具包括股票和股票指数的远期、期货及互换合约。

衍生工具应转换为基础工具，并按基础工具的特定市场风险和一般市场风险的方法计算资本要求。

（3）外汇风险资本要求。外汇风险是指外汇（包括黄金）及外汇衍生金融工具头寸的风险。

① 外汇风险的资本要求。外汇风险的资本要求等于净风险暴露头寸总额乘以8%。净风险暴露头寸总额等于以下两项之和：一是外币资产组合（不包括黄金）的净多头头寸之和（净头寸为多头的所有币种的净头寸之和）与净空头头寸之和（净头寸为空头的所有币种的净头寸之和的绝对值）中的较大者；二是黄金的净头寸。

② 外汇衍生工具。外汇衍生工具应转换为基础工具，并按基础工具的方法计算市场风险资本要求。

（4）商品风险资本要求。商品风险资本要求适用于商品、商品远期、商品期货、商品互换。此处的商品是指可以在二级市场买卖的实物产品，如贵金属（不包括黄金）、农产品和矿物（包括石油）等。

① 商品风险资本要求等于以下两项之和：一是各项商品净头寸的绝对值之和乘以15%；二是各项商品总头寸（多头头寸加上空头头寸的绝对值）之和乘以3%。

② 商品衍生工具应转换为名义商品，并按上述方法计算资本要求。

（5）期权风险资本要求。

①仅购买期权的商业银行可以使用简易计算方法。

银行如持有现货多头和看跌期权多头，或持有现货空头和看涨期权多头，资本要求等于期权合约对应的基础工具的市场价值乘以特定市场风险和一般市场风险资本要求比率之和，再减去期权溢价。资本要求最低为零。

银行如持有看涨期权多头或看跌期权多头，资本要求等于基础工具的市场价值乘以该基础工具的特定市场风险和一般市场风险资本要求比率之和与期权的市场价值两者中的较小者。

②同时卖出期权的商业银行应使用德尔塔+（Delta-plus）方法。德尔塔+方法计算的资本要求由以下3个部分组成：

第一部分：期权基础工具的市值乘以该期权的德尔塔值得到德尔塔加权期权头寸，然后将德尔塔加权期权头寸加入到基础工具的头寸中，计算资本要求。

第二部分：伽马风险的资本要求。计算公式为：

$$\text{Gamma效应值}=0.5\times\text{Gamma}\times(\text{VU})^2$$

其中：VU为期权基础工具的变动。

第三部分：维加风险的资本要求。计算公式为：

$$\frac{\text{基础工具Vega}}{\text{风险的资本要求}}=25\%\times\text{该基础工具波动率}\times|\text{该基础工具各项期权的Vega值之和}|$$

维加风险的资本要求总额等于各项基础工具维加风险的资本要求之和。

2）标准法

商业银行采用标准法的，市场风险资本要求由三部分加总：基于敏感度方法的资本要求、违约风险资本要求及剩余风险附加资本要求。基于敏感度方法的资本要求为得尔塔、维伽和曲度三项风险资本要求之和。风险类别包括一般利率风险、非证券化信用利差风险、非相关性交易组合证券化信用利差风险、相关性交易组合证券化信用利差风险、股票风险、商品风险和汇率风险。

违约风险资本要求的风险类别包括非证券化违约风险、非相关性交易组合证券化违约风险和相关性交易组合证券化违约风险。

标的为奇异性资产的工具和承担其他剩余风险的工具应计量剩余风险附加资本要求。

（1）基于敏感度方法的资本要求。

① 得尔塔及维伽敏感度资本要求。适用于敏感度方法的工具都应计量得尔塔风险。期权、可分拆嵌入衍生工具、划入交易账簿的含权类金融工具等现金流与基础资产价格为非线性关系的工具都应计量维伽风险。

② 曲度敏感度资本要求。期权、可分拆嵌入衍生工具、划入交易账簿的含权类金融工具等现金流与基础资产价格为非线性关系的工具均应计量曲度风险。

③ 资本加总要求。每个风险组及风险类别应以高中低三种相关系数分别计算相应的风险资本。分别计算得出三种相关系数下所有风险类别的得尔塔敏感度、维伽敏感度及曲度敏感度资本要求之和，基于敏感度方法下的风险资本要求为三种情景中资本加总口径的最大值。

（2）违约风险的资本要求。违约风险资本用于抵御基于敏感度方法的信用利差没有捕捉到的违约风险。存在违约风险的以下工具应计算违约风险资本要求：非证券化的资产组合、证券化资产组合（非相关性交易组合，non-CTP）、证券化资产组合（相关性交易组合，CTP）。

（3）剩余风险附加资本要求。

① 应承担剩余风险附加资本要求的工具。具有剩余风险的工具包括标的为奇异性资产的工具和承担其他剩余风险的工具，应单独计量剩余风险附加资本要求。标的为奇异性资产的工具是指基础资产的风险暴露不在附件得尔塔、维伽、曲度敏感度资本要求和违约风险资本要求范围内的交易账簿工具，包括但不限于长寿风险、气候风险、自然灾害、未来的实际波动率等。

② 剩余风险附加资本要求的计算。标的为奇异性资产的工具的剩余风险附加资本要求为名义本金乘以1.0%。承担其他剩余风险的工具的剩余风险附加资本要求为名义本金乘以0.1%。若国家金融监督管理总局或其派出机构认为上述剩余风险附加资本要求仍不够审慎，可要求商业银行在第二支柱下针对潜在资本不足风险计提附加资本。

3）内部模型法

（1）内部模型法应涵盖的风险因素。

①一般利率风险。商业银行的内部模型应涵盖每一种计价货币的利率所对应的一系

列风险因素。

商业银行应使用业内普遍接受的方法构建内部模型使用的收益率曲线。该收益率曲线应划分为不同的到期时间，以反映收益率的波动性沿到期时间的变化。每个到期时间都应对应一个风险因素。

对于风险暴露较大的主要货币和主要市场的利率变化，商业银行应使用至少6个风险因素构建收益率曲线。风险因素的数量应最终由商业银行交易策略的复杂程度决定。

②信用利差风险。风险因子应能独立反映主要的利差风险（如债券利率与无风险利率之间的信用利差），以衡量利率工具收益率曲线与无风险收益率曲线波动的非完全相关性。

商业银行可根据无风险收益率曲线剥离出信用利差曲线，识别风险因子时应考虑到期时间、信用主体风险特征等因素。

③股票风险。商业银行的内部模型应包含与商业银行所持有的每个较大股票头寸所属交易市场相对应的风险因素。

对于每个股票市场，内部模型中至少应包含一个用于反映股价变动的综合市场风险因素（如股指）。投资个股或行业股指的头寸可表述为与该综合市场风险因素相对应的“贝塔（beta）等值”，即以贝塔表示其相对于综合市场风险因子的波动弹性。

当局鼓励商业银行在内部模型中采用市场的不同行业所对应的风险因素，如制造业、周期性及非周期性行业等。最审慎的做法是对每只股票的波动性都设立风险因素。

对于一个给定的市场，建模技术的特点及复杂程度应与商业银行对该市场的风险暴露以及个股的集中度相匹配。

④汇率风险。内部模型中应包含与商业银行所持有的每一种风险暴露较大的外币（包括黄金）与本币汇率相对应的风险因素。

⑤商品风险。内部模型中应包含与商业银行所持有的每个较大商品头寸所属交易市场相对应的风险因素。

对于交易比较活跃的商品，内部模型应考虑衍生品头寸（如远期、掉期）和实物商品之间“便利收益率”的不同。

⑥其他。内部模型和不可建模风险因子的压力情景应包含能有效反映与上述五大类别市场风险相关的期权性风险、基差风险和相关性风险等风险因子。商业银行如持有规模较大或复杂的期权组合，应具有对期权相关波动率的详细说明。

原则上，除证券化风险因子外，商业银行所使用的估值模型以及标准法中的风险因子都应包含在内部模型中。如未包含，则应说明其合理性。

对于符合《商业银行资本管理办法》附件13第一部分（四）6，即可穿透至底层资产的资产管理产品，商业银行应视为直接持有该资产管理产品底层头寸，并考虑银行在资产管理产品中投资的比例以及资产管理产品的杠杆放大效应。商业银行应将底层头寸分配给负责该资产管理产品的交易台。

对于证券化产品和不符合上述标准的资产管理产品，商业银行应使用标准法计量资本要求。

经国家金融监督管理总局或其派出机构验收通过，商业银行可使用替代数据代表实际头寸（如股票指数替代股票）。商业银行应证明替代方案的逻辑性和合理性，并提供历史数据。

小资料5-2

内部模型法的最低定性要求

商业银行使用内部模型法应满足金融监管机关关于市场风险管理的一般要求和《商业银行资本管理办法》的具体要求，并符合以下定性要求：

（1）资本计量应与其日常市场风险管理活动紧密结合，包括：

①资本计量的内部模型应基于日常内部市场风险管理的模型，而非针对市场风险资本要求计量特殊调整后的模型。两者核心设计要素应一致，应处理同一套风险因子。

②模型应完全融入商业银行的日常市场风险管理过程，并作为提交高级管理层的风险报告的基础。模型结果应作为市场风险管理的必要组成部分。

③风险计量系统应与交易限额结合使用。交易限额与模型的联系应该保持一致，并被高级管理层所理解。

（2）由独立的风险管理部门提供的市场风险每日报告应由一定层级的管理人员审阅，且该管理人员必须有足够授权强制减少单个交易员的头寸和整个银行的风险暴露。

（3）商业银行应建立独立于业务部门并直接向高级管理层报告的市场风险管理部门。该风险管理部门负责设计和实施商业银行风险管理体系，每日编制并分析基于风险计量模型输出结果的报告。

（4）商业银行应建立独立于设计和实施内部模型团队的模型验证团队。该团队应对计量市场风险资本的内部模型开展初始和后续验证，验证频率至少每年一次。

（5）商业银行应拥有足够的能在交易、风险控制、审计和后台工作中使用复杂模型的员工。

（6）商业银行应按照本办法的相关要求开展损益归因测试、压力测试和返回检验，频率分别不低于月度、月度和每日。

（7）商业银行应建立足够支持其内部模型运行的信息系统。

（8）商业银行所使用的内部模型应文档化，包含足够的细节。

（9）商业银行应将适用范围内的全部头寸纳入计量市场风险资本的内部模型，并准确报告计量结果。模型的风险计量应基于完善的理论基础、正确的计算逻辑。

（10）商业银行的内部审计、模型验证（或外部审计）应对市场风险计量体系进行独立审查，频率为每年。

（11）商业银行应以交易台为单位向国家金融监督管理总局或其派出机构申请使用内部模型法计量市场风险资本要求，每次申请扩大使用范围至少应间隔一年。

（12）交易台是指由商业银行设定，在清晰的风险管理框架中执行明确交易策略的一组交易员或一套会计账目。

（13）在满足前述交易台要求的前提下，商业银行可根据业务经营和管理的需要，合理调整人员安排，在验收通过的交易台框架下设置操作性子交易台，而无须经国家金融监督管理总局或其派出机构验收通过。

（14）对于商业银行设置用于覆盖银行账簿外汇和商品头寸的名义交易台，可不适用上文“（12）”中的相关要求。

（15）若商业银行拟采用内部模型法计量名义交易台下外汇或商品头寸的市场风险资本要求，可采取以下方法之一：一是通过内部风险转移将头寸转移至其他已获批使用内部模型法且符合内部模型法使用条件的交易台；二是以名义交易台申请内部模型法，在此情况下，名义交易台仅需满足交易台的定量要求。

（2）内部模型法的一般规定。

商业银行应以交易台为单位申请使用内部模型法计量市场风险资本要求。

交易台是指由商业银行设定，在清晰的风险管理框架中执行明确交易策略的一组交易员或一套会计账目。

商业银行采用内部模型法的，内部模型法覆盖率应不低于10%。商业银行应按季评估内部模型法覆盖率，若不满足标准，应采用标准法计量资本要求。重新满足标准后，当季末应恢复采用内部模型法计量资本要求。商业银行应及时向国家金融监督管理总局或其派出机构报告上述方法变更情况。

$$\text{内部模型法覆盖率} = \frac{\text{按内部模型法计量的资本要求}}{\text{按内部模型法计量的资本要求} + \text{按标准法计量的资本要求}} \times 100\%$$

商业银行采用内部模型法的，应同时按标准法计量和报送所有交易台的资本要求。

（3）内部模型法的市场风险总资本要求。

内部模型法的市场风险总资本要求（ACRtotal）的计算公式为：

$$\text{ACRtotal}=\min(\text{IMA}_{G,A}+C_U+\text{资本附加},\ \text{SA}_{\text{all desk}})-\max(0,\ \text{IMA}_{G,A}-\text{SA}_{G,A})$$

其中：

$\text{IMA}_{G,A}$为经验收通过使用内部模型法且符合内部模型法使用条件的交易台资本要求；

C_U为未经验收通过使用内部模型法或不符合内部模型法使用条件的交易台按标准法计量的资本要求；

资本附加为根据损益归因测试结果相应增加的资本要求；

$\text{SA}_{\text{all desk}}$为所有交易台按标准法计量的资本要求；

$\text{SA}_{G,A}$为经验收通过使用内部模型法且符合内部模型法使用条件的交易台按标准法计量的资本要求。

5.3.3 市场风险的其他计量方法

市场风险的计量方法还包括缺口分析（gap analysis）、久期分析（duration analysis）、外汇敞口分析（foreign currency exposure analysis）、敏感性分析（sensitivity analysis）、情景分析（scenario analysis）、风险价值分析（value at risk，VaR）等。

1）利率风险的缺口分析

（1）含义。缺口分析是衡量利率变动对银行当期收益的影响的一种方法，是对利率变动进行敏感性分析的方法之一，是银行业较早采用的利率风险计量方法。因为其计算简便、清晰易懂，目前仍然被广泛使用。依据剩余到期日或重新定价的期限，可将银行的资产与负债划分为利率敏感性与非利率敏感性两类。利率敏感性资产（RSA）或利率敏感性负债（RSL）分别指资产的利息收入或负债的利息支出于剩余到期日或重新定价的期限内将受到利率变动的影响。利率敏感性资产减利率敏感性负债所得的差额为利率敏感性缺口。20世纪80年代，西方许多商业银行陆续将利率敏感性缺口引入商业银行的利率风险管理中，用来分析银行净利息收入对市场利率的敏感程度。[①]

利率敏感性缺口主要是由于银行资产与负债的结构不一致或失衡造成的。银行如果能够准确预测利率走势，就可以利用较大的资金缺口获取较高的利息收益。但如果预测失误，较大的资金缺口会导致巨额利息损失。值得关注的是，利率敏感性缺口是一个与时间有关的概念。在一定时期，银行资产与负债在利率和期限结构上是相对固定的，这时选择的分期时限不同，就会得出不同的利率敏感性缺口。例如，一笔6个月期限的定期存款，若以3个月为分期时限，则这笔存款是非利率敏感性负债；但若以1年为分期时限，则这笔存款是利率敏感性负债。

（2）计算。将银行的所有生息资产和付息负债按照重新定价的期限划分到不同的时段（如1个月以下、1~3个月、3个月~1年、1~5年、5年以上等）。在每个时段内，将利率敏感性资产减去利率敏感性负债，再加上表外业务头寸，就得到该时段内的重新定价“缺口”，以该“缺口”乘以假定的利率变动，即得出这一利率变动对净利息收入变动的大致影响：

某一时段内的资产（包括表外业务头寸）-负债>0，产生正缺口，即资产敏感型缺口。此时，若利率上升，金融机构会获利；若利率下降，金融机构会受损。

某一时段内的资产（包括表外业务头寸）-负债<0，产生负缺口，即负债敏感型缺口。此时，若利率上升，金融机构会受损；若利率下降，金融机构会获利。

当资金缺口为零时，金融机构的净利息收入不会受市场利率变动的影响。

缺口分析中的假定利率变动可以通过多种方式来确定，如根据历史经验确定、根据银行管理层的判断确定、模拟潜在的未来利率变动等。

计算利率敏感性缺口可以不同的时间期限为基础，如7天、30天、90天、半年、1年等，选择不同的期限会得出不同的结果；然后根据银行资产与负债的到期时限分别计算缺口，最后得出累计缺口。西方商业银行在管理中还用到标准化缺口的概念。标准化缺口考虑了市场利率变动时利率敏感性资产与利率敏感性负债的利率变动幅度可能不同的情况，因此更具有现实意义。现在各商业银行广泛使用计算机系统发现利率敏感性资产和利率敏感性负债的缺口。

（3）缺口技术的运用。预测之外的市场利率波动使商业银行的实际净利息收入与预期净利息收入之间存在偏差。利率风险是利率敏感性缺口和利率变动的函数。其中，利率变动是商业银行无法影响和决定的因素，而利率敏感性缺口则是商业银行可以控制的因素。利率敏感性缺口、利率变动和银行净利息收入的关系是有规律的，利率敏感性缺

---

① 宋清华，李志辉．金融风险管理［M］．北京：中国金融出版社，2005：321-324.内容经过整理．

口管理就是商业银行在预测利率走势的基础上，通过组合配置资产与负债数量、利率及期限结构，构筑顺应利率变动的利率敏感性缺口，从而降低利率风险，确保甚至超额实现预期的净利息收入目标。

调整利率敏感性缺口有两个途径：一是调整利率敏感性资产；二是调整利率敏感性负债。具体的调整思路见表5-2。

表5-2　**利率敏感性缺口的调整方法**

项目		扩大正缺口或缩小负缺口	缩小正缺口或扩大负缺口
资产	浮动利率资产	增加	减少
	固定利率资产	减少	增加
	长期资产	减少	增加
	短期资产	增加	减少
负债	浮动利率负债	减少	增加
	固定利率负债	增加	减少
	长期负债	增加	减少
	短期负债	减少	增加

资料来源　宋清华，李志辉．金融风险管理［M］．北京：中国金融出版社，2005：322.

（4）缺口分析的局限性。缺口分析因原则易懂、思路清晰、操作简便等特点，在商业银行的利率风险管理中得到广泛运用。但缺口分析也存在明显的局限性：

第一，缺口分析假定同一时段内的所有头寸到期时间或重新定价时间相同，因此忽略了同一时段内不同头寸的到期时间或重新定价期限的差异。在同一时段内的加总程度越高，对计量结果精确性的影响就越大。

第二，缺口分析只考虑了重新定价期限不同带来的利率风险，即重新定价风险，未考虑当利率水平变化时，各种金融产品基准利率调整幅度不同带来的利率风险，即基准风险。同时，缺口分析也未考虑利率环境改变引起的支付时间的变化，即忽略了与期权有关的头寸在收入敏感性方面的差异。

第三，非利息收入和费用是银行当期收益的重要来源，但大多数缺口分析未能反映利率变动对非利息收入和费用的影响。

第四，缺口分析主要衡量利率变动对银行当期收益的影响，未考虑利率变动对银行经济价值的影响，所以只能反映利率变动的短期影响。

因此，缺口分析只是一种初级的、粗略的利率风险计量方法。

2）利率风险的久期分析

为解决缺口分析期限和利率不统一的问题，商业银行在实践中引入了“久期”（也译为“持续期”）概念。久期模型是以市场价值为基础的金融机构利率风险测度方法，久期分析是对利率变动进行敏感性分析的方法之一。

（1）含义。1938年，麦考莱提出“久期”概念。久期是指一项债务支付流量的加权平均寿命或加权平均有效期，这一持续期从债权人角度看是资产持续期，从负债人角度看是负债持续期。资产久期是把一项资产作为现金收回平均所需要的时间；债务久期则是把一项债务偿清平均所需要的时间。久期分析也称为持续期分析或期限弹性分析，是衡量利率变动对银行经济价值影响的一种方法。在货币时间价值基础上，久期测定了金融机构要收回贷款初始投资额所需要的时间，因此，在久期内所收到的现金流反映了对初始贷款投资的收回，而从久期末到到期日之间所收到的现金流才是金融机构赚取的利润。久期用来揭示银行资产和负债的市场价值对利率变动的敏感性。久期分析利率敏感性源于债券操作上以存续期间反映现值变动的观念。

（2）计算。对各时段的缺口赋予相应的敏感性权重，得到加权缺口，然后对所有时段的加权缺口进行汇总，以此估算某一给定的小幅（通常小于1%）利率变动可能对银行经济价值产生的影响（用经济价值变动的百分比表示）。各时段的敏感性权重通常是由假定的利率变动乘以该时段头寸的假定平均久期来确定的。一般而言，金融工具的到期日或距下一次重新定价日的时间越长，且在到期日之前支付的金额越小，则久期的绝对值越大，表明利率变动将对银行的经济价值产生的影响越大。

资产（负债）到期现金流的现值进行加权平均后，与该资产（负债）价格的比例就是久期。计算公式为：

$$D = \frac{\sum C_t \times t(1 + R_t)^{-t}}{P}$$

其中：D为久期；t为金融工具期限；C_t为金融工具在时期t中的现金流；R_t为贴现率，即时期t的市场利率；P为金融工具的现值。

从久期的计算公式可知，当利率变动时，资产与负债的变动方向是一致的。那么，在利率变动时，资产或负债的变动量孰大孰小则是影响银行净资产价值变化的重要因素。如果利率下降，资产价值上升幅度大于负债价值上升幅度，则银行净资产价值增加；资产价值上升幅度小于负债价值上升幅度，则银行净资产价值减少；资产价值上升幅度等于负债价值上升幅度，则银行净资产价值不变。

银行可以对以上的标准久期分析做些改变，如可以不对每一时段头寸使用平均久期做法，而是通过计算每项资产、负债和表外头寸的精确久期来计量市场利率变化所产生的影响，从而消除加总头寸/现金流量可能产生的误差。另外，银行还可以采用有效久期分析，即对不同时段采用不同的权重。在特定的利率变化下，假定金融工具市场价值的实际百分比变化，设计各时段风险权重，从而更好地反映市场利率的显著变动所导致的价格非线性变化。

（3）有效久期。麦考莱的久期分析仅考虑了利率敏感性和预期期限，忽视了有些金融工具隐含期权的存在。在此基础上，弗兰克·法波齐提出了“有效久期”概念。有效久期是指随着利率的变化，预期的现金流也会随之改变，因而金融工具的价格会受到影响。衡量资产与负债的有效久期，可以考查在利率变化时资产与负债价值的相对变化，并对利率风险进行有效的管理。计算公式为：

有效久期缺口=资产的平均有效久期-负债的平均有效久期×总负债÷总资产

有效久期缺口实际上反映了银行利率风险敞口的大小，因此，有效久期缺口与银行净资产价值之间存在规律性关系。在有效久期缺口大于零时，利率与银行净资产价值的变动方向相反，即如果利率下降，则银行资产与负债的价值都会上升，但资产价值上升的幅度将大于负债价值上升的幅度，银行的净资产价值将上升。在有效久期缺口小于零时，利率与银行净资产价值的变动方向相同，即如果利率上升，则银行资产与负债的价值都会下降，但资产价值下降的幅度将小于负债价值下降的幅度，所以，银行的净资产价值将上升。表5-3直观地说明了利率变动、有效久期缺口与银行净资产价值的关系。

表5-3　**利率变动、有效久期缺口与银行净资产价值的关系**

利率变动	有效久期缺口	总资产价值变动	比较	总负债价值变动	净资产价值
上升	>0	下降	>	下降	下降
下降	>0	上升	>	上升	上升
上升	<0	下降	<	下降	上升
下降	<0	上升	<	上升	下降
上升	0	下降	=	下降	不变
下降	0	上升	=	上升	不变

资料来源　宋清华，李志辉．金融风险管理［M］．北京：中国金融出版社，2005：325.

（4）久期分析的优点及局限性。

① 优点。与缺口分析相比，久期分析是一种更先进的利率风险计量方法。缺口分析侧重于计量利率变动对银行短期收益的影响，而久期分析能计量利率风险对银行经济价值的影响，即估算利率变动对所有头寸的未来现金流现值的潜在影响，从而能够对利率变动的长期影响进行评估，能更准确地估算利率风险对银行的影响。

② 局限性。第一，如果在计算敏感性权重时对每一时段使用平均久期，即采用标准久期分析，仍然只能反映重新定价风险，不能反映基准风险，又因为利率和支付时间不同而导致头寸的实际利率敏感性差异，也不能很好地反映期权性风险。第二，对于利率的大幅变动（大于1%），由于头寸价格的变化与利率的变动无法近似为线性关系，结果也就不准确。

3）汇率风险的外汇敞口分析

（1）含义。外汇敞口分析是衡量汇率变动对银行当期收益的影响的一种方法。外汇敞口主要来源于银行表内外业务的货币错配。在某一时段内，当银行某一币种的多头头寸与空头头寸不一致时，所产生的差额就形成外汇敞口。在存在外汇敞口的情况下，汇率变动可能给银行的当期收益或经济价值带来损失，从而形成汇率风险。

（2）分析方法。在进行敞口分析时，银行应当分析单一币种的外汇敞口，以及各币种外汇敞口折成报告货币并加总轧差后形成的外汇总敞口。对单一币种的外汇敞口，银行应当分析即期外汇敞口、远期外汇敞口，以及即期、远期加总轧差后的外汇敞口。银行还应当对交易业务和非交易业务形成的外汇敞口加以区分。对因存在外汇敞口而产生的汇率风险，银行通常采用套期保值和限额管理等方式进行控制。外汇敞口限额包括对单一币种的外汇敞口限额和外汇总敞口限额。外汇敞口分析是银行业较早采用的汇率风险计量方法，具有计算简便、清晰易懂的优点。

（3）局限性。外汇敞口分析忽略了各币种汇率变动的相关性，难以揭示由于各币种汇率变动的相关性所带来的汇率风险。

4）敏感性分析

（1）含义。敏感性分析是指在保持其他条件不变的前提下，研究单个市场风险要素（利率、汇率、股票价格和商品价格）的变化可能对金融工具或资产组合的收益或经济价值产生的影响。例如，缺口分析可用于衡量银行当期收益对利率变动的敏感性，久期分析可用于衡量银行经济价值对利率变动的敏感性。在2004年发布的《利率风险管理与监管原则》中，巴塞尔银行监管委员会要求银行评估标准利率冲击（如利率上升或下降200个基点）对银行经济价值的影响，这也是一种利率敏感性分析方法，目的是使监管当局能够根据标准利率冲击的评估结果，评价银行的内部计量系统是否能充分反映其实际利率风险水平及资本充足程度，并对不同机构所承担的利率风险进行比较。如果在标准利率冲击下，银行经济价值的下降幅度超过一级资本、二级资本之和的20%，监管当局就必须关注其资本充足程度，必要时还应要求银行降低风险水平和（或）增加资本。

（2）局限性。敏感性分析计算简单、便于理解，在市场风险分析中得到了广泛应用。敏感性分析也存在一定的局限性，主要表现为无法计量较复杂的金融工具或资产组合的收益或经济价值相对于市场风险要素的非线性变化。因此，在使用敏感性分析时，要注意适用范围，必要时应辅以其他市场风险分析方法。

5）情景分析

（1）含义。与敏感性分析对单一因素进行分析不同，情景分析是一种多因素分析方法，结合设定的各种可能情景的发生概率，研究多种因素同时作用时可能产生的影响。

（2）分析方法。在情景分析中，要注意各头寸的相关关系和相互作用。情景分析所用的情景通常包括基准情景、最好的情景和最坏的情景。情景可以人为设定（如直接使用历史上发生过的情景），也可以从对市场风险要素历史数据变动的统计分析中得到，或通过在特定情况下市场风险要素变动的随机过程得到。例如，银行可以分析利率、汇率同时发生变化可能对市场风险水平产生的影响，也可以分析在发生历史上出现过的政治、经济事件或金融危机以及一些假设事件时，市场风险水平可能发生的变化。

6）风险价值

（1）含义。风险价值（VaR）是为了计量一项给定的资产或负债在一定时间里、在一定置信度下其价值最大的损失额而设置的。

自1993年国际清算银行（BIS）宣布引入对市场风险的资本重组要求以来，人们对风险价值方法产生了极大的兴趣，并在对其开发和试验方面取得了很大进展。风险价值作为一个概念，最先起源于20世纪80年代末交易商对金融资产风险测量的需要；作为一种市场风险测量和管理的新工具，则是由J.P.摩根银行最早在1994年提出的，其标志性产品为风险计量制模型。

（2）应用。由于VaR方法能够简单清晰地表示市场风险的大小，又有严谨系统的概率统计理论作为依托，因而它得到了国际金融界的广泛支持和认可。国际性研究机构30人小组和国际掉期交易协会等团体一致推荐，将VaR方法作为市场风险测量的最佳方法。目前，越来越多的金融机构采用VaR方法来测量、控制其市场风险，尤其是在衍生工具投资领域，VaR方法的应用更加广泛。

VaR方法特别适用于对可交易金融资产在险价值的计量，因为人们可以很容易地从资本市场获取这类资产的市值和它们的标准差。若将这种方法直接用于计量非交易性金融资产，如贷款的在险价值，则会遇到许多问题。

【思政小课堂】

利率调控的作用

在我国，中央银行通过调控基准利率，发挥经济手段在资源配置和宏观调控中的作用。商业银行调控利率有利于信贷资金的成本核算，改善资产负债比例及成本结构，有利于信贷资产的风险管理。金融机构调控利率能够提高定价能力，防范金融风险。利率调控有助于巩固宏观调控成果，保持国民经济持续、快速、协调、健康发展的良好势头。

5.4 利率风险管理的创新工具

5.4.1 远期利率协议

1）远期利率协议的定义和特点

（1）远期利率协议的定义。远期利率协议（forward rate agreement，FRA）是一种远期合约，交易双方在订立协议时商定未来某一时间的协议利率，并规定协议生效时，由一方向另一方支付协议利率与到期结算日利率之间的利息差。

（2）远期利率协议的特点。远期利率协议是一种为防范将来利率波动而预先固定远期利率的金融工具，协议中有买方和卖方。远期利率协议的买方是名义借款人，其订立远期利率协议的主要目的是规避利率上升的风险；远期利率协议的卖方则是名义贷款人，其订立远期利率协议的主要目的是规避利率下降的风险。这种交易的一个主要特点是它并不涉及协议本金的收付，而只是在某一特定的日期即清算日，按规定的期限和本金额，由一方向另一方支付根据协定利率和协议规定的参考利率之间的利息差额的贴现金额。

远期利率协议是一种由银行提供的、在场外交易的利率远期合同，它没有固定的份额标准，适用于一切可兑换货币；交易金额和交割日期都不受限制，并且不需要保证金。远期利率协议一般由银行在其交易室操作，交易者之间的联系、洽谈、成交是通过电话、传真、计算机网络来进行的。

2）远期利率协议的利弊

（1）远期利率协议的优点。

① 灵活性强。远期利率协议无须在交易所成交，没有固定的交割日和标准的交易

金额，任何具体的需求都可以由交易双方协商达成协议。

② 交易便利。由于远期利率协议交易的本金不发生现金流动，且利率是差额计算，所以资金的流动量较小，现金流动的压力小。

③ 操作性强。远期利率协议不会出现在资产负债表上，对银行来说具有操作性强的优点。当银行的资本比率压力较大时，它能不改变资产负债表的流动性而调整到期利率头寸，这对提高资本比率和改善银行业务的资产收益率十分有益。

（2）远期利率协议的缺陷。

① 信用风险较大。在期货、期权交易方式下，参与者直接与交易所达成合约，与交易所结算，并且在交易所存有保证金，因此信用风险很小。而远期利率协议能否顺利执行取决于参与者的信用，有些参与者，尤其是非银行金融机构，可能在利率发生有利于自己的变化后拒绝向对方支付利息差额。

② 远期利率协议为场外交易，有些评级不高的企业很难找到交易对象，或者必须接受严格的担保条件和加价。远期利率协议的每一笔交易都相对独立，不能出卖或冲销原协议，只能与另一笔远期利率协议调换，因而给结清合约带来不便。

③ 远期利率协议和利率期货一样，虽然避免了利率的不利变动带来损失的可能性，但也放弃了利率发生有利变动带来额外收益的可能性。

5.4.2 利率期货

1）利率期货的定义

利率期货（interest rate futures）是指买卖双方按照事先约定的价格在期货交易所买进或卖出某种有息资产，并在未来某一时间进行交割的一种金融期货业务。

利率期货是有利息的有价证券期货，进行利率期货交易是为了锁定资本的价格，即得到预先确定的利率或收益。利率期货将利率的实现通过期货协议确定下来，避免因利率出现始料未及的变化而影响金融资产价格或投资收益，故成为利率风险管理的一种方式。

利率期货在回避利率风险方面的特殊功能使这种创新工具迅速发展，很快引起各国的兴趣，各国纷纷建立自己的利率期货市场，如芝加哥期货交易所、伦敦国际金融期货交易所、巴黎期货交易所、东京证券交易所、新加坡国际商品交易所、悉尼期货交易所都开办了利率期货交易，并形成全球连续交易的网络，交易量快速上升。利率期货的品种繁多，并不断推陈出新，如各种商业票据期货、大额定期存单期货、欧洲美元定期存款期货、市政债券指数期货以及各国政府债券期货。利率期货在期限结构、信用等级等方面因竞争激烈而不断更新，经过多年的发展，利率期货市场已成为当前最大的金融期货市场。利率期货市场在发展中不断规范，具有标准化、低成本、集中交易等特点，给买卖双方提供了极大的便利。

2）利率期货的交易方式

利率期货交易分为3类：套期保值交易、套头交易和投机交易。套期保值交易是避免利率变动的主要类型。利率期货套期保值交易主要为空头（卖空）套期保值交易和多头（买空）套期保值交易两种。

（1）空头（卖空）套期保值交易。空头（卖空）套期保值是指投资人预期利率上升可能带来损失而在期货市场上卖出利率期货的一种套期交易。比如投资人打算在将来卖出他所持有的固定收益证券，如果预期利率将上升，那么证券价格的下跌必然给其持有人带来损失。为将证券价格固定在目前的水平，投资人可卖出利率期货进行保值。再比如对那些为锁定未来借款成本的投资人而言，也可以进行这样的套期交易。若投资人打算在将来借入一笔贷款，为避免利率上升而增加借款成本，在预期利率将上升的情况下，可卖出利率期货，如短期国库券期货。如果到期日利率上升，现货市场借款成本增加，但期货市场利率上升能使投资人的期货合约获得盈利，从而抵消因利率上升造成的损失。

（2）多头（买空）套期保值交易。多头（买空）套期保值是指投资人预期利率下跌可能带来损失而买进利率期货的一种套期交易。比如投资人打算在将来买入具有固定收益的某种证券，若预期利率将下跌，那么证券价格的上涨必然带来损失。为避免证券投资收益减少，投资人可买进利率期货进行保值。如果到期日利率确实下跌，那么证券投资收益将受到损失，但由于在期货市场上买进利率期货而获得收益，现货市场的损失将由期货市场的盈利得到弥补。

5.4.3 利率互换

1）利率互换的定义

利率互换（interest rate swap）是不同交易主体之间的一种协议，协议双方均同意在预先约定的一系列未来日期，按照事先约定的不同种类利率，交换一定的现金流量。在利率互换中，双方交换的现金流量是按某一金额计算的不同特征的利息，而计算利息的本金仅以一定数量的货币形式存在，它只是计息的基础但并不发生实际交换，因而可以称之为名义本金。在典型的利率互换中，双方所付款项为同一货币，协议的一方为固定利率支付方，固定利率在互换开始时已确定；协议的另一方为浮动利率支付方，浮动利率在互换协议期间参照某一特定市场利率确定，通常选用伦敦银行同业拆借利率（LIBOR）。虽然利率互换的产生是为了降低筹资成本，但它也可以用于利率风险管理。借款机构通过利率互换协议锁住利差来避免利率波动风险。

2）利率互换的基本应用

（1）锁定融资成本。利率互换常常是由锁定融资成本的目的所推动的。假定某家公司目前有一笔以LIBOR+100个基点利率计息的银行借款，该公司担心在借款剩余的时间内利率会上升，于是决定作为固定利率的支付方安排一次浮动利率与固定利率的利率互换。其固定利率为8.75%，浮动利率为6个月的LIBOR，每半年交换一次利息。

（2）运用利率互换管理久期缺口。利率互换实际上是由互换双方之间的一系列远期合同组成的。合同的最长期限可达15年，从而可以无须不断更新远期或期货合约而达到长期对冲风险的目的。在通常情况下，利率互换的买方承诺定期支付一系列固定利息给合约的卖方，而卖方同时承诺支付浮动利息给买方。通过利率互换，买方可以将其负债的浮动利率成本换成固定利率成本，从而与其固定利息收入的资产相匹配；卖方则将其负债的固定利率成本换成浮动利率成本，从而与其浮动利息收入的资产相匹配。

3）利率互换的风险

利率互换可以使互换双方降低筹资成本，属于表外业务，不会反映在资产负债表中，具有灵活方便、没有额外税务损失的优点。但是，利率互换的风险较其他风险管理方式大，主要表现在：

（1）信用风险。利率互换的信用风险是指互换协议的一方拒不履行协议规定的义务而给另一方带来经济损失的可能性。当利率互换协议具有负价值（需要向互换对方支付利息差额）时，不存在对方违约的信用风险。当对方的利率互换协议和其净资产价值都发生不利变动时，对方违约的风险最大。例如，若某金融机构的利率敏感性缺口为负，而它同时又持有大量支付浮动利率的互换协议，当利率上升时，其净资产价值下降，同时其利率互换协议的价值又为负，此时，交易对方违约的可能性最大。信用风险不可能像利率风险一样套期保值，只能尽量防范。

（2）基础风险。基础风险是指在收到一种浮动利率的同时支付另一种浮动利率，但两种浮动利率的性质和指数不同。例如，收到的浮动利率是以LIBOR为基础的利率，而支付的浮动利率是根据商业票据的利率计算的，当两种利率之间的差距变化时，互换主体就面临基础风险。要防范基础风险，只能尽量避免两种不同性质的浮动利率进行互换。

（3）期限风险。期限风险是指利息收到和利息支付的时间不匹配造成的一方要求支付利息而另一方利息还没有收到的风险。为了保证利息能顺利支付，只有通过其他方式再融资，以解决期限不匹配的问题。为避免期限风险，利率互换的双方可以协商议定，以计息期限较长一方的债权或债务的支付时间为准。

5.4.4 利率期权

1）利率期权的概念

利率期权（interest rate option）是指以各种利率相关产品或利率期货合约作为交易标的物的一种金融期权业务。利率期权的买方获得一项权利，在到期日或期满前按预先确定的利率（即执行价格）和一定的期限借入或贷出一定金额的货币。

利率期权可以采用远期利率协议的形式。例如，一项有效期限为3个月的利率期权，借贷期限为6个月，被称为3×9利率期权，可用来防范3个月之后为期6个月的利率风险。利率期权执行时，也可采用远期利率协议的方式交割，市场利率与执行价格之间的差额以贴现的形式支付给期权的买方，因此利率期权也被认为是以远期利率协议为载体的期权，又称为远期利率协议期权。

2）利率期权的分类

利率期权是20世纪80年代以来交易最活跃的金融期权之一，品种繁多。就大类来看，既有现货期权，也有期货期权；既有短期利率期权，也有长期利率期权；既有在场内交易的期权，也有在场外交易的期权。习惯上，人们一般把利率期权分为以下几类：

（1）利率看涨期权。利率看涨期权是指借款人担心将来利率上升，买入该期权，以便有权在到期日或在期满前按事先约定的利率借入资金。到期后，如果利率真的上升，并且高于协定利率，买方就会执行期权以获取收益。如果预期利率并未上升或虽然上升但仍低于协议利率，该项期权将不被执行，买方损失期权费。

（2）利率看跌期权。利率看跌期权是指贷款方预计未来利率将下降，可能会造成利差损失，买入该期权，以便有权在到期日或在期满前按事先约定的利率放贷资金。当利率下降并低于协议利率时，买方有权行使权利以获取利差收益；否则，买方将放弃期权权利，损失期权费。

（3）利率封顶期权。利率封顶期权是指在浮动利率下，期权的买卖双方事先约定一个最高利率，当市场利率高于协定利率时，期权的卖方给予买方补偿。可见，利率封顶期权对买方更为有利，其目的在于锁定风险，减少损失。

（4）利率保底期权。与利率封顶期权相对应，利率保底期权规定了一个利率下限，当市场利率下跌并且低于协定利率时，期权的买方就会从卖方那里得到经济补偿，其目的在于锁定投资收益。

（5）利率双向期权。利率双向期权是利率封顶期权和利率保底期权的复合。它同时固定了利率的上下限，并在一定程度上把利率风险控制在理想的范围之内。通过利率双向期权的施行，期权买卖双方的利益均得到保护，当然期权费也较单向的利率期权费要高一些。

3）利率期权在利率风险管理中的运用

与利率期货的套期保值不同，利率期权的套期保值实际上并不是将未来某日的价格锁定在某一既定水平，而只是将价格变动的方向控制在对自己有利的一面。

某公司将在3个月后收到一笔金额为1 000万元的资金，并计划作6个月的存款。该公司担心在今后几个月内短期利率可能下降，届时再作存款，利息收入将会减少，它希望能避免利率下跌的风险，但目前利率走势很不确定，利率也存在上升的可能。该公司决定不用远期利率协议或利率期货来固定利率水平，而是选择利率期权，这样可以在利率上升时获得较高的存款收益。

该公司买入有效期限为3个月的欧式期权，执行价格为5%，贷款期限为6个月，金额为1 000万元，按年利率0.3%支付期权费，期权费金额为15 166.67元。在3个月之后的到期日，如果市场利率跌至5%以下，该公司将执行期权，获得执行价格与市场利率差额的贴现金额，同时按市场利率作6个月存款。扣除所支付的期权费，该公司实际获得的存款收益为4.7%。如果市场利率升至5%以上，该公司将放弃期权，按市场利率作存款。通过买入利率期权，该公司的最大损失是期权费支出，其存款收益将随着市场利率的上升而增加。

可见，在这一套期保值中，该公司既能回避利率下跌的风险，又能保住利率上升的收益。这就是利率期权的套期保值区别于利率期货套期保值的一个重要方面。

5.4.5 利率上限、利率下限和利率上下限

1）利率上限

（1）利率上限的概念。利率上限（interest rate cap）的交易双方确定一个固定利率，在未来确定期限内每个设定的日期，将选定的参考利率与固定利率相比较，如果参考利率超过固定利率，买方将获得两者间的差额，反之将不发生资金交割，买方需支付给卖

方一笔费用以获得该项权利。

（2）利率上限的作用。利率上限可以作为拥有浮动利率债务的借款人规避利率风险的有效手段，因为如果利率上升，借款人就要为浮动利率债务多付利息。为防范未来一段时间内利率上升的风险，借款人可以购买一项利率上限，把利率上升的幅度固定在执行价格以下。在设定的日期，如果市场利率上升超过执行价格，借款人将从交易对手那里得到补偿；如果市场利率在执行价格之下，借款人将按实际市场利率支付利息，获得利率下跌的收益。

2）利率下限

（1）利率下限的概念。利率下限（interest rate floor）的交易双方确定一个固定利率，在未来确定期限内每个设定的日期，将选定的参考利率与固定利率相比较，如果参考利率低于固定利率，买方将获得两者之间的差额，反之将不发生资金交割。

（2）利率下限的作用。与利率上限相似，利率下限可以看成由一系列不同有效期限的贷款人利率期权合成；不同的是利率下限通常用来防范利率下跌带来的不利影响。利率下限为借出浮动利率资金的借款人提供规避利率风险的有效手段，因为如果市场利率下跌，贷款人根据浮动利率收取的利息就会减少。为防范一段时间内利率下跌的风险，贷款人可以购买一项利率下限，把利率下跌的幅度控制在执行价格之上。在设定的日期，如果市场利率下跌低于执行价格，贷款人将从交易对手那里得到补偿；如果市场利率在执行价格之上，贷款人将按照实际市场利率收取利息，获得利率上升的收益。

3）利率上下限

（1）利率上下限的概念。利率上下限（interest rate collar）由利率上限和利率下限合成。买入一项利率上下限可以通过买入一项利率上限、同时卖出一项利率下限，达到将未来一段时间的利率成本限定在一定幅度内的目的。借款人买入一项利率上限需支付期权费，出售一项利率下限可以收取期权费，同时做两笔交易，可以减少费用支出；通过特定的组合，也可能使期权费成本为零。利率上下限对于有浮动利率债务的借款人来说，尤其具有吸引力。借款人买入一项利率上限，规避利率水平上升的风险；卖出一项利率下限，以期权费收入抵消支出。

（2）利率上下限的作用。与前文同理，卖出一项利率上下限可以通过卖出一项利率上限、同时买入一项利率下限，来达到将未来一段时间的利率收入限定在一定幅度内的目的。对于收取浮动利率的贷款人而言，零成本的利率上下限同样可以达到避险的目的。贷款人买入一项利率下限，避免利率下跌的风险；卖出一项利率上限，以期权费收入弥补支出。买卖利率上下限是利率上限或利率下限的折中方案，其目的是降低避险成本。对于借款人而言，买入利率上下限避免了利率上升的风险，同时只能获得有限的利率下跌的好处；对于贷款人而言，卖出利率上下限避免了利率下跌的风险，同时只能获得有限的利率上升的收益。

小资料5-3

上海银行间同业拆放利率

上海银行间同业拆放利率（Shanghai Interbank Offered Rate，Shibor）是由信用等

级较高的银行自主报出的人民币同业拆出利率计算确定的算术平均利率，是单利、无担保、批发性利率。对社会公布的Shibor品种包括隔夜、1周、2周、1个月、3个月、6个月、9个月及1年。

Shibor报价银行团现由18家商业银行组成。报价银行是公开市场一级交易商或外汇市场做市商，是在中国货币市场上人民币交易相对活跃、信息披露比较充分的银行。中国人民银行成立Shibor工作小组，依据《上海银行间同业拆放利率（Shibor）实施准则》确定和调整报价银行团成员、监督和管理Shibor运行、规范报价行与指定发布人行为。

报价银行通过Shibor报价平台进行报价，报价时间不得晚于每个交易日的上午11：20（北京时间）。报价银行以年利率（%，Act/360，T+0）对各期限品种报价，保留4位小数。报价银行通过专线网进行报价，每家报价银行分配一个专属的报价页面。

每个交易日根据各报价银行的报价，剔除最高、最低各2家报价，如果相同的最高（或最低）家数超过2家，系统随机剔除其中2家。11：20起系统自动对其余报价进行算术平均，计算得出每一期限品种的Shibor。

全国银行间同业拆借中心11：30起，通过网站对外发布当日Shibor。各报价银行当日的报价数据与Shibor一并对外公布。

本章小结

市场风险是指因市场价格（利率、汇率、股票价格和商品价格）的不利变动而使商业银行表内和表外业务发生损失的风险。市场风险可以分为利率风险、汇率风险（包括黄金）、股票价格风险和商品价格风险。本章阐述了市场风险管理的目标、流程和风险管理体系，重点讲解了市场风险的计量方法，包括标准法和内部模型法，还包括缺口分析、久期分析、外汇敞口分析、敏感性分析、情景分析、风险价值分析等；介绍了利率管理的创新工具，包括远期利率协议、利率期货、利率互换、利率期权、利率上限、利率下限和利率上下限。

主要概念和观点

1. 市场风险是指因市场价格（利率、汇率、股票价格和商品价格）的不利变动而使商业银行表内和表外业务发生损失的风险。市场风险可以分为利率风险、汇率风险（包括黄金）、股票风险和商品风险，分别是指由于利率、汇率、股票价格和商品价格的不利变动所带来的风险。

2. 利率风险主要分为重新定价风险、收益率曲线风险、基准风险、期权性风险4类。重新定价风险也称为期限错配风险，是最主要和最常见的利率风险形式，来源于银行资产、负债和表外业务到期期限（就固定利率而言）或重新定价期限（就浮动利率而言）所存在的差异。重新定价的不对称性也会使收益率曲线的斜率、形态发生变化，即收益率曲线非平行移动，这会对银行的收益或内在经济价值产生不利影响，从而形成收益率曲线风险。基准风险也称为利率定价基础风险，是另一种重要的利率风险来源。在利息收入和利息支出所依据的基准利率变动不一致的情况下，虽然资产、负债和表外业务的重新定价特征相似，但因其现金流和收益的利差发生了变化，也会对银行的收益或内在经济价值产生不利影响。期权性风险是一种越来越重要的利率风险，来源于银行资产、负债和表外业务中所隐含的期权。

3. 市场风险管理的目标是通过将市场风险控制在商业银行可以承受的合理范围内，实现经风险调整的收益率最大化。市场风险管理是识别、计量、监测和控制市场风险的全过程。

4. 市场风险管理体系包括董事会和高级管理层的有效监控，完善的市场风险管理政策和程序，完善的市场风险识别、计量、监测和控制程序，完善的内部控制和独立的外部审计，适当的市场风险资本分配机制。

5. 市场风险资本计量应覆盖商业银行交易账簿中的利率风险和股票价格风险，以及全部汇率风险和商品价格风险。交易账簿包括为交易目的或对冲交易账簿其他项目的风险而持有的金融工具和商品头寸。商业银行可以采用标准法、内部模型法或简化标准法计量市场风险资本要求。此外，还可以采用缺口分析、久期分析、外汇敞口分析、敏感性分析、情景分析、风险价值分析等方法管理市场风险。

6. 利率风险管理的创新工具包括远期利率协议、利率期货、利率互换、利率期权、利率上限、利率下限和利率上下限。

基础训练

1. 简述市场风险的含义及种类。
2. 简述利率风险的分类及成因。
3. 简述市场风险管理体系的内容。
4. 简述利率风险简化标准法的含义及计算方法。
5. 简述利率风险标准法及内部模型法的含义。
6. 简述利率风险管理创新工具的种类。

第6章

操作风险管理

6.1 操作风险概述

随着全球银行业的发展，银行规模不断扩大，经营复杂程度急剧提高，交易金额迅速增加，新经济模式（如网络银行、电子贸易等）相继出现，交易工具和金融技术日益复杂，清算及结算系统升级，信息技术广泛应用，外包业务不断增加，银行采用的风险缓释技术带来新的风险，这些都增大了金融机构的操作风险，促使操作风险管理在理论和实践中被更深入地研究。《巴塞尔新资本协议》明确提出将操作风险纳入资本监管的范畴。我国金融监管机构近几年也在加速制定操作风险管理的规章制度，对金融机构的操作风险管理提出了具体要求。

6.1.1 操作风险的概念

1）操作风险的产生与发展

20世纪末，当大多数银行和巴塞尔银行监管委员会仍然将关注的目光聚焦于信用风险和市场风险时，1995年发生的英国巴林银行倒闭案以及国际上操作风险损失事件的频繁发生，使许多银行遭受了巨额损失，引起监管机构和学术界的震惊，并在很大程度上改变了人们的认识。世界银行对全球银行业危机的研究表明，导致银行破产的最常见原因之一就是操作风险，操作风险正成为金融机构面临的最大威胁之一。从监管要求看，以巴塞尔银行监管委员会为代表的监管机构对操作风险给予了足够的重视，在《巴塞尔新资本协议》中将其纳入风险资本的计算和监管框架。巴塞尔银行监管委员会针对操作风险专门发布了《操作风险管理与监管的稳健做法》(2001)，作为有效管理和监管操作风险的参考；在《资本计量和资本标准的国际协议：修订框架》(2004) 中，提出了计算操作风险监管资本要求的3种方法：基本指标法 (basic indicator approach)、标准法（standardized approach）和高级计量法 (advanced measurement approach)。设计这3种方法时，巴塞尔银行监管委员会广泛借鉴了国际银行业在操作风险计量和管理方面的先进经验，将监管资本要求与现代化风险管理技术紧密结合，旨在通过风险敏感度更高的监管资本约束影响银行行为，促使银行提高操作风险计量和管理水平。

微课 6-1

操作风险的界定、发展与监管

2）操作风险的定义

操作风险是指由不完善或有问题的内部程序、员工和信息科技系统，以及外部事件造成损失的风险，包括法律风险，但不包括策略风险和声誉风险。这个定义是由国家金融监督管理总局发布的《商业银行资本管理办法》界定的，它与《巴塞尔新资本协议》界定的操作风险基本相同。

6.1.2 操作风险的特征及操作风险与其他风险的关系

1）操作风险的特征

操作风险大部分内生于商业银行的业务活动，覆盖面大，不易区分和界定，与其他风险有所不同。

（1）内生性。操作风险的内生性是指大多数操作风险存在于商业银行业务管理活动中，可以说是一种内部各层次的“系统性风险”，且大多与银行独特的内部风险管理环境有关。操作风险的内生性是其作为一种独立风险形态的最主要的特征。同时，操作风险的内生性决定了风险来源和风险种类的多样性，操作风险在实践中可以转化为市场风险和信用风险，这增加了识别的难度。

（2）灾难风险多为外生风险。自然灾害、恐怖袭击等外部事件引起的外生操作风险具有低频高损的特点，操作风险在分布上呈现厚尾的非对称特征。

（3）风险诱因与风险损失相关性复杂。风险诱因复杂，引发的操作风险事件及其导致的损失规模、频率之间的相关关系复杂，所以在管理过程中非常小的疏忽就会把操作风险遗漏在管理框架之外，这增加了管理的难度。

（4）风险与收益的对应关系不明显。银行因承担操作风险而获得的额外收益不明显或不能在短期内显现，风险控制技术的使用受到成本支出和资本金的约束，管理中应注重降低操作风险和增加管理成本之间的平衡。

（5）风险不易分散。操作风险很难通过金融机构自身来对冲和分散，因为操作风险一般不直接与特定产品相联系，而是产生于服务和经营过程中，与不同的区域文化、素质不同的员工队伍、特定的经营机构等因素有关。操作风险往往具有很强的隐蔽性，信息的有限披露也使操作风险很难运用市场化的风险解决方案，所以操作风险的控制宜采用内部控制、资本配置、风险缓释等综合方法。

2）操作风险与其他风险的关系

在商业银行经营活动中，操作风险与其他风险交织在一起，影响因素复杂。在信贷风险领域，信贷人员贷中管理不力会引发产品及业务操作风险，或因信贷业务担保品管理失败导致损失；在系统及设备领域，由于网络病毒、电脑黑客的威胁，银行在采取多种防护技术提高系统安全性的同时（会使操作风险中的系统失败风险降低），会因为系统界面的友好性降低，使银行失去一定的市场份额，使市场风险提高；在金融衍生品交易领域，交易员未经授权或越权行为会引发典型的内部欺诈风险，巨额的损失赔付会涉及市场风险、欺诈、声誉下降及由此引发的流动性风险。这些都体现了诸风险之间复杂的交互关系。

6.1.3 操作风险的种类

1）操作风险的基本分类

国家金融监督管理总局发布的《商业银行资本管理办法》将操作风险损失事件分为内部欺诈事件，外部欺诈事件，就业制度和工作场所安全事件，客户、产品和业务活动事件，实物资产的损坏，信息科技系统事件，执行、交割和流程管理事件7种类型，与《巴塞尔新资本协议》的分类基本一致。

（1）内部欺诈事件，是指故意骗取、盗用财产或违反监管规章、法律或公司政策导致的损失事件，此类事件至少涉及内部一方，但不包括歧视及差别待遇事件。

（2）外部欺诈事件，是指第三方故意骗取、盗用、抢劫财产、伪造要件、攻击商业银行信息科技系统或逃避法律监管导致的损失事件。

（3）就业制度和工作场所安全事件，是指违反就业、健康或安全方面的法律或协议，个人工伤赔付或者因歧视及差别待遇导致的损失事件。

（4）客户、产品和业务活动事件，是指因未按有关规定造成未对特定客户履行份内义务（如诚信责任和适当性要求）或产品性质或设计缺陷导致的损失事件。

（5）实物资产的损坏，是指因自然灾害或其他事件（如恐怖袭击）导致实物资产丢失或毁坏的损失事件。

（6）信息科技系统事件，是指因信息科技系统生产运行、应用开发、安全管理以及由于软件产品、硬件设备、服务提供商等第三方因素，造成系统无法正常办理业务或系统速度异常所导致的损失事件。

（7）执行、交割和流程管理事件，是指因交易处理或流程管理失败，以及与交易对手、外部供应商及销售商发生纠纷导致的损失事件。

2）操作风险损失形态

（1）法律成本，是指因商业银行发生操作风险事件引发法律诉讼或仲裁，在诉讼或仲裁过程中依法支出的诉讼费用、仲裁费用及其他相关成本，如违反知识产权保护规定等导致的诉讼费、外聘律师代理费、评估费、鉴定费等。

（2）监管罚没，是指因操作风险事件所遭受的监管部门或有权机关罚款及其他处罚，如违反产业政策、监管法规等所遭受的罚款、吊销执照等。

（3）资产损失，是指由于疏忽、事故或自然灾害等事件造成实物资产的直接毁坏和价值的减少，如火灾、洪水、地震等自然灾害所导致的账面价值减少等。

（4）对外赔偿，是指由于内部操作风险事件导致商业银行未能履行应承担的责任造成对外的赔偿，如因银行自身业务中断、交割延误、内部案件造成客户资金或资产等损失的赔偿金额。

（5）追索失败，是指由于工作失误、失职或内部事件使原本能够追偿但最终无法追偿所导致的损失，或因有关方不履行相应义务导致追索失败所造成的损失，如资金划转错误、相关文件要素缺失、跟踪监测不及时所带来的损失等。

（6）账面减值，是指由于偷盗、欺诈、未经授权活动等操作风险事件所导致的资产账面价值直接减少，如内部欺诈导致的销账、外部欺诈和偷盗导致的账面资产或收入损失，以及未经授权或超授权交易导致的账面损失等。

（7）其他损失，是指由于操作风险事件引起的其他损失。

3）操作风险损失事件认定的金额起点和范围界定

（1）操作风险损失事件认定的金额起点。商业银行应当根据操作风险损失事件统计上的重要性原则，合理确定操作风险损失事件认定的金额起点。商业银行对认定金额起点以下的操作风险损失事件和未发生财务损失的操作风险事件也可进行记录和积累。

（2）操作风险损失事件认定的范围界定。商业银行应当合理区分操作风险损失、信用风险损失和市场风险损失界限，对于跨区域、跨业务种类的操作风险损失事件，商业银行应当合理确定损失统计原则，避免重复统计。

4）操作风险损失事件统计的主要内容

商业银行操作风险损失事件统计的主要内容包括损失事件发生的时间、发现的时间及损失确认的时间，业务条线名称，损失事件类型、涉及金额、损失金额、缓释金额，非财务影响、与信用风险和市场风险的交叉关系等。

6.1.4 操作风险的成因

1）风险管理文化缺失

风险管理文化决定商业银行经营管理过程的风险管理观念和行为方式。部分商业银行高级管理者在业务经营管理中，以人情代替制度，重信任轻原则，导致授权过大或越权行为发生，引发操作风险损失。由于历史和体制的原因，中国商业银行风险管理意识薄弱，操作风险管理带有外部驱动的特点，操作风险管理不能适应业务快速发展、风险日益变化的需要。

2）管理制度失衡

商业银行操作风险增大也有制度失衡的原因，传统的管理理念影响了风险管理制度的执行。商业银行内部管理制度存在管理制度缺乏整体规划和系统性、管理方法落后、内部控制制度建设缺乏前瞻性、监管制度不完善等问题。

3）人力资源状况欠佳

我国银行业体制改革不断深化，重组、减员、改制、分流使员工的安全感降低，忠诚与信任度下降，员工在长期的环境压力下表现出普遍的心理焦虑问题，这就潜藏着操作失误的风险隐患，具体表现为以下几方面：

（1）道德缺失，表现为恐惧下岗心理、前途无望心理、疲劳厌倦心理、安于现状心理、大胆冒险心理导致的道德缺失。

（2）职业舞弊，舞弊三角理论认为，基层业务机构压力、对基层疏于控制产生机会、为欺诈行为找到借口导致职业舞弊频发。

（3）人力资源管理不到位，表现为用人失察、凝聚力不强、放松思想改造、价值观扭曲等人力资源管理欠缺导致缺乏整体约束能力。

同时，中国商业银行，尤其是国有大型商业银行体现出的员工整体学历层次较低，也是引发操作风险的原因之一。

4）操作风险信息不对称

信息不对称是客观存在的，操作风险中的信息不对称主要表现在以下两个层面：

（1）业务管理流程中的信息不对称。业务流程设计不当、控制措施不足或过度是形成中国商业银行操作风险的主要因素。商业银行各管理层及业务流程的各个环节都广泛存在授权意义上的委托代理关系。而委托代理产生信息不对称，导致内部人控制，内部人可能运用自己扩张的权利使银行经营目标发生偏差，由追求利润最大化转变为追求个人利益最大化。解决信息不对称引发的道德风险的主要措施是实施科学的内部控制。在内控机制建设上，要充分考虑集权和分权的尺度，经营者通过合理授权和合理集权将所有者的利益在经营中贯彻执行，并通过内控机制加以传导，这是防范内部操作风险的有效方式。

（2）风险披露中的信息不对称。操作风险的信息披露严重不足。即使是国内信息披露最好的几家上市银行，按照中国证监会的要求也只是说明内部控制制度的完整性、合理性与有效性，而未披露有关操作风险本身的信息。《商业银行资本充足率管理办法》对商业银行信用风险、市场风险提出了更为具体、细化的披露要求，但对操作风险的披露没有提出要求。

5）技术和设备相对落后

技术和设备相对落后主要表现为信息系统部门割据、流程中断，阻碍了银行内部和银行之间的信息共享，弱化了风险识别和控制功能。此外，部分商业银行的硬件和软件设备落后、高标准系统和低标准系统之间的不协调也是引发操作风险的重要诱因。

6）转型期社会环境及市场变动相对复杂

社会转型及银行变革容易引发操作风险。随着我国经济改革深化和金融开放程度的加深，不同行业的发展产生具有行业特征的风险因素，引发金融风险。同时，银行业自身业务创新，也伴随着新的风险因素出现，这些导致市场风险、操作风险在不同行业、不同金融产品上的增加。

7）金融生态环境不理想

“金融生态”概念对于理解操作风险非常有益。金融生态环境不佳，主要表现为社会信用秩序混乱。社会信用制度和信用管理体系建设滞后于市场经济体制发育进程，各级政府、企业和居民个人存在信用意识不强的情况。同时，信用监督和惩戒制度不完善，导致商业银行客户质量不均衡。受传统观念和金融组织结构不完善等因素影响，商业银行，特别是中小微银行及部分农村金融机构，限制客户消费金融服务的权利，其直接后果是增大了银行的经营成本和操作风险。从执法环节看，近些年，我国惩治和打击金融犯罪的力度逐步加大，一些严重扰乱金融秩序的行为定性为犯罪，提高了金融违法犯罪的成本，在一定程度上降低了操作风险发生的概率。但新的业务和行为不断涌现，部分法律法规的更新和修订不及时，导致法律法规界限及解释模糊，增加了操作风险因素。

【思政小课堂】

重视操作风险 提升专业能力

在全球范围内，众多的操作失误案例向人们证明操作风险危害巨大，个人英雄主义应摒弃，金融机构都应建立完善的风险管理机制。我们应该树立金融安全大局意识和法治意识、养成良好职业道德、提升专业能力、培养正确金钱观。同时，作为新时代的青年，胸怀家国情怀、社会责任感及使命感应成为吾辈更高之追求。

6.2 操作风险的计量

操作风险的计量是操作风险管理流程的核心环节。操作风险计量的目的是给管理层决策提供一种工具，用以确定金融机构能承受的操作风险最大损失。不同国家、不同规模的银行对操作风险计量模型的选择有较大不同。操作风险计量是一个复杂的过程，需要使用标准框架、依赖量化管理技术来进行，包括发生特定操作风险的可能性、操作风险损失可能给业务目标带来的影响。《巴塞尔新资本协议》提出了操作风险监管资本的计量方法：基本指标法和标准法。鉴于目前我国商业银行的具体情况，国家金融监督管理总局于2023年11月发布了《商业银行资本管理办法》，规定了我国商业银行操作风险监管资本的计量方法，即基本指标法和标准法。各商业银行可根据自身特点选择适宜的方法。

商业银行操作风险加权资产为操作风险资本要求的12.5倍，即：

操作风险加权资产=操作风险资本要求×12.5

6.2.1 基本指标法

基本指标法以总收入为基础计量操作风险资本要求。总收入为净利息收入与净非利息收入之和。

1）计量方法

商业银行采用基本指标法，应当按照以下公式计量操作风险资本要求：

$$K_{BIA} = \frac{\sum_{i=1}^{n}(GI_i \times \alpha)}{n}$$

其中：K_{BIA}为按基本指标法计量的操作风险资本要求；GI_i为过去3年中每年正的总收入；n为过去3年中总收入为正的年数；α为15%。

总收入构成说明见表6-1。

表6-1 **总收入构成说明**[①]

序号	项目	内容
1	利息收入	金融机构往来利息收入，贷款、投资利息收入，其他利息收入等
2	利息支出	金融机构往来利息支出、客户存款利息支出、其他借入资金利息支出等
3	净利息收入	1-2

续表

序号	项目	内容
4	手续费和佣金净收入	手续费及佣金收入-手续费及佣金支出
5	净交易损益	汇兑与汇率产品损益、贵金属与其他商品交易损益、利率产品交易损益、权益衍生产品交易损益等
6	证券投资净损益	证券投资净损益等，但不包括银行账簿“以摊余成本计量”和“以公允价值计量且其变动计入其他综合收益”两类证券出售实现的损益
7	其他营业收入	股利收入、投资性房地产公允价值变动等
8	净非利息收入	4+5+6+7
9	总收入	3+8

①节选自国家金融监督管理总局于2023年11月发布的《商业银行资本管理办法》。

2）商业银行使用基本指标法应符合的条件

第二档商业银行应采用基本指标法计量操作风险资本要求。

6.2.2 标准法

1）商业银行使用标准法应符合的条件

第一档商业银行应采用标准法计量操作风险资本要求，并符合《商业银行资本管理办法》附件18的规定。

2）标准法的计算

商业银行用标准法计量操作风险资本要求的公式为：

$$K_{TSA}=BIC\times ILM$$

其中：K_{TSA}为按标准法计量的操作风险资本要求；BIC为业务指标部分；ILM为内部损失乘数。

（1）业务指标部分（BIC）等于商业银行的业务指标（BI）乘以对应的边际资本系数α_i。

（2）业务指标（BI）为利息、租赁和股利部分（ILDC），服务部分（SC）及金融部分（FC）之和，即BI=ILDC+SC+FC。其中：

$$ILDC=\min\left(\overline{\text{abs（利息收入-利息支出）}},\ \overline{2.25\%\times\text{生息资产}}\right)+\overline{\text{股利收入}}$$

$$SC=\max\left(\overline{\text{其他经营收入}},\ \overline{\text{其他经营支出}}\right)+\max\left(\overline{\text{手续费和佣金收入}},\ \overline{\text{手续费和佣金支出}}\right)$$

$$FC=\overline{\text{abs（交易账簿净损益）}}+\overline{\text{abs（银行账簿净损益）}}$$

每个项目上方的横线表示近三年的算术平均值。

（3）商业银行采用标准法，应根据业务指标规模适用累进边际资本系数。业务指标80亿元人民币（含）以下的部分，边际资本系数为12%；80亿元人民币以上，2 400亿元人民币（含）以下的部分，边际资本系数为15%；2 400亿元人民币以上的部分，边际资本系数为18%。

（4）内部损失乘数（ILM）是基于商业银行操作风险平均历史损失数据与业务指标部分的调整因子，计算公式为：

$$ILM = \ln\left(\exp(1) - 1 + \left(\frac{LC}{BIC}\right)^{0.8}\right)$$

其中：损失部分（LC）为近十年操作风险损失金额的算术平均值的15倍。

（5）商业银行采用标准法，经国家金融监督管理总局或其派出机构验收通过后，可采用自身损失数据自行计算内部损失乘数；未经国家金融监督管理总局或其派出机构验收通过的，应采用《商业银行资本管理办法》中给定的内部损失乘数。

小资料6-1

操作风险标准法业务指标构成

业务指标（BI）为利息、租赁和股利部分（ILDC），服务部分（SC）及全融部分（FC）之和。业务指标构成说明见表6-2。

表6-2 业务指标构成说明

组成部分	项目	定义	典型的子项目
利息、租赁和股利	利息收入	所有金融资产的利息收入和其他利息收入（包括融资租赁的利息收入和经营租赁的租金收入，租赁资产的收益）	•以下项目获得的利息收入：贷款和垫款、金融投资-债权投资、金融投资-其他债权投资、交易性金融资产、融资租赁 •套期保值衍生品的利息收入 •其他利息收入 •经营租赁的租金收入 •租赁资产的收益
	利息支出	所有金融负债的利息支出和其他利息支出（包括租赁业务的利息支出，租赁资产的损失、折旧和减值）	•以下项目的利息支出：存款、已发行债券、租赁业务 •套期保值衍生品的利息支出 •其他利息支出 •租赁资产的损失 •租赁资产的折旧和减值
	生息资产	未偿还贷款和垫款、生息债券（包括政府债券）以及租赁资产年末价值的总额	
	股利收入	未纳入商业银行合并财务报表的股权、基金等投资的股息、红利收入，包括未并表子公司、联营公司和合营公司	

续表

组成部分	项目	定义	典型的子项目
服务	手续费和佣金收入	提供咨询和服务的收入，包括商业银行作为金融服务外包商的收入	费用及佣金收入： •证券（发行、创设、交易、执行客户指令等） •代销类（基金、保险、债券等） •清算与结算；资产管理；托管；信托交易；支付服务；结构性融资；资产证券化服务；贷款承诺和担保；外汇交易
	手续费和佣金支出	获得咨询和服务的支出，包括商业银行金融服务外包的支出，但不包括非金融服务项目（如物流、IT、人力资源）	费用及佣金支出： •清算与结算；托管；资产证券化服务；贷款承诺和担保；外汇交易
	其他经营性收入	未被前序项目所包含的一般银行类服务收入（不包括经营租赁收入）	•投资性房地产的租金收入 •分类为持有待售且不符合终止经营条件的非流动资产及处置组的收益 •其他一般银行类服务收入
	其他经营性支出	未被前序项目所包含的一般银行类服务支出，以及由操作风险损失事件造成的费用和损失（不包括经营租赁支出）	•分类为持有待售且不符合终止经营条件的非流动资产及处置组的损失 •由操作风险损失事件造成的损失（如罚款、处罚、结算、损坏资产的重置成本），且未在以前年度计提准备金 •为操作风险损失事件计提的准备金 •其他一般银行类服务支出
金融	交易账簿净损益	•以交易性目的持有的金融资产和承担的金融负债（衍生品、债券、权益证券、贷款和垫款、卖空头寸、其他资产和负债）的净损益 •套期保值会计的净损益 •汇兑差额的净损益	
	银行账簿净损益	•以公允价值计量且其变动计入当期损益金融资产和负债的净损益 •不属于以公允价值计量且其变动计入当期损益金融资产和负债的已实现收益或损失（贷款和垫款、金融投资-债权投资、金融投资-其他债权投资、以摊余成本计量的金融负债） •套期保值会计的净损益 •汇兑差额的净损益	

6.3 操作风险的控制与缓释

6.3.1 操作风险的内部控制

有效的内部控制体系对金融机构的所有风险管理都是非常重要的，而加强内控制度建设是商业银行操作风险管理的基础。

“内部控制”作为一个专有名词，首次出现在1936年美国会计师协会发布的《注册会计师对财务报表的审查》中。1994年COSO对《内部控制——整合框架》进行了增补，界定了“内部控制”概念：内部控制是一个过程，受企业董事会、管理当局和其他员工影响，旨在保证财务报告的可靠性、经营的效果和效率以及对现行法规的遵循。它认为内部控制整体架构主要由控制环境、风险评估、控制活动、信息与沟通、监督5个要素构成。

巴塞尔银行监管委员会认为，资本约束并不是控制操作风险的最好办法，对付操作风险的第一道防线是严格的内控机制。由于内部因素形成的操作风险是可以防范的，通过加强内控制度建设，完善银行的业务流程、人事安排和会计系统，并强化法规执行控制，就能在一定程度上避免内部失误和违规操作，从而防范操作风险。对于外部因素导致的操作风险，因为外部事件是银行不可控制的，所以可以采用保险等风险缓释手段进行规避。

1）美国银行业的内部控制实践

为了维护声誉，保持稳定的经营业绩，美国银行业普遍采用全面风险管理方案。其主要内容包括：

（1）三道防线。美国银行的风险管理架构建立在三道防线基础上：在第一道防线中，业务单元经理对业务单元内的所有已经存在和未来可能发生的风险负责；在第二道防线中，企业职能部门（财务、会计、人力资源、IT、风险管理）独立运作，但须业务单元配合来识别、评估并降低风险；在第三道防线中，审计部门和信用审查部门独立地测定、确认并评估风险以及管理控制措施。

（2）持续改进。持续改进是美国银行风险与回报管理模式的特点之一，目前重点是加强市场风险和操作风险管理体系的建设，进一步提高在跨业务单元风险方面的预测能力和进一步加强报偿与绩效之间的联系。

（3）合规管理。合规是美国银行的经营之道。合规是各业务单元以及所有员工的首要职责。每项业务的合规都包括7个要素：承诺和责任、政策和操作规程、控制和检查、监管检查、监督、培训和认知以及报告。

2）我国商业银行加强内部控制体系建设的方法

中国银监会出台的《商业银行内部控制评价试行办法》（2004年）对推动商业银行内部控制体系建设具有非常重要的意义。我国商业银行应遵循COSO《内部控制——整合框架》、巴塞尔银行监管委员会《银行组织内部控制系统框架》的原则和规定，依据《商业银行内部控制评价试行办法》完善内控管理机制，建立内控体系。这具体包括：

运用管理体系标准的原理和方法，梳理银行所有业务流程和管理流程，形成体系化、系统化的文件，建立所有业务操作和管理人员所在岗位明确的操作原则；建立以符合性和适当性为目标的内部控制管理机制，运用持续改进的方法，保证业务流程和管理流程能够被遵循并不断适应客户的需求、市场的变化和监管的要求。

6.3.2 操作风险的缓释①

操作风险缓释是在量化分析风险点分布、发生概率和损失程度的基础上，采用适当的缓释工具，限制、降低或分散操作风险。目前，主要的操作风险缓释手段有业务连续性管理计划、商业保险和业务外包等。

1）业务连续性管理计划

当商业银行的营业场所、电力、通信、技术设备等因不可抗力事件而严重受损或无法使用时，商业银行可能因无力履行部分或全部业务职责而遭受重大经济损失，个别金融机构的业务中断甚至可能造成更广泛的系统性瘫痪。面对此类低频高损事件的威胁，商业银行应当建立完备的灾难应急恢复和业务连续性管理应急计划，涵盖可能遭受的各种意外冲击，明确那些对迅速恢复服务至关重要的关键业务程序，包括依赖外包商服务，明确在中断事件中恢复服务的备用机制。

我国《商业银行操作风险管理指引》（2007年）中指出，“商业银行应当制定与其业务规模和复杂性相适应的应急和业务连续方案”。

业务连续性计划是指为实现业务连续性而制定的各类规划及实施的各项流程。业务连续性计划应当是一个全面的计划，与商业银行的经营规模和复杂性相适应，强调操作风险识别、缓释、恢复以及持续进行，具体包括：业务和技术风险评估、面对灾难时的风险缓释措施、常年持续性/经营性的恢复程序和计划、恰当的治理结构、危机和事故管理、持续经营意识培训等。

商业银行应定期检查灾难恢复和业务连续性管理方案，保证其与目前的经营和业务战略相吻合，并对这些方案进行定期测试，确保商业银行发生业务中断时，能够迅速执行既定方案。

2）商业保险

购买商业保险作为操作风险缓释的有效手段，一直是商业银行管理操作风险的重要工具。在商业银行投保前，无论是商业银行还是保险机构，都要充分评估商业银行操作风险的状况、风险管理能力及财务承受能力，最终确定商业银行自担风险还是由保险机构承保。国内商业银行在利用保险进行操作风险缓释方面还处于探索阶段。

在国际上，商业银行面临的很多操作风险可以通过购买保险加以缓释，常见的保险有以下几种：

（1）一揽子保险，主要承保商业银行内部盗窃和欺诈以及外部欺诈风险。

（2）错误与遗漏保险，主要承保无法为客户提供专业服务或在提供服务过程中出现过失的风险。

① 本部分内容参考：中国银行业协会银行业专业人员职业资格考试办公室.风险管理［M］.北京：中国金融出版社，2024.

(3) 经理与高级职员责任险，主要承保商业银行经理与高级职员操纵市场、洗钱、未对敏感信息进行披露、不当利用重要信息等行为给商业银行造成潜在损失的风险。

(4) 未授权交易保险，主要承保未报告交易、未经授权交易及超限额交易引起的直接财务损失。

(5) 财产保险，主要承保由于火灾、雷电、爆炸、碰撞等自然灾害引起的被保人物理财产损失。

(6) 营业中断保险，主要承保因设备瘫痪、电信中断等事件所导致的营业中断而引发的损失。

(7) 商业综合责任保险，主要承保由于营业过程中发生的事故对第三方造成身体伤害或物质损失的责任。

(8) 电子保险，主要承保由于电子设备自身的脆弱性所引发的风险损失。

(9) 计算机犯罪保险，主要承保由于有目的地利用计算机犯罪而引发的风险。

商业银行在计量操作风险监管资本时，可以将保险理赔收入作为操作风险的缓释因素，但保险的缓释最高不超过操作风险监管资本要求的20%。

3) 业务外包

商业银行可以将某些业务外包给具有较高技能和规模的其他机构来管理，用于转移操作风险。同时，外包非核心业务有助于商业银行将重点放在核心业务上，从而提高效率、降低成本。从风险实质性上说，业务操作或服务虽然可以外包，但其最终责任并未被"包"出去。外包并不能减少或免除董事会和高级管理层确保第三方行为的安全稳健以及遵守相关法律的责任。商业银行必须对外包业务的风险进行管理，一些关键过程和核心业务，如账务系统、资金交易业务等不应外包出去，因为过多的外包也会产生额外的操作风险或其他隐患。商业银行仍然是外包过程中出现的操作风险的最终责任人，对客户和监管者承担保证服务质量、安全、透明度和管理汇报的责任。常见的外包有以下几类：

(1) 技术外包，如把呼叫中心、计算机中心、网络中心、IT策划中心等进行外包。

(2) 程序外包，如消费信贷业务有关客户身份及亲笔签名的核对、信用卡客户资料的输入与装封等。

(3) 业务营销外包，如汽车贷款业务的推销、住房贷款推销、银行卡营销等。

(4) 专业性服务外包，如法律事务、不动产评估、安全保卫等。

(5) 后勤性事务外包，如贸易金融服务的后勤处理作业、凭证保存等。

本章小结

《巴塞尔新资本协议》明确提出将操作风险纳入资本监管的范畴，但是在现实中，由于操作风险成因复杂、类型多样，管理难度很大。操作风险是指由不完善或有问题的内部程序、员工和信息科技系统，以及外部事件所造成损失的风险。操作风险大部分内生于商业银行的业务活动，覆盖面大，不易区分和界定。操作风险的计量是操作风险管理流程的核心环节，可以采取基本指标法、标准法。对操作风险的控制以内部控制为主，并结合缓释技术。

主要概念和观点

1. 操作风险的定义。操作风险是指由不完善或有问题的内部程序、员工和信息科技系统，以及外部事件所造成损失的风险。

2. 操作风险具有内生性、灾难风险多为外生风险、风险诱因与风险损失相关性复杂、风险与收益的对应关系不明显、风险不易分散等特征。

3. 操作风险的基本分类：内部欺诈事件，外部欺诈事件，就业制度和工作场所安全事件，客户、产品和业务活动事件，实物资产的损坏，信息科技系统事件，执行、交割和流程管理事件。

4. 操作风险形成的主要因素包括：风险管理文化缺失；管理制度失衡；人力资源状况不佳；操作风险中存在业务管理流程中信息不对称和风险披露信息不对称现象；技术和设备相对落后；我国经济处于转型期，社会环境及市场变动复杂；金融生态环境不理想。

5. 操作风险的计量包括基本指标法、标准法。基本指标法以总收入为基础计量操作风险资本要求。标准法在业务指标和内部损失两部分的基础上，计量操作风险资本要求。

6. 操作风险控制与缓释。有效的内部控制体系是商业银行操作风险管理的基础。《商业银行内部控制评价方法》对推动商业银行内部控制体系建设具有非常重要的意义。操作风险缓释是指商业银行根据操作风险识别、计量的结果，结合银行发展战略、业务规模与复杂性，通过采取业务连续性管理计划、保险、业务外包等一系列缓释技术，减少操作风险带来的损失。

基础训练

1. 简述操作风险的含义及分类。
2. 简述操作风险形成的原因。
3. 简述操作风险与信用风险、市场风险的关系。
4. 简述操作风险基本指标法的含义及计量过程。
5. 简述操作风险标准法的含义及计量过程。
6. 简述操作风险缓释的主要方法。

第7章
系统性金融风险管理

7.1 系统性金融风险概述

在现代社会，金融安全是国家经济安全的基本保障。我国自1997年以来，金融体系发展中取得的最明显的进步是解决了两大问题：系统性风险高和金融机构出资人制度改革。在国际经济环境动荡的大背景下，随着中国资本项目渐次开放以及人民币升值，我国金融市场面临严峻的生存与发展环境。新兴市场金融开放的实践和东南亚金融危机的教训使我们认识到，金融调整的重要性在某种程度上比金融创新更重要。新兴经济体必须从维护国家经济主权的高度出发，维护金融运行和金融市场的整体稳定。2023年11月，国家金融监督管理总局出台《银行业金融机构国别风险管理办法》；2022年7月，中国银保监会发布《关于进一步推动金融服务制造业高质量发展的通知》；2022年4月，中国人民银行、中国银保监发布《关于全球系统重要性银行发行总损失吸收能力非资本债券有关事项的通知》等。一系列相关文件的出台，明确了防范系统性金融风险的重要性。

【思政小课堂】

防范风险要观大势、思大局

当前，我国发展进入战略机遇和风险挑战并存、不确定难预料因素增多的时期，各种“黑天鹅”“灰犀牛”事件随时可能发生。这意味着必须强化风险意识，常观大势、常思大局，科学预见形势发展走势和隐藏其中的风险挑战，同时做好应对预案。防范化解重大风险，是各级党委、政府和领导干部的政治职责，要坚持守土有责、守土尽责，把防范化解重大风险工作做实做细做好。同时也要看到，彩虹和风雨共生，机遇和挑战并存，这是亘古不变的辩证法则。危和机总是同生并存的，克服了危即是机。要提高风险化解能力，对各种风险挑战做到分类施策、果断出手，及时阻断不同领域风险的转化通道，有效掌控局势、化解危机，打好化险为夷、转危为机的战略主动战。

木桶有短板就装不满水，但木桶底板有洞就根本装不了水。习近平总书记在2018年1月5日召开的学习贯彻党的十九大精神研讨班开班式上强调，防控和化解各种重大风险，就是加固底板。

7.1.1 系统性金融风险的定义

1）系统性风险的界定

系统性风险可以用来描述许多不同的现象。从经济学意义上说，系统性风险是金融体系常有的一种表征，因为尽管风险溢出和传染也可能在经济领域的其他部门发生，但在金融体系内发生危机的概率相当高，且经济领域其他部门的危机也会累积为金融领域的风险。

一般认为，系统性一方面是指一个事件影响了整个体系的功能，另一方面是指一个事件让不相干的第三方也承担了一定的成本。现有文献（考夫曼和斯考特，2001）对"系统性风险"的定义各不相同，"冲击"和"传播"是系统性风险不可缺少的两个因素。其中，"冲击"可以是特定的，也可以是系统性的。特定的冲击是指那些仅影响单一机构或单一资产价格的冲击；而系统性冲击是指影响整个国民经济的冲击，如经济周期的波动。较一般的定义（奥利维和哈特曼，2000）为：系统性风险是由于系统性事件的大规模冲击导致大量金融机构或市场的逆效应诱发金融系统性危机的可能性。这种风险在时间上是连续的，在空间上则是广泛的，并深入影响系统的每个层面，是对整个金融体系稳定的潜在威胁。这种风险可以是地区性的、国家性的或是国际性的。

2）系统性金融风险的界定

系统性金融风险（systemic financial risk）是指以金融系统为风险载体的系统性风险，指的是客观存在的、金融系统本身遭受严重损害的不确定状态。系统性风险是金融危机的来源，是一种破坏性极强的风险，它隐含着金融危机的可能，直接威胁一国的经济安全。①

3）系统性金融风险的本质

认识系统性金融风险的本质，要从风险因素、风险事故及损失入手。

（1）风险因素。风险因素可以从体制或制度性风险因素、结构性风险因素、金融市场内生风险因素及其他因素4个方面进行分析。

①体制或制度性风险因素。体制或制度性风险因素表现为宏观因素之间的关系，具体内容见表7-1。

表7-1　**体制或制度性风险因素的具体内容**

风险因素	具体内容
政府干预的范围和力度与经济发展所处阶段不相适应	一般认为，只有在市场失灵的情况下，政府才有必要介入，指导资源的配置。如果政府的干预及对金融的"指导"措施不当、介入面过广或有偏差、干预程度过深，而且未能与经济发展所处阶段的提升保持同步改变，就可能阻碍产品结构和经济结构的调整，助长信贷不良资产的增长和泡沫经济，从而增加金融系统受损的概率

① 该定义根据中华人民共和国国家发展和改革委员会发展规划司的《"十一五"规划战略研究摘登》2009年第4期有关内容整理而成。

续表

风险因素	具体内容
金融监管体系与金融发展所处阶段不相适应	这主要体现在两方面：金融监管模式与金融发展所处阶段不相适应；金融体系的发展和有效运行要求相关法律法规及制度必须及时更新和完善，否则社会将对可能存在的风险缺乏警惕性和预警机制，由此导致的风险管理措施的缺位会加大损失发生的可能性和严重性
开放程度与经济、金融发展所处阶段不相适应	如果一国的经济开放程度与经济、金融发展所处阶段不相适应，如在国内经济不发达、产业结构失衡、融资渠道与机制不完善的情况下过快、过大地打开国门，将加大金融体系的脆弱性
利率自由化深度与金融发展所处阶段不相适应	如果一国金融机构缺乏竞争力、金融工具单一、金融创新活动缺乏动力、金融市场分割问题严重，在这种背景下推行利率自由化就可能因为资本稀缺而导致利率上升，从而形成成本推动型通货膨胀，抑制生产性资本的形成，削弱金融机构的谨慎动机和风险控制意愿，将一国的金融体系暴露在巨大的资产风险和汇率风险之下
汇率制度及政策的选择与宏观经济条件及宏观经济环境变化不相适应	一国选择何种汇率制度，主要考虑是否与其宏观经济条件相适应。一个国家如果经济规模大且比较封闭、通货膨胀率较高、贸易伙伴分散，就比较适合浮动汇率制度。汇率制度选择的失误无疑会损害一国的贸易条件和外汇储备，进而损害金融系统的安全。由于一国宏观经济的所有条件未必同时指向同一种汇率制度，国内外宏观经济环境的变化也可能要求对汇率作出适时调整，此时，如果一国的汇率政策没有相当大的弹性，不能适应金融变量的迅速变化，就可能导致本币高估，从而对外汇储备乃至金融系统构成严重威胁

②结构性风险因素。结构性风险因素主要表现为中观层次各因素之间的关系，具体内容见表7-2。

表7-2 **结构性风险因素的具体内容**

风险因素	具体内容
产业结构不均衡	产业结构均衡要求一国的产业结构本身不因为资源要素的供给制约或其他经济和社会原因而有较强的转换刚性，经济内部存在资源再配置和要素流动所必需的相关体制，政府具备推进产业结构转换的调控能力。如果不具备这些条件，产业结构的转换就会滞后于经济发展，极易使资金从生产领域中游离出来，由此导致贸易逆差、金融市场和房地产市场上的投机气氛越来越浓，严重威胁金融系统的安全，并可能导致一国生产能力空置率上升，直接抑制经济增长

续表

风险因素	具体内容
金融体制结构不均衡	金融体制结构主要表现在间接融资与直接融资的基础性作用的对比关系上。间接融资和直接融资的地位过于悬殊，会导致经济失衡的后果不断累积，资产价格或汇率发生扭曲。另外，由于中介本身也面临道德风险和逆选择问题，其处理风险的能力可能不足，从而可能使整个体系难以经受外部冲击。直接融资将风险分散在各个投资者之间，整个体系承受外部冲击的能力更强。如果一国经济过度依赖间接融资，其金融体系的脆弱性也是很明显的

③金融市场内生风险因素。金融市场内生风险因素表现为微观层次的风险因素，具体内容见表7-3。

表7-3　　金融市场内生风险因素的具体内容

风险因素	具体内容
金融系统内部约束机制缺位或不完善	金融系统内部约束机制是否健全（包括金融系统各子行业之间的防火墙是否设立、它们是否与金融市场的成熟程度相适应、金融企业自身的风险管理体制是否完善等）是影响金融系统安全性的关键因素。值得注意的是，金融系统内部约束机制缺位或不完善的原因有可能是金融企业没有进行风险管理激励，这往往和一国的金融业受到严重的行政干预是分不开的
国际游资流动	《牙买加协议》生效以来，游资已经成为国际金融市场上的一种常见现象。国际大规模的短期资本流动极易引发经济泡沫、汇率无规则波动、货币政策失灵，进而大幅提高货币危机和债务危机发生的可能性，并通过危机的传播、扩散加重危机的不利后果。20世纪90年代以来，机构投资者的介入和金融全球化的飞速发展使得国际游资游弋对一国金融体系可能造成的危害更为严重

④其他因素。构成系统性金融风险的还有一些与经济、金融不直接相关的因素，包括：第一，预期心理因素。人们预期的迅速逆转会暴露经济、金融中累积的失衡，导致金融体系突然的纠正性调整，从而大幅提高金融体系受损的可能性；如果累积的制度性、结构性及金融市场内生风险因素过多，预期心理逆转则几乎会将这种可能性提高到100%。第二，政治因素。政局不稳、腐败滋生等因素会导致或加速人们的预期心理逆转，从而提高损失发生的可能性。第三，组织保障因素。金融创新的步伐正在日益加快，而市场参与者的知识结构、工作才能及行为方式的提升却往往滞后于金融系统的变革，这会在一定程度上加剧发展过程中的摩擦，给金融系统带来潜在的危险。第四，外来突发事件，特别是人为灾祸，如恐怖袭击和战争，往往会使一国的国家信用风险级别提高，增加金融系统受损的可能性。

（2）风险事故及损失。风险因素的不断累积提高了金融系统的危险水平，风险事故——金融危机的发生使金融系统的健康运行受到破坏。金融危机的不同表现形式可能导致不同的直接损失。

① 货币危机（currency crisis）导致的损失。在预期货币贬值的情况下，金融资本迅速外流，从而导致外汇储备枯竭，使得固定汇率体制因代价高昂而无以为继，本币急

剧贬值，通货膨胀率上升，并很可能存在超调（overshooting）。显然，货币危机会使一国金融系统汇集资源的能力严重受损。

② 银行危机（bank crisis）导致的损失。资产（证券、土地、房地产）价格急剧下跌，银行资产的流动性和安全性迅速恶化，破产银行数量急剧、超周期地增加，出现大规模的银行挤兑；银行推行应急措施，如冻结存款、延长银行休假或由政府提供一般存款担保；金融系统遭到破坏，并极易导致投资者质疑金融系统的可持续性，进而加剧危机后果。

③ 债务危机（debt crisis）导致的损失。债务危机是指政府无力偿还债务或拖欠债务（包括对内债务和对外债务），一般表现为主权信用风险迅速提高，政府需要重新调整其债务结构，而且往往会有国际货币基金组织和（或）世界银行的介入。政府偿付能力的丧失会严重削弱公众对经济持续发展的信心，导致资本外逃，使金融机构的资产急剧、大幅缩水，并可能因为政府增发货币而引发通货膨胀，而外界的干预还可能威胁国家的经济自主性和独立性。

④ 金融危机（financial crisis）导致的间接损失。由于金融系统遭到破坏，金融危机还会导致严重的间接损失，主要表现为：重组金融部门需要财政与准财政费用；金融体系遭到破坏加速人们心理预期的逆转，进而降低投资需求；由于金融体系不能健康运转、信用紧缩和资源配置不当造成实际产出损失，包括商业企业破产数量增加、经济增长率下降、失业率上升等，从而削弱一国的经济竞争力，并可能因此对社会、政治稳定造成严重破坏，进一步妨碍经济的发展。金融危机直接威胁国家的经济安全。更为严重的是，金融危机迫使发生国进行经济结构调整，修正以前的价格扭曲或资源配置错误，而这个过程不是一蹴而就的。金融危机发生前风险因素累积得越多，危机的影响面就越大，调整过程持续的时间就越长，由此引致的间接损失也就越大。

微课 7-1

系统性风险的表现及管理的重要性

7.1.2　系统性金融风险产生的原因

如前文所述，系统性风险可能发生在很多领域，但金融系统比经济领域的其他部门更容易发生。根据德·邦德和哈特曼（2000）的分析，其原因在于金融系统存在相互关联的3个特征：

1）银行结构的特殊性

传统的银行持有可以被无条件提取（只要通知银行）的固定价值的存款，却借给企业较长期限的贷款。在通常情况下，银行只需持有小部分资产作为流动性储备，就可以应对客户的存款提取。当出现客户异常大规模的存款提取而银行的长期贷款不能清算时，即使从长期来看银行可能在根本上是有清偿能力的，也会出现部分流动性资产不能应付挤提从而导致流动性危机甚至违约危机。此外，在通常情况下，只有贷款银行拥有这项融资的实际投资信息，银行的单笔贷款没有客观的市场价格，从而不能交易，因此，一家银行的健康运行不仅取决于其选择有前景的投资项目进行贷款的能力，以及存款人对银行贷款资产价值的信心，最重要的是，还取决于存款人对其他存款人（不会挤提存款）的信心。应该说，绝大多数其他金融中介（如保险公司、证券交易所等）并不具有银行作为中介的这个特点，但是，在混业经营方式下，如果银行和其他金融中介同属于一个金融实体，非银行金融中介发生的问题也会成为银行脆弱性的来源。显然，随着存款保险制度的出现，这种存款人信心危机将越来越轻微。

2）银行以及其他金融中介之间复杂的头寸网络

通过银行间市场、支付系统和证券结算系统，银行（或其他金融中介间接地通过银行）之间形成了一个复杂的头寸网络。在某些交易日，这些头寸的规模可能非常大。如果某家银行不能按时偿付债务，就会损害其他银行偿付债务的能力，可能引发连带性清偿危机，进而放大头寸，导致“多米诺效应”。

3）未来预期的不确定性

金融决策旨在实现对消费购买力的跨期分配，这种决策主要是基于对资产未来价值的预期，或基于对金融合约承诺的未来现金流能否兑现的预期。因此，当不确定性因素增加，或金融承诺的可信性受到质疑时，市场预期就会发生逆转，个体就会作出投资或撤资的理性选择。个体的理性行为会引起资产价格的大幅波动，规模或方向的变化有时完全不能通过基本经济因素来解释。

【思政小课堂】

牢牢守住不发生系统性风险的底线

有效防范化解重大经济金融风险是维护国家安全的重要内容。党的十八大以来，习近平总书记高度重视防范化解重大经济金融风险，明确把强化监管、提高防范化解金融风险能力作为做好金融工作的重要原则之一，强调防范化解金融风险特别是防止发生系统性金融风险，是金融工作的根本性任务和永恒主题；强调必须通过改革保障金融安全，坚持市场化改革方向，加快建立符合现代金融特点、统筹协调监管、有力有效的现代金融监管框架，坚守住不发生系统性风险的底线。

党的二十大报告在充分肯定党和国家事业取得举世瞩目成就的同时，也深刻指出“防范金融风险还须解决许多重大问题”。在《求是》杂志2023年刊发的重要文章《当前经济工作的几个重大问题》中，习近平总书记以强烈的问题导向和忧患意识，再次强调“有效防范化解重大经济金融风险”，要求“坚持标本兼治、远近结合，牢牢守住不发生系统性风险底线”。

7.2 系统性金融风险的特征和种类

7.2.1 系统性金融风险的本质特征

与一般的个别金融风险相比，系统性金融风险呈现出许多独有的特征，认识这些特征是进行系统性金融风险识别的基础。

1）系统性风险的最基本特征是其外部性特征

一般而言，系统性风险引起的危机使金融体系的职能受到损害（如资产评估、信贷配置、支付职能等），因此系统性风险是单个公司（机构）强加于全社会的高于其实际价值的成本。这种外部性表现为风险的溢出和传染性，是系统性风险导致的危机发生时最为典型的特征，而金融机构的变革导致这种外部性成本更高。系统性风险对于金融市场及实体经济的破坏，恰如有害气体对于环境的破坏。工厂并没有将其排放的废气对附近社区的污染造成的成本计算在其生产成本中，工厂生产对整个社会福利产生的影响没有通过市场定价进行计量（如因废气造成的医疗费用上涨并没有计入工厂的损益账户），结果工厂将排放更多的废气，导致更严重的污染。这些有害气体就是外部性，工厂并没有对由于废气排放而给社会福利造成的不利影响进行额外赔偿，这将使市场运作缺乏效率。同样，金融企业并没有为其可能的损失给社会带来的不利影响付出代价，市场只是反映了私人部门对风险的计算，人们对整个社会所面临的风险估计严重不足。从社会角度看，投资者承担了额外的、过多的风险，系统性风险的存在可能使完全自由的市场机制威胁金融、经济的整体发展。

2）系统性风险具有风险与收益的不对称性

一般来说，风险与收益是对称的，但是系统性风险的传播呈现交替态势，对所有机构和市场都是一种威胁。即使它在一定程度上能够起到对经济、金融的“纠错”作用，但还是危害性特别大。系统性风险的传播可能会在整个经济、金融体系中引发连锁反应，导致国民财富的净流失，使人们对市场的信心遭受巨大打击。系统性风险在风险与收益不对称的情况下，往往引发较大的实体经济成本损失和经济效率降低，这也是系统性风险的发生往往损害实体经济的重要原因之一。承担一般风险可能会带来相应的收益率上的补偿或风险溢价，而系统性风险一般只意味着损失。

3）系统性风险具有与投资者信心直接相关的特征

系统性风险造成的危机总是涉及投资者信心的丧失。投资者或金融机构信心丧失时，会减少提供流动性或撤回流动性支持。需要说明的是，投资者行为的这种变化源于投资者情绪的变化，而不一定是因为大量投资对象状态恶化。企业倒闭可能不仅影响与之有合同关系的私人部门，而且可能殃及与之无合同关系的健康的私人部门。1994年的拉美金融危机和1997年的东南亚金融危机都有投资者信心丧失的原因。

4）系统性风险产生于融资过程

系统性风险往往源于金融系统或者是经由金融系统而扩大的，即系统性风险往往是在融资过程中产生的，这是系统性风险的又一特征。作为经济主体的厂商（包括金融机构）的资本主要来源于外部投资者，如果其纯粹依靠内部融资，也许就不会有系统性风险了。

5）系统性风险导致的危机具有传染性

这是指一国（机构、企业）的问题引起（或看上去可能会引起）其他本来健康的国家（机构、企业）违约、衰退或倒闭。1994年的拉美金融危机、1997年的东南亚金融危机、1998年的俄罗斯金融危机、2007年的美国次贷危机都是具有传染性的系统性危机。金融危机传染的渠道很多。金融全球化和自由化的发展使得金融渠道必定成为最重要的传染渠道；而机构投资者作为国际金融市场上的一个重要主体，近年来迅猛发展，在整个金融市场中所占比重不断增大，市场地位不断提升，因此在国际范围进行跨国投资的机构投资者也成为危机传染链条上最重要的一环。此外，衍生金融工具的大量涌现也为机构投资者的运作提供了强劲动力。

6）系统性风险涉及实质性的经济产出和经济效率的损失

系统性风险会带来实质性的经济产出降低、经济效率下降，影响经济的稳定发展。如果风险发生仅仅使财富从损失方转移到获利的投机者，没有影响实际的经济活动，就不一定是系统性风险。

7）系统性风险要求政策反应

这主要源于系统性风险的外部性。如果某家公司倒闭只是影响与之有合同关系的私人部门（如股东、债权人和雇员），就没有必要作出政策反应；如果还殃及与之无合同关系的私人部门（如从健康部门恐慌性撤资），而这种成本一定不会在原合同中体现出来，这就要求政府部门作出政策反应。

7.2.2 系统性金融风险的种类

1）通货膨胀风险

通货膨胀风险是指由于不可预期的物价波动而使证券投资实际收入下降的可能性。

通货膨胀水平的计量指标主要有GDP平减指数（又称缩减指数）、消费者物价指数（consumer price index，CPI）、工业品出厂价格指数（PPI）等。我国较多地采用CPI来衡量通货膨胀水平。CPI是根据与居民生活有关的产品及劳务价格统计出来的物价变动指标，通常作为观察通货膨胀水平的重要指标。如果CPI升幅过大，表明通货膨胀已经成为经济的不稳定因素，中央银行会实施紧缩的货币政策和财政政策，从而使经济前景变得不明朗。

2）政策风险

政策风险是指政府政策（特别是经济政策，如产业政策、货币政策、财政政策、税收政策等）变动给市场和投资人造成的影响。在不同的经济时期，政策的潜在变化会带来不同形式的经济损失。政策的变动以及政府信息渠道不通畅等原因都会对中介服务机构，尤其是金融机构产生重大的影响。

3）国别风险

（1）国别风险的界定。2023年11月，国家金融监督管理总局发布《银行业金融机构国别风险管理办法》指出，国别风险是指由于某一国家或地区政治、经济、社会变化及事件，导致该国家或地区债务人没有能力或者拒绝偿付银行业金融机构债务，或使银行业金融机构在该国家或地区的商业存在遭受损失，或使银行业金融机构遭受其他损失的风险。国别风险可能由一国或地区经济状况恶化、政治和社会动荡、资产产权被剥夺或被征用、政府拒付对外债务、外汇管制或货币贬值等情况引发。

（2）国别风险的类型。国别风险的主要类型包括转移风险、主权风险、传染风险、货币风险、宏观经济风险、政治风险以及间接国别风险。

（3）国别风险计量和评估。银行业金融机构应当根据本机构国别风险类型、暴露规模和复杂程度选择适当的计量方法。计量方法应当至少满足以下要求：能够覆盖表内外所有国别风险暴露和不同类型的风险；能够在单一法人和集团并表层面按国别计量风险；能够根据有风险转移及无风险转移情况分别计量国别风险。

银行业金融机构应当合理利用内外部资源开展国别风险评估和评级，在此基础上作出独立判断。国别风险暴露较低的银行业金融机构，可以主要利用外部资源开展国别风险评估和评级，但最终应当作出独立判断。

银行业金融机构应当建立与国别风险暴露规模和复杂程度相适应的国别风险评估体系，对已经开展和计划开展业务的国家或地区定期、逐一进行风险评估。

在评估国别风险时，银行业金融机构应当充分考虑一个国家或地区政治外交、经济金融、制度运营和社会安全环境的定性和定量因素。在国际金融中心开展业务或设有商业存在的机构，还应当充分考虑国际金融中心的固有风险因素。在特定国家或地区出现不稳定因素或可能发生危机的情况下，应当及时更新对该国家或地区的风险评估。

银行业金融机构在制定业务发展战略、审批授信、评估债务人还款能力、进行国别风险评级和设定国别风险限额时，应当充分考虑国别风险评估结果。

（4）国别风险准备。银行业金融机构应当充分考虑国别风险对资产质量的影响，准确识别、合理评估、审慎预计因国别风险可能导致的资产损失。

银行业金融机构应当制定国别风险准备计提政策。

银行业金融机构计提资产减值准备应充分考虑国别风险的影响，考虑客户或交易对手所属国家或地区的国别风险评级、经济金融情况等因素。

银行业金融机构应当按《银行业金融机构国别风险管理办法》对国别风险进行分类，并在考虑风险转移因素后，参照规定标准对国别风险暴露计提国别风险准备，纳入股东权益中的一般准备项下，并符合《金融企业准备金计提管理办法》（财金〔2012〕20号）的相关要求。

7.3 系统性金融风险的度量

目前，对于系统性金融风险的定义尚没有形成统一的界定，不同的界定范围会决定度量的方法。根据以往对系统性金融风险的研究，我们从局部和整体的角度对系统性风险进行界定，同时也将度量方法区分为局部方法和整体方法。

7.3.1 系统性金融风险的局部度量

Kaufman（1996）提出，系统性风险表现为大部分或所有组成部分的相关性，与组织中的个体或某一部分的崩溃相对应。Gonzalez-Hermosillo（1996）、Kaufman（1999）、Schwarcz（2007）和Smaga（2014）认为，系统性风险是单个事件通过相互关联的一连串机构和市场，引发多米诺效应，从而导致风险大面积爆发的可能性。Chan 等人（2005）认为，系统性金融风险是由于金融市场的内部特质，某个市场的违约给别的市场主体带来负面效应的风险。在系统性风险“累积—爆发—扩散”的过程中，相关风险会通过金融机构的类似风险敞口传播，并借助传染效应在不同机构和市场之间蔓延，最后经过顺周期性和网络机制的放大，造成对整个金融体系和实体经济的破坏。因此，局部风险的扩散是导致系统性金融风险的主要来源，根据对局部风险的相关性和风险敞口的度量，局部度量的主要方法有：

1）概率测度模型——未定权益分析法

概率测度模型主要包括未定权益分析法（contingent claims analysis，CCA）。最开始是属于Black和Scholes（1973）与Merton（1973）对期权理论研究的拓展，CCA模型的原理是计算资不抵债的概率以及资不抵债时的违约距离。最初的CCA模型是用于企业的信用风险评估，但之后CCA模型的适用范围从微观层面的应用拓展到宏观层面，如：金融稳定状况（Gray等，2006，2007）和宏观金融风险的度量（Kavonius等，2009；Walsh和Gray，2008；Silva等，2011）。Jobst和Gray（2016）在CCA的基础上提出了系统性未定权益分析法（SCCA）。

2）收益率损失测度模型——VaR方法

测量风险溢出导致的风险传染的主要方法是VaR方法，后来，Adian和Bmr.nermeier（2011）提出了CoVaR（条件风险价值）方法，这是对VaR模型的一项历史性变革，CoVaR与VaR方法不同，CoVaR主要用于度量其他金融市场或金融机构在危机或高风险条件下投资组合损失。CoVaR能够更加准确地描述在危机中的风险，能够反映出单个金融机构对系统性风险的影响，有助于对系统重要性机构的识别。

3）预期损失测度模型——ES方法

Artzner等人（1999）针对VaR的局限性提出了ES指标，即预期损失（expected shortfall，ES）。2012年5月巴塞尔委员明确建议用ES替代VaR进行风险测度，ES成为风险度量常用指标。ES表示在预先给定的分位数水平下，小于此分位数所对应收益的尾部损失的平均值。设X是一个随机变量，代表给定资产的损益；VaR_{α}（X）代表资产在（1-α）置信度下的VaR，则有：

$$ES_{a}(X) = E[-X| - X > VaR_{a}(X)]$$

Acharya等人（2010）在预期损失（ES）的基础上引入了边际预期损失（MES），衡量市场收益大跌时单个机构权益损失额，以此度量单体金融机构对整个金融体系的边际风险贡献。Acharya等人（2010）在MES基础上进一步提出SES，衡量当整个金融体系出现资本短缺时，单个金融机构权益资本的预期损失，表征单个机构对金融体系系统性风险的边际贡献。SRISK是Acharya等人在2012年提出的，是确定系统重要性金融机构的度量指标。该指标衡量当市场长期处于严重衰退时单个机构的资本缺口，将预期资本缺口最大的机构认定为系统性危机中贡献最大的机构，继而认定其为最具系统重要性的金融机构。

4）波动率模型——ARCH模型

波动率模型是利用波动率溢出效应来刻画风险在不同市场间的传染程度。ARCH模型很好地估计了时间序列的波动性，解决了传统的计量经济学中同方差所引起的问题。之后一些学者提出了一些其他形式拓展模型，如Nelson（1991）提出的EGARCH模型、Glosten等（1993）和Zakonian（1994）提出的门限广义自回归条件异方差模型（简称TGARCH）等一系列计算波动率的模型。这些模型通过对风险溢出效应的度量实现对系统性风险预测的作用。

7.3.2 系统性金融风险的整体度量

伯南克（Bernanke，2009）认为系统性风险是威胁整个金融体系以及宏观经济稳定性的事件。国际货币基金组织（IMF，2009）将系统性风险定义为，由于金融体系局部或整体受到破坏导致金融服务功能中断，对实体经济具有潜在负面影响的事件。在局部的金融风险度量中，从不同视角量化金融主体之间的风险。比如，基于期望损失的系统性金融风险的测度、基于关联性的系统性金融风险的测度以及基于波动性的系统性金融风险测度，以此为基础定性判断系统重要性和系统脆弱性金融主体，但是此类研究没有考虑到网络模型的整体关联性，不能全面地考察由系统性冲击造成的系统性金融风险。

从全局角度对系统性风险进行度量的方法主要是网络分析法。网络分析法认为，系统性风险通过机构之间的关联性从一个机构传递到其他机构，形成的风险溢出效应大大增加了整个金融系统崩溃的可能性。运用复杂网络理论并从金融机构之间的相互关联性出发，构建网络研究系统性风险的测度、预警和防范，是一种系统性金融风险度量的创新性方法。

7.4 系统性金融风险的监管

与对个别风险的管理相比，对系统性风险的监管更困难、更复杂，原因在于对系统性风险估测的困难。到目前为止，国内外学术界和政府部门对系统性风险估测的研究仍没有取得明显的进展，发达国家和世界金融组织也在对此进行积极的探索。

党的二十大报告提出，深化金融体制改革，建设现代中央银行制度，加强和完善现代金融监管，强化金融稳定保障体系，依法将各类金融活动全部纳入监管，守住不发生系统性风险底线。

7.4.1 构建多维监管框架

系统性风险是宏观的、整体的风险，不同于微观的、个体的风险。如果金融监管的根本目标是金融体系稳定，即降低系统性金融风险，则基于系统性风险的金融监管理念就应该是坚持宏观审慎监管（macro-prudential）和微观审慎监管（micro-prudential）并重。宏观审慎监管和微观审慎监管的区别主要在于监管目标及对经济产出的影响机制不同。

1）宏观审慎监管目标

从宏观审慎监管角度来看，每个金融机构追求自身安全并不能保证整个系统的安全，反而可能造成整个金融体系的内生风险。对于任何一项监管措施，金融机构都有可能采取集体性的应对（如集体性风险转移），从而有可能引发系统性危机（包里奥，2003）。宏观审慎监管目标是控制金融危机带来的经济损失，并控制为实现这一目标可能产生的道德风险成本，就是控制金融体系危机及其相应的损失，即控制系统性风险。宏观审慎起源于2008 年的次贷危机，其与微观审慎相对应，核心特征是建立更强的、体现逆周期性的政策体系。从海外经验来看，大部分国家都是央行主导宏观审慎监管。

为防范金融危机的发生，以《多德-弗兰克法案》和《巴塞尔协议Ⅲ》为代表的一系列金融监管方案在2010年后出台，这意味着宏观审慎监管理念得到了各国金融监管部门的认可。我国实行的是货币政策-宏观审慎双支柱框架，前者调控经济周期，后者调控金融周期。2021年底，中国人民银行发布了《宏观审慎政策指引（试行）》，标志着我国双支柱框架从制度上又迈出一大步。

2）微观审慎监管目标

从微观审慎监管角度来看，其主要目的是控制个别金融机构失败的风险，也就是控制“特定的风险”，确保每个金融机构处于安全状态，从而保护投资者（储蓄者）的利益。

3）构建宏观审慎监管与微观审慎监管并重的多维监管框架

宏观审慎监管框架集中关注关联性失败的风险，因此非常注重机构的某些特点，如机构规模特征，因为规模大小决定了其在经济中的重要性。宏观审慎工具主要包括建立逆周期资本缓冲、附加资本要求、动态拨备要求、杠杆率、贷款价值比和贷款收入比等风险缓冲指标以及关注系统重要性金融机构。

微观审慎监管关注每个机构的安全。微观审慎工具包括最低资本要求、流动性管理、风险管理、问题资产认定及拨备计提、内部控制、现场及非现场检查等方面。

若把金融机构组成的金融系统比作证券组合，宏观审慎监管关注的是组合的总体业绩，而微观审慎监管给予每种证券同等关注。

7.4.2 实施综合监管方法

基于风险管理策略实施灵活而有效的综合监管方法，加强对金融体系的监管是防范系统性金融风险的一项核心工作。

1）国际层面加强审慎监管的指导

国际层面的系统性风险管理旨在推动各国加强审慎监管的国际原则和框架。如巴塞尔银行监管委员会发布了《有效银行监管的核心原则》，要求更新和强化关于国际性银行的资本充足标准；国际货币基金组织发布了《国际金融稳定报告》，明确了各国政府为加强对金融机构和金融市场的监管应采取的措施；国际货币基金组织和世界银行还制订了共同的金融部门评估计划，以识别其成员国的金融缺陷。

2）国家层面基于风险管理策略的灵活监管

国家层面的监管主要是加强基于风险管理策略的灵活而有效的综合监管。在迅速变化的世界中，相对不变的固定规则和原则很快就会过时，金融市场的风险也会发生变化。不过，对于那些暴露在风险之中或不断经历失败的市场参与者来讲，它们总是试图有效地管理这些风险。从整个社会的角度看，风险的外部性成本并不能被准确定价，因此作为系统性风险管理的核心，监管机构应该将精力集中于不断制定和健全监管政策。同时，各监管当局为了跟上市场变化的脚步，需要法律上的授权和灵活性，也需要丰富的监管专门知识和技巧。

3）实施货币政策与宏观审慎双支柱政策框架

对重要的金融行业、金融市场和金融要素形成全面、实时和动态的跟踪；深化金融监管体系改革，实现从机构监管向功能监管转换，在更高层面进行金融监管协调统筹；实施货币政策与宏观审慎双支柱政策框架，继续实施稳健中性、适度趋紧的货币政策，以逆周期资本、动态拨备等工具，降低金融体系顺周期性，实现货币政策、宏观审慎、微观监管的有效统筹；进一步完善宏观审慎评估体系，重点强化对跨行业、跨市场、高关联的金融业务监管，重点关注大型金融机构、金融基础设施以及金融科技等新兴金融业态潜在的“大而不倒”效应或系统性重要性问题。

7.5 系统性金融风险的防范与管理

7.5.1 发达国家系统性金融风险的防范

发达国家的系统性金融风险管理主要体现为严格的市场纪律、信息充分与强调透明度。

1）严格的市场纪律

银行业的市场纪律是指私人部门利益的代表在面对由银行的过度风险投资行为引致的成本时，所采取的基于这些成本的保护行为。市场纪律的实施主体主要包括存款人、债权人和股东（伯杰，1991）。

市场纪律是防范系统性金融风险的第一道防线。如果市场参与者愿意承担自身行为所带来的后果，就不会将资金借给风险较高的资金需求者。如果只有那些在坏消息出现时仍具备还款能力和还款意愿的借款人才有希望得到外部融资，金融体系就会更加健康。一般认为，市场纪律包括两个要素：第一，市场必须对借款人的行为作出反应；第二，借款人必须对市场信号作出反应。若借款人开始进入一条不具有可持续性的借款路径，放款人必须要求一个更高的利率价差（interest rate spread）以补偿此路径所增加的违约风险。然而，更高的利率本身会增加借款人的负担，超过一定的界限时更是会引起借款人危机。此时，提高的利率不能补偿放款人所面临的违约风险，这就需要将借款人从市场中驱逐，阻止其继续借款。

2）信息充分

信息在政府借款的情况下尤其重要。很多国家的政府通过间接渠道借款，特别是当其借款受到法律限制或必须得到选民同意时。这种表外活动所采取的方式包括建立特殊的机构，使其借款不包含在政府的预算之中，但构成政府的隐性或显性债务。此外，借款可能采取一些不包含在传统政府债务测度中的形式。在主权国家借款中，问题是类似的。此时，债权人所关心的不仅是政府借款，还包括本国居民的所有对外负债，因为其偿付也要使用本国的外汇储备。债权人为了向市场发出不具有可持续性外部借款的信号，必须取得这些借款准确、及时的信息，即拥有国际资本流动的准确数据。若债权人无法获得这些重要信息，他们就无法及时发现不具有可持续性的借款行为，问题就会愈加严重，直至借款人不仅要面对增加的利率价差，还要被驱逐出市场。信息的不充分还有可能引发传染效应，即在缺乏可靠信息的情况下，某一个借款人债务偿付的困难可能被误解为所有同一类别的借款人都存在问题（戈德斯坦、马西森和里恩，1991）。传染效应将驱逐所有的借款人，不管他有无清偿能力，因此市场纪律将被削弱。

此外，信息不对称（借款人总是比放款人更了解其自身现状及发展前景）会引发道德风险和逆向选择，从而干扰市场运作。例如，因为放款人无法区分高风险的借款人和投资项目，利率上升将导致回报太低或风险太高的项目被市场抛弃（因为较高的借款成本使投资者对这样的项目失去了兴趣），而剩下的就只有相对高风险的借款人了。之后，为弥补获得高成本借款的损失，借款人将选择高风险项目投资。

3）强调透明度

金融数据的不透明无论对市场纪律还是对有效监管都是非常致命的弱点。我们很难知道银行、证券公司、对冲基金、保险公司等真正的金融头寸到底是多少，而市场纪律及监管当局都需要及时、精确的信息。当前，由国际会计准则理事会制定的会计准则至今未得到官方的广泛认同，因此在信息披露的会计标准和惯例方面的差异被投资者广泛利用。尽管如此，政府对于财务透明度的强调还是使得市场资讯比过去更容易获得，也更值得信赖。

几乎所有的国际机构都强调透明度的重要性。1999年9月，国际货币基金组织通过了《货币与金融政策透明度问题的良好做法守则：原则宣言》，但在金融市场应该披露什么的问题上很难达成共识，对银行应该披露什么信息也没有明确说明。要对银行进行充分评估，就要求银行披露充分的信息，以此来判断银行的资产负债结构及风险。然而，仅凭会计信息和资产负债表信息判断银行的风险状况是不充分的，因为我们不知道银行是怎样管理风险的，因此银行信息披露范围应该更广泛一些，至少应该包括银行未来可能遇到的风险及银行管理这些风险的指标等信息。

7.5.2 国际标准和准则

近年来，国际社会发布了一系列标准和准则，有些已为各多边机构所接受。国际会计准则理事会制定了适用于私营部门的全面系统的会计准则，全球会计联盟制定了审计操作和审计报告的标准，联合国国际贸易委员会就跨国破产程序制定了相应的标准，经济合作与发展组织发布了《公司治理原则》，巴塞尔银行监管委员会发布了关于如何在金融性公司中运用这些原则的报告，国际货币基金组织制定了《特别数据发布标准》等。各类国际组织已经发布了70多项标准和准则。如果金融和非金融机构都能遵守相关准则，并定期公布相关信息，对借款人信用状况的评估就较为容易，信用评估的规范化就成为可能，监控技术也会具有规模经济效应。

7.5.3 系统性危机的管理方法

系统性危机的调整大体可以分为3个阶段：第一阶段也称为抑制阶段，危机尚没有展开，政府部门倾向于执行以恢复公众信心为目的的政策来最小化存款人和金融体系其他投资者的信心丧失对实际部门的长久影响；第二阶段包括对金融机构和企业的实际财务调整及较小程度的经营性调整；第三阶段主要是结构性改革，包括法律法规的改变、其他制度性改革以及任何国有金融机构和企业的私有化等。

1）早期的危机抑制阶段

危机发生之初，首先要判断危机是否为系统性风险。监管当局可以采取一系列决策，包括官方流动性救助、关闭金融机构、国有化、清算、处置资产等。在任何金融危机的早期阶段，即危机尚未扩散之时，政府典型的做法是迅速采取一系列措施来恢复公众对金融系统的信心，减少对实体部门的冲击。在试图控制危机的时候，至少要面对两个关键性的战略问题：第一，是否向所有金融机构（包括偿付能力不足的机构）提供开放式（open-end）流动性支持；第二，在紧急情况下，是否需要向金融机构的存款人和贷款人提供全面担保，以恢复公众对整个金融体系的信心。

（1）流动性支持。传统上，中央银行不应向一家银行提供开放式的紧急流动性支持。国际货币基金组织（2004）认为，首先，中央银行作为最后贷款人应向银行体系提供充分的流动性，以保护支付体系，并使当局有时间制定对策。其次，在流动性急剧增加的情况下，一般要求有相应的货币政策配合，即中央银行应该运用公开市场操作等货币政策工具来冲销由流动性支持产生的货币供应的增加。再次，流动性支持应限于那些具有清偿能力的银行。最后，一旦危机得到控制和解决，政府必须对中央银行重新进行资本充实。

（2）全面担保。对政府应该向存款人和贷款人提供明确的全面担保这一观点，持支持态度者认为，首先，如果全面担保是可信的，则能够恢复投资者的信心，稳定金融机构的负债；其次，全面担保使政府有喘息的时间去制定全面的重组策略；最后，在全面担保条件下，关闭一些问题严重的银行不太可能造成存款人的恐慌，从而可以避免由关闭几家银行诱发和加剧危机所造成的更高的财政和经济成本。

（3）行政性强制措施。如果市场化的稳定性措施依然无法控制危机，就必须诉诸行政措施。行政措施包括存款冻结、重新实施资本管制、强制债务展期等。当然，这些行政措施虽然能起到立竿见影的作用，但会严重扰乱经济秩序，应该在其他措施都失败的情况下慎用。

2）中期的恢复和重组阶段

在恢复和重组阶段，人们关注的是恢复金融机构的资本头寸和处置银行不良资产问题，以求恢复金融机构的盈利能力和偿付能力。

一般来讲，监管机构应该首先摸清金融机构的亏损规模和分布情况，将金融机构分为3类：有生存能力并符合监管规定的、没有生存能力并不具备清偿能力的、有生存能力但资本不足的。在此，判断金融机构是否具有生存能力是非常关键的。因为危机期间的财务报表和资产价格往往是被扭曲的，生存能力主要依据金融机构提供的中期业务计划、现金流预测、盈利能力预测，以及对今后宏观经济趋势的看法来作判断。

有生存能力但资本不足的金融机构，由其提出可接受的结构调整计划，并逐步重新充实资本。资不抵债的金融机构，对其应该倒闭还是继续营业进行决策：如果令其倒闭，则应对不良资产、良好资产和存款提出明确的管理方案；如果让其继续营业，则对是否用公共资金重新充实其资本作出决策，然后立即将其出售或是由其他私人机构或国有金融机构合并。在重组策略中，最重要的是对危机造成的成本如何在股东、债权人以及纳税人之间分担的问题。在私人领域没有足够的资本、外国人又没有兴趣的情况下，使用公共资金注资来支持私人部门也是合理的，尤其是某些国家的银行危机在很大程度上是由于公共政策引起的。

3）后期的强化监管阶段

当重组和资产处置进入正常轨道后，应该采取措施加强金融监管、提高透明度、恢复和强化市场纪律，撤销危机期间采取的一些保障措施（尤其是撤销强制的行政措施），强化法律、司法等框架的建设，努力恢复或构建一个有效的、竞争性的金融体系。

7.5.4 对大银行的重点管理

2008年次贷危机后，防范“大而不倒”成为各个国家完善金融监管体制的重要内容。为有效解决“大而不倒”问题，2015年11月，二十国集团（G20）批准了金融稳定理事会（FSB）提交的《全球系统重要性银行总损失吸收能力条款》，正式明确了总损失吸收能力的国际统一标准。总损失吸收能力（TLAC），是指全球系统重要性银行进入处置阶段时，可以通过减记或转为普通股等方式吸收损失的资本和债务工具的总和。

中国人民银行会同银保监会、财政部于2021年10月29日发布《全球系统重要性银行总损失吸收能力管理办法》（以下简称《管理办法》），构建了总损失吸收能力监管体系，对总损失吸收能力定义、构成、指标要求、监督检查和信息披露等方面进行了规范。《管理办法》立足国内银行实际，与国际金融监管改革做法充分接轨。在总损失吸收能力指标设置、达标要求、合格工具标准等方面与金融稳定理事会的监管规则保持一致。同时，在存款保险基金计入、投资总损失吸收能力工具的资本扣减规定上借鉴了国际同业经验，更好地适应中国银行业的发展实践。

《管理办法》的要点主要包括以下几个方面：

全球系统重要性银行应当按照《管理办法》的规定计算外部总损失吸收能力比率。

外部总损失吸收能力比率包括外部总损失吸收能力风险加权比率和外部总损失吸收能力杠杆比率，计算公式为：

外部总损失吸收能力风险加权比率=（外部总损失吸收能力−扣除项）/风险加权资产×100%

该比率自2025年1月1日起不得低于16%；自2028年1月1日起不得低于18%。

$$\text{外部总损失吸收能力杠杆比率} = \frac{\text{外部总损失吸收能力} - \text{扣除项}}{\text{调整后的表内外资产余额}} \times 100\%$$

该比率自2025年1月1日起不得低于6%，自2028年1月1日起不得低于6.75%。

全球系统重要性银行应当同时满足外部总损失吸收能力比率要求和缓冲资本（储备资本、逆周期资本和系统重要性银行附加资本）监管要求。计算外部总损失吸收能力风险加权比率时，为满足缓冲资本要求计提的核心一级资本工具不能计入外部总损失吸收能力。

《管理办法》的出台有利于我国全球系统重要性银行提早制定规划，采取综合措施满足总损失吸收能力要求。长远看，实施总损失吸收能力管理，将进一步完善我国商业银行的风险处置机制，对提高大型商业银行风险抵御能力、强化市场约束、增强金融体系的稳健性具有积极意义，有助于拓展商业银行主动负债品种，提高我国直接融资比重，促进多层次资本市场发展。

小资料 7-1

《中国金融稳定报告（2023）》：金融发展总体要求

展望未来，中国经济具有巨大的发展韧性和潜力，长期向好的基本面没有改变，金融系统要坚持稳中求进工作总基调，完整、准确、全面贯彻新发展理念，加快构建新发展格局，全面深化改革开放，加大宏观政策调控力度，着力扩大内需、提振信心、防范风险，不断推动经济运行持续好转、内生动力持续增强、社会预期持续改善、风险隐患持续化解，推动经济实现质的有效提升和量的合理增长。

着力营造良好的货币金融环境，始终保持货币政策的稳健性，更好注重做好跨周期和逆周期调节。保持人民币汇率在合理均衡水平上的基本稳定。进一步优化金融支持实体经济的体制机制，满足实体经济有效融资需求，完善薄弱环节金融服务。

全面加强金融监管，切实提高金融监管有效性，依法将所有金融活动全部纳入监管，全面强化机构监管、行为监管、功能监管、穿透式监管、持续监管，严厉打击非法金融活动。及时处置中小金融机构风险。健全具有硬约束的金融风险早期纠正机制，对风险早识别、早预警、早暴露、早处置。建立防范化解地方债务风险长效机制。

建立同高质量发展相适应的政府债务管理机制，优化中央和地方政府债务结构。完善房地产金融宏观审慎管理，一视同仁满足不同所有制房地产企业合理融资需求，因城施策用好政策工具箱，构建房地产发展新模式。

坚持市场化法治化原则，压实金融机构及股东、实际控制人、金融管理部门和地方政府等各方责任，健全地方党政主要领导负责的重大风险处置机制。发挥好存款保险的风险处置职能，稳步推进金融稳定保障基金筹集积累和规则制定工作，推动金融稳定法早日出台实施，健全维护金融稳定的长效机制。对跨行业、跨区域和跨境风险，加强监管协同和上下联动，牢牢守住不发生系统性金融风险的底线。

7.5.5 我国系统性金融风险的构成与监管

1）系统性金融风险的界定

2021年12月，中国人民银行公布《宏观审慎政策指引（试行）》指出：系统性金融风险是指可能对正常开展金融服务产生重大影响，进而对实体经济造成巨大负面冲击的金融风险。

2）系统性金融风险的来源

系统性金融风险主要来源于时间和结构两个维度：

（1）从时间维度看，系统性金融风险一般由金融活动的一致行为引发并随时间累积，主要表现为金融杠杆的过度扩张或收缩，由此导致风险顺周期的自我强化、自我放大。

（2）从结构维度看，系统性金融风险一般由特定机构或市场的不稳定引发，通过金融机构、金融市场、金融基础设施间的相互关联等途径扩散，表现为风险跨机构、跨部门、跨市场、跨境传染。

3）系统性金融风险的监测、防范与化解

在中央金融委员会的统筹指导下，中国人民银行作为宏观审慎管理牵头部门，会同相关部门履行宏观审慎管理职责，牵头建立健全宏观审慎政策框架，监测、识别、评估、防范和化解系统性金融风险，畅通宏观审慎政策传导机制，组织运用好宏观审慎政策工具。

宏观审慎管理牵头部门根据系统性金融风险的特征，建立健全系统性金融风险监测和评估框架。完善系统性金融风险监测评估指标体系并设定阈值，适时动态调整以反映风险的发展变化。丰富风险监测方法和技术，采取热力图、系统性金融风险指数、金融压力指数、金融条件指数、宏观审慎压力测试、专项调查等多种方法和工具进行监测和评估，积极探索运用大数据技术。

4）宏观审慎的政策工具

宏观审慎政策工具主要用于防范金融体系的整体风险，具有"宏观、逆周期、防传染"的基本属性，这是其有别于主要针对个体机构稳健、合规运行的微观审慎监管的重要特征。

针对不同类型的系统性金融风险，宏观审慎政策工具可按照时间维度和结构维度两种属性划分，也有部分工具兼具两种属性。时间维度的工具用于逆周期调节，平滑金融体系的顺周期波动；结构维度的工具通过提高对金融体系关键节点的监管要求，防范系统性金融风险跨机构、跨市场、跨部门和跨境传染。

（1）时间维度的工具主要包括：

①资本管理工具，主要通过调整对金融机构资本水平施加的额外监管要求、特定部门资产风险权重等，抑制由资产过度扩张或收缩、资产结构过于集中等导致的顺周期金融风险累积。

②流动性管理工具，主要通过调整对金融机构和金融产品的流动性水平、资产可变现性和负债来源等施加的额外监管要求，约束过度依赖批发性融资以及货币、期限严重错配等，增强金融体系应对流动性冲击的韧性和稳健性。

③资产负债管理工具，主要通过对金融机构的资产负债构成和增速进行调节，对市场主体的债务水平和结构施加影响，防范金融体系资产过度扩张或收缩、风险敞口集中暴露，以及市场主体债务偏离合理水平等引发的系统性金融风险。

④金融市场交易行为工具，主要通过调整对金融机构和金融产品交易活动中的保证金比率、融资杠杆水平等施加的额外监管要求，防范金融市场价格大幅波动等可能引发的系统性金融风险。

⑤跨境资本流动管理工具，主要通过对影响跨境资本流动顺周期波动的因素施加约束，防范跨境资本"大进大出"可能引发的系统性金融风险。

（2）结构维度的工具主要包括：

①特定机构附加监管规定，通过对系统重要性金融机构提出附加资本和杠杆率、流动性等要求，对金融控股公司提出并表、资本、集中度、关联交易等要求，增强相关机构的稳健性，减轻其发生风险后引发的传染效应。

②金融基础设施管理工具，主要通过强化有关运营及监管要求，增强金融基础设施

稳健性。

③跨市场金融产品管理工具，主要通过加强对跨市场金融产品的监督和管理，防范系统性金融风险跨机构、跨市场、跨部门和跨境传染。

④风险处置等阻断风险传染的管理工具，如恢复与处置计划，主要通过强化金融机构及金融基础设施风险处置安排，要求相关机构预先制定方案，当发生重大风险时根据预案恢复持续经营能力或实现有序处置，保障关键业务和服务不中断，避免引发系统性金融风险或降低风险发生后的影响。

本章小结

系统性风险可以用来描述许多不同的现象。从经济学意义上说，系统性风险是金融体系常有的一种表象。系统性风险存在于很多领域，但金融系统比经济领域其他部门更易发生系统性风险。系统性风险的形成原因复杂，与一般的个别金融风险相比，系统性金融风险呈现出许多独有的特征，认识这些特征是进行系统性金融风险识别的基础。我国系统性金融风险的因素主要是内生的体制（制度）性因素。系统性金融风险的监管更困难、更复杂。国际监管组织的要求和发达国家的系统性金融风险管理对我国系统性金融风险管理有重要的借鉴意义。

主要概念和观点

1. 系统性金融风险的定义：系统性风险是由于系统性事件的大规模冲击导致大量金融机构或市场的逆效应诱发金融系统性危机的可能性。认识系统性金融风险的本质要从风险的3个基本要素即风险因素、风险事故及损失入手。

2. 系统性金融风险产生的原因：银行结构的特殊性、银行以及其他金融中介之间复杂的头寸网络、未来预期的不确定性因素。

3. 系统性金融风险的本质特征：与一般的个别金融风险相比，系统性金融风险呈现出许多独有的特征，如外部性特征、风险和收益不对称、与投资者信心直接相关、系统性风险产生于融资过程、系统性风险导致的危机具有传染性、涉及实质性的经济产出和经济效率的损失、要求政府部门作出政策反应等。认识这些特征是进行系统性金融风险识别和管理的基础。

4. 系统性金融风险包括通货膨胀风险、政策风险、国别风险。

5. 系统性金融风险的监管要构建宏观审慎与微观审慎并重的多维监管框架，采取灵活有效的多种监管方法。

6. 我国应依据国际监管要求，借鉴发达国家经验，管理和防范系统性金融风险。发达国家的系统性金融风险管理主要体现为严格的市场纪律、获取充分信息与强调透明度。

7. 开展对全球系统重要性银行实施总损失吸收能力管理。

8. 依据中国人民银行颁布的《宏观审慎政策指引（试行）》开展系统性金融风险的

识别与监管。

基础训练

1. 简述系统性金融风险的含义及产生的原因。
2. 简述系统性金融风险的本质特征。
3. 简述系统性金融风险的种类。
4. 简述系统性金融风险的监管方法。
5. 试述总损失吸收能力的含义及作用。
6. 简述我国系统性金融风险的主要来源。

第8章
金融机构风险管理

8.1 商业银行风险管理

我国商业银行的发展必定面临由传统管理模式向现代管理模式的转变，在这个过程中，风险管理成为商业银行经营管理的重要内容。

8.1.1 商业银行风险的含义、特征和种类

1）商业银行风险的含义

商业银行风险就是指商业银行在经营过程中由于诸多不确定因素影响而使银行遭受损失的可能性。

2）商业银行风险的特征

商业银行资金来源构成的特殊性，使其风险具有不同于一般企业的特征，具体表现在以下几个方面：

（1）商业银行风险的主体是货币资金，而不是有形资产。因为商业银行经营的是货币资金，所以其风险的主体是货币资金。

（2）商业银行风险与其客户的风险紧密相连。商业银行的主要风险来源于银行客户和交易对手的违约，因而与其客户的风险紧密相连。

（3）商业银行的各项业务都面临风险。一般认为，商业银行的资产和负债业务面临较大风险，实际上其中间业务也具有操作风险，日益发展的表外业务更是蕴含巨大风险。

（4）商业银行的风险不能消失。商业银行所有的业务都面临风险，任何管理方法都不能完全消除风险，同时，风险与收益紧密相连，商业银行进行风险管理的过程也就是获取收益的过程，如果风险没有了，也就表示业务不存在了。

（5）商业银行的风险是全员的、全过程的。商业银行的所有业务条线、所有工作环节都充满风险。同时，商业银行风险又是全员的，每一个业务人员及管理人员的失误和错误都会给其经营带来影响。

（6）商业银行风险具有很强的传染性。由于商业银行的特殊地位和功能，当一家银行出现危机时，人们会对所有银行产生恐慌心理，纷纷退出银行业务，给银行带来流动

性危机，正是因为这样，各个国家的监管部门对银行的经营安全都有很高的要求。

（7）商业银行风险具有很强的外部负效应。由于银行与社会各界联系密切，一旦发生危机，就会很快影响其他经济体，进而拖累整个经济体。

3）商业银行风险的种类

商业银行面临的风险非常多，根据不同的标准会有不同的风险种类，这里按照风险的表现形式分为以下10种：

（1）信用风险。这是指商业银行的债务人不能或不愿履行债务而给债权银行造成损失的可能性，或是由于交易双方违约或不履行义务而给作为交易一方的银行带来不利影响。由于国内商业银行90%的资产业务是信贷业务，因而信用风险也就成为商业银行最主要的风险。

我国商业银行信贷业务经过十几年的发展，贷款质量有了显著提高，优化了融资环境，提高了银行收益。根据国家金融监督管理总局发布的数据，2023年末，我国银行业金融机构不良贷款余额3.23万亿元，不良贷款率1.59%，全年处置不良资产3万亿元。

（2）流动性风险。这是指商业银行没有足够资金、无法满足支付需要，从而丧失清偿能力的情况。当流动性不足时，商业银行无法以合理的成本迅速增加负债或变现资产获得足够的资金，从而影响其盈利水平。从历史上发生的多次银行危机来看，大多数是由存款者的挤兑引起的流动性风险所致，从这个意义上讲，流动性风险是威胁银行生存的最直接风险，必须高度重视对它的管理。2018年5月25日，中国银保监会发布了《商业银行流动性风险管理办法》，新引入3个量化指标，扩大监管覆盖面，将中小银行纳入监管，提高中小银行防御流动性风险能力。

（3）利率风险。这是指由于利率变动引起银行收益下降的风险。利率风险不仅影响银行的盈利水平，也影响其资产、负债和表外金融工具的经济价值，它是现代商业银行面临的基本风险之一。

（4）汇率风险。这是指由于汇率变动而引起银行收益下降的情况。汇率风险的结果可能是以货币表示的实际损失，也可能是会计上的账面损失。

（5）操作风险。巴塞尔银行监管委员会给操作风险下的定义是“由于不健全或失效的内部控制过程、人员和系统或是外部事件而导致的损失风险”。该定义包括法律风险，但不包括战略风险、声誉风险。操作风险主要源于内部控制及公司治理机制的失效，范围非常广泛，是商业银行最古老的风险之一。

（6）政策风险。这是指因国家经济政策，如货币政策、财税政策、产业政策、地区发展政策等发生变化，对商业银行造成不利影响的可能性。银行业是一个政策性比较强的行业，商业银行通常被赋予宏观调控的职能，它既是国家经济政策的执行者，同时也是国家经济政策的接受者和影响者。商业银行面临的政策风险包括货币政策风险、监管政策风险、税收政策风险等。

（7）通货膨胀风险。这是指由于发生通货膨胀而给银行造成损失的可能性。在发生通货膨胀的情况下，货币贬值，银行贷款的实际收入下降，这对银行产生不利影响，在资金筹集中也会增加资金成本。

（8）声誉风险。银行的稳定经营要依靠信誉和公众的信心。声誉风险是指由于银行经营管理不善、违反法规等原因，导致存款人、投资者和银行监管机构对其失去信心而影响银行正常经营的风险。声誉风险对银行损害极大。

（9）环境风险。这是指经营环境变化可能给商业银行造成不利影响。影响商业银行的环境因素很多，其中比较重要的有通货膨胀、经济波动等。不同的环境因素对商业银行的影响是不一样的。如果经营环境恶化，会给商业银行带来不利影响。

（10）国别风险。这里的国别风险一般是指国家信用风险，这是与借款人或债务人所在国的经济、社会和政治环境方面有关的风险。当银行向外国政府或政府机构贷款时，这种贷款一般是没有担保的，国别风险可能是最明显的。在银行向公共或私人部门提供贷款或进行投资时，将国别风险考虑在内也十分重要。国别风险一般起因于一国的政治风波和政局变动。

8.1.2 商业银行风险管理的组织框架

1）商业银行风险管理组织框架遵循的基本原则

一个有效的风险管理组织框架应当遵循以下6个原则：

（1）一致性原则。一致性原则是指银行在制定风险管理框架时，首先应确保其风险管理目标与业务发展目标的一致性。

（2）全面性原则。全面性原则可以归纳为“两个确保”，即银行应确保其风险管理框架能够涵盖所有业务和所有环节中的一切风险，确保该职责框架能够识别银行面临的一切风险。

（3）独立性原则。独立性原则包括3个方面的内容，即董事会与高级管理层之间风险管理职责的独立性、独立的风险管理部门、独立的风险管理评估机构。

（4）权威性原则。权威性原则是指在银行的风险框架中应确保风险管理部门和风险管理评估机构具有高度权威，尽可能不受外部因素的干扰，以保持其客观性、公正性。

（5）互通性原则。互通性原则要求银行建立完善的信息系统，在银行内部形成有效的信息沟通渠道。

（6）分散与集中相统一原则。风险的分散管理要求不同类型的金融风险由不同的部门负责，而不同的风险管理部门最终都应直接向高层的首席风险官负责，由首席风险官统筹规划，即实现风险的集中管理。

2）商业银行风险管理组织框架的常见模式

（1）风险管理部集权模式。[①]风险管理部集权模式最初是单一制银行架构下的风险管理组织框架模式，但在一些实行总分行制的国家，为了管理方便，也有很多银行采用风险管理部集权模式。这种模式在商业银行总行设置专门的风险管理部，由该部门负责全行的所有风险管理工作。一般情况下，风险管理部与其他职能部室是平行的，风险管理的一切工作集中于风险管理部。这种模式有条条管理的弊端。

（2）事业部模式。银行发展到一定规模之后，出于成本效益的考虑，开始采取事业部的组织架构模式。整个银行按照业务种类划分为不同的事业部，每个事业部都是一个

① 赵志宏．银行全面风险管理［M］．北京：中国金融出版社，2005：37.

单独的业务运营中心、风险管理中心、利润中心。事业部具有很强的独立性。事业部模式下的风险管理组织框架就是银行总行不单独设立风险管理部，而是由每一个事业部在内部设置风险管理机构，负责事业部范围内的风险管理工作。这种模式有块决管理的弊端。

（3）矩阵型模式。按照矩阵型组织架构划分标准的不同，该模式又可以分为以事业部为利润中心的矩阵型模式和以区域分支机构为利润中心的矩阵型模式两种。

① 以事业部为利润中心的矩阵型模式。在该模式下，银行按照不同业务条线分别设置相应的事业部，每个事业部都是单独的业务经营单位、风险管理单位和利润中心。在风险管理方面，事业部内部设置风险管理小组，负责事业部范围内的风险管理工作，对事业部和总行风险管理部双线报告和负责，以对总行风险管理部负责为主。

② 以区域分支机构为利润中心的矩阵型模式。在该模式下，银行按照区域划分不同的分支机构，每个区域分支机构是一个单独的业务运营单位、风险管理单位和利润中心。在风险管理方面，各区域分支机构设置风险管理部门，负责区域内的风险管理工作，并实行向总行风险管理部和本区域分支机构行长双线汇报和负责的制度，其中以对总行风险管理部负责为主。

（4）网络型模式。这是一种新型的组织结构模式。在该模式下，银行的分工是按照职员所拥有的专业技能进行的，这些专业人员可以单独开展工作，也可以组成临时专门小组共同开展工作。具体到风险管理方面，那些具有较高风险管理技能的人员被分派到不同部门、不同分支机构单独开展工作。到目前为止，这种模式仍处于探索之中。

3）我国商业银行风险管理组织模式的选择

（1）我国商业银行风险管理组织模式的选择标准。国外运用的各种风险管理组织模式各有优缺点，我国商业银行在选择各自的风险管理组织模式时应遵循以下标准：

① 与银行的发展战略相适应。银行在选择风险管理组织模式时，应考虑自己的业务特点和发展战略，制定适宜的管理组织架构。

② 目前的资源足以支撑。风险管理是一项系统工程，需要各类资源支撑，包括人力资源、科技资源、设备资源及资金等，在设置风险管理组织机构时应充分考虑资源状况。

③ 进行成本效益分析。风险管理是有成本的，需要大量资金投入，在选择风险管理组织模式时要进行投入产出的成本效益分析，选择经济合理的组织模式。

④ 有可操作性和便捷性。国际上最先进的风险管理组织模式不一定适应我国的现实需要，要根据银行的规模、技术水平和管理能力选择操作性强、实施效果显著的组织模式。

（2）我国商业银行风险管理组织模式。

① 董事会设风险管理专业委员会。风险管理专业委员会设在董事会之下，独立于高级管理层。董事会风险管理专业委员会可以由董事会主席来担任主席，也可以由独立董事来担任主席。风险管理专业委员会的成员一般都是独立董事，这就将风险控制的主体和风险控制的对象进行了明确的区分。

② 总部设风险管理部。风险管理部是在风险管理专业委员会领导下具体实施风险

管理的牵头部门。该部门根据风险管理专业委员会的风险管理要求，负责传导、落实和执行各项具体风险管理目标，监督、指导和评价各级风险管理部门和“风险管理窗口”的工作，保障风险管理战略的实现，在银行风险管理体系中发挥核心作用。

③ 各种风险的独立管理体系。商业银行的信用风险、市场风险、操作风险管理也可以各自成为独立的风险管理体系。信用风险管理体系包括垂直管理体系、风险管理窗口管理体系和其他特殊的管理体系；市场风险管理体系包括前台营销体系、中台风险控制体系和后台资金交易清算体系；操作风险管理体系包括整个银行的各个业务单位，最后归总到总部的操作风险牵头管理部门；流动性风险和利率风险管理工作主要在司库。

8.1.3 信用卡业务风险管理

我国的信用卡业务扩张较快，竞争日趋激烈，截至2023年第四季度末，信用卡和借贷合一卡共计7.67亿张，同比下降3.89%，环比下降1.51%。同时，信用卡业务风险处于多发、高发期，应对信用卡业务中出现的风险进行分析与管理。

1）信用卡业务风险类型及特征

（1）外部欺诈风险。在各类信用卡风险中，外部欺诈风险是目前最严重、危害最大的一类风险。欺诈的实现渠道主要有3种：ATM机取现、POS机套现（消费）或网络（电话）转账。从欺诈的手段看，主要是伪卡欺诈、直接骗取客户资金和利用ATM机骗卡3类。

（2）中介机构交易风险。中介机构交易风险主要是指特约商户非法交易或违章操作引起持卡人或发卡机构资金损失的风险。中介机构交易风险主要有两类：一类是部分不法商户提供信用卡套现交易，为犯罪目的的实现提供了渠道，引发交易风险；另一类是中介机构或者个人不规范（甚至是非法）的信用卡营销行为引发的风险。

（3）内部操作风险。内部操作风险是指银行工作人员违规操作或操作失误造成银行资金损失，或者工作人员利用职务之便，与不法分子勾结、串通作案，引起发卡行或客户资金损失的风险。这类案件不具有普遍性，但是由于是内部专业人员作案，手段更加隐蔽，对银行声誉的影响也更严重。

（4）持卡人信用风险。当前各银行在信用卡业务的发展上重规模、轻质量，不能有效区分潜在客户，对客户授信未能严格把关，发卡对象有向高风险群体扩展的倾向，过度消费、透支炒股等高风险事件时有发生。另外，不少银行向收入不稳定人群（包括没有固定收入的青少年和在校生等）发放信用卡，也埋下了较大的风险隐患。这些均反映出部分商业银行盲目追求发卡量而对申请人状况审查不严或者降低门槛等问题。

（5）信用卡套现活跃风险。信用卡使用中存在非法套现活动，表现为循环信用账户透支余额和循环信用使用户数猛增，同时一些不法中介进行空卡套现，收取的套现手续费大幅提高，暴露出商业银行信用卡循环信用业务环节存在较大风险隐患。

（6）伪造境外卡盗取现金风险。不法分子利用非法获取的境外卡资料，伪造卡面空白的磁条卡，在ATM机异常取款，盗取现金。这些案件具有取款时间集中（2~5天）、作案网点集中、作案手段比较隐蔽且带有团伙性质等特点，由于客户资料涉及多个国家的持卡人，案件一旦发生，影响非常恶劣。

2）信用卡业务风险的防范措施

（1）完善信用卡业务内控制度，提高制度执行力。贯彻执行中国银保监会发布的授信尽职、外部营销、信用卡安全管理等一系列规范性文件和风险提示；建立健全内控机制，根据信用卡种的属性、业务种类及风险特点制定相应的业务规章制度和操作程序；建立有效的内部监督机制，确保内控制度的落实，把信用卡业务的审计工作纳入银行内部审计工作的整体计划中，结合案件专项治理工作，建立风险管理的长效机制。

（2）加强发卡环节风险管理，严把风险源头关。发卡机构应遵循“了解你的客户”和“了解你的业务”的原则，对申请人的资料进行严格的资信审核，确认申报材料的真实性。应遵循审慎性原则向学生发放信用卡。不得向未满18周岁的学生发放信用卡(附属卡除外)。向经查已满18周岁无固定工作、无稳定收入来源的学生发放信用卡时，需落实第二还款来源，第二还款来源方应具备相应的偿还能力。商业银行应加强对持卡人用卡情况的监控，对已经确认存在套现行为的信用卡持卡人，有权采取降低授信额度、止付、将相关信息录入征信系统和银行间已建立的共享欺诈信息库等措施。

（3）加强银行卡发卡业务外包的管理。针对当前部分银行发卡业务外包的现状，发卡机构应慎重选择发卡营销外包服务商，并严格约束与外包商之间的外包关系，对于发卡营销外包服务商或单位批量提交的申请资料，发卡机构应加大资信审核力度。发卡营销外包服务商对申请人信息负有保密责任，不得申请成为特约商户，不得将代理营销业务转包给其他单位，一旦发现信用卡申请材料属于未与其签订发卡营销外包协议的中介机构递交的，不得受理相关业务。

（4）加强对信用卡透支额度的管理。信用卡分期付款业务形成的循环信用账户具有资金杠杆作用，且当期账单仅反映部分透支金额。对无担保信用卡客户，各商业银行应根据对其风险状况的评估进行集中化的银行卡账户最高总授信额度管理，对核定信用额度和单张信用卡分期付款业务总额度上限进行统一管理，密切关注和监测持卡人对信用卡分期付款业务的使用情况，不能仅根据当期透支金额判断客户是否超过核定限额。对于交纳一定手续费后当月所有透支金额均可分期还款的信用卡业务，应加大信用风险管理力度。

（5）加强收单环节风险管理，防范交易风险。一方面，收单机构应加强对特约商户资质的审核，强化对特约商户的风险控制，防范特约商户套现等风险；另一方面，收单机构应建立健全对特约商户和POS机具的管理制度，根据信用卡受理市场的有关规定，按照“一柜一机”的要求布放POS机具，并严格按照相关业务规范设置商户编码、商户名称、商户服务类别码、商户地址等关键信息，为发卡银行对交易风险度的判断和对交易的正常授权判断提供准确信息。另外，收单机构还应建立健全日常监控机制，对商户的交易量突增、频繁出现大额或整数交易等可疑现象，应及时进行监控和调查。银行业金融机构应就信用卡欺诈、套现风险防范和安全管理责任与特约商户进行必要约定，对特约商户实行持续监测和定期现场检查。对涉嫌协助持卡人套现的特约商户应及时给予警告和纠正，情节严重的应立即停止该商户的收单资格。

（6）加强ATM机等自助设备管理，防范欺诈风险。第一，要切实加强对银行自助设备的日常检查。银行要严格落实ATM机等银行自助设备的检查制度，定时对自助设备工作区域进行检查，并做好检查记录，尤其要加强自助银行区域的安全管理。第二，要定期检查监控录像设备和相关录像资料。各银行必须在自助设备营业场所安装闭路电视监控系统、报警系统、24小时监测系统等。要完善相关制度，按制度规定调阅银行自助设备区域的全套录像资料，重点查看有无可疑人员在银行自助设备上安装物件，并做好调阅情况记录。

（7）加强对信用卡客户规范用卡的培养和教育。持卡人在进入自助银行使用ATM机时应提高警惕，防止异常情况发生；一旦有吞钞、吞卡、要求持卡人提供银行卡密码或向来历不明的账户转款等不正常事件发生，要利用银行公布的统一客户服务电话寻求帮助；不要随意丢弃交易凭条，尤其不要丢在自助设备旁。

（8）加强对签约商户的管理。各商业银行应严格POS机具布放审查程序，完善与商户和与收单外包机构的签约条款，严禁将POS机具布放在个人名下，要对商户的交易行为进行不定期抽查。对网上交易商户应设置单笔和单日交易金额上限，并根据反洗钱工作要求设置月累计交易金额上限；对单笔或单日刷卡透支金额达到或超过信用卡核定额度的，应及时与持卡人联系并核对交易行为相关信息，以避免因卡片被盗刷引起持卡人和银行损失；加强对航空客票代售点的管理，应在双方的合作协议中明确规定，对刷卡支付的航空客票的退票操作应收取退票费并使退票款项转回银行卡，不得直接提取现金，以堵住套现漏洞。

（9）加强宣传教育，提高风险防范能力。一方面，银行要高度重视对员工的教育和思想动态管理，加强内部员工的合规和职业操守教育，重视对有异常活动员工的排查；另一方面，银行应通过多种渠道对公众进行有关信用卡知识的宣传，使公众了解信用卡的基本常识。要采取多种形式向客户提示犯罪分子利用信用卡作案的新手段和新动向，提高客户的安全意识和自我保护能力。

（10）加强协作，建立健全信用卡风险防范合作机制。一方面，各银行应加强与银联、公安机关的合作与沟通，建立良好的信息共享机制。“银行卡风险信息共享系统”是中国银联建立的包括不良持卡人、黑名单商户等信用卡重要负面信息的系统，发卡机构和收单机构在办理相关业务时应积极利用该系统，对确认的不良持卡人、商户名单应及时报至该系统，以实现信息共享，共同防范风险。另一方面，银行业协会要加强协调，充分发挥信用卡专业委员会的职能，督促各会员行严格执行监管部门的有关规定和同业约定，共同营造有利于信用卡产业发展的外部环境。

8.1.4 商业银行并购贷款风险管理

2015年3月，中国银监会印发《商业银行并购贷款风险管理指引》，对并购贷款及其风险管理提出明确要求。

1）并购贷款的含义

并购是指境内并购方企业通过受让现有股权、认购新增股权或收购资产、承接债务等方式，实现合并或实际控制已设立并持续经营的目标企业或资产的交易行为。

并购可由并购方通过其专门设立的无其他业务经营活动的全资或控股子公司进行。

并购贷款是指商业银行向并购方或其子公司发放的、用于支付并购交易价款和费用的贷款。

开办并购贷款业务的商业银行法人机构应当符合以下条件：一是有健全的风险管理和有效的内控机制；二是资本充足率不低于10%；三是其他各项监管指标符合监管要求；四是有并购贷款尽职调查和风险评估的专业团队。

商业银行开办并购贷款业务前，应当制定并购贷款业务流程和内控制度，并向监管机构报告。商业银行开办并购贷款业务后，如发生不能持续满足上述条件之一的情况，应当停止办理新的并购贷款业务。商业银行应按照管理强度高于其他贷款种类的原则建立相应的并购贷款管理制度和管理信息系统，确保业务流程、内控制度以及管理信息系统能够有效地识别、计量、监测和控制并购贷款的风险。

2）并购贷款的风险种类

商业银行应在全面分析战略风险、法律与合规风险、整合风险、经营及财务风险等与并购有关的风险的基础上评估并购贷款的风险。商业银行并购贷款涉及跨境交易的，还应分析国别风险、汇率风险和资金过境风险等。

（1）战略风险。商业银行评估战略风险，应从并购双方行业前景、市场结构、经营战略、管理团队、企业文化和股东支持等方面进行分析，包括但不限于：①并购双方的产业相关度和战略相关性，以及可能形成的协同效应；②并购双方从战略、管理、技术和市场整合等方面取得额外回报的机会；③并购后的预期战略成效及企业价值增长的动力来源；④并购后新的管理团队实现新战略目标的可能性；⑤并购的投机性及相应的风险控制对策；⑥协同效应未能实现时，并购方可能采取的风险控制措施或退出策略。

（2）法律与合规风险。商业银行对并购贷款中的法律与合规风险管理的内容包括：①并购交易各方是否具备并购交易主体资格；②并购交易是否按有关规定已经或即将获得批准，并履行必要的登记、公告等手续；③法律法规对并购交易的资金来源是否有限制性规定；④担保的法律结构是否合法有效并履行了必要的法定程序；⑤借款人对还款现金流的控制是否合法合规；⑥贷款人权利能否获得有效的法律保障；⑦与并购、并购融资法律结构有关的其他方面的合规性。

（3）整合风险。商业银行评估整合风险，包括但不限于分析并购双方是否有能力通过以下方面的整合实现协同效应：①发展战略整合；②组织整合；③资产整合；④业务整合；⑤人力资源及文化整合。

（4）经营及财务风险。商业银行评估经营及财务风险，包括但不限于：①并购后企业经营的主要风险，如行业发展和市场份额是否能保持稳定或增长趋势，公司治理是否有效，管理团队是否稳定并且有足够能力，技术是否成熟并能提高企业的竞争力，财务管理是否有效等；②并购双方的未来现金流及其稳定程度；③并购股权（或资产）定价高于目标企业股权（或资产）合理估值的风险；④并购双方的分红策略及其对并购贷款还款来源造成的影响；⑤并购中使用的债务融资工具及其对并购贷款还款来源造成的影响；⑥汇率和利率等因素变动对并购贷款还款来源造成的影响。

商业银行应当综合考虑上述风险因素，根据并购双方经营和财务状况、并购融资方式和金额等情况，合理测算并购贷款还款来源，审慎确定并购贷款所支持的并购项目的财务杠杆率，确保并购的资金来源中含有合理比例的权益性资金，防范高杠杆并购融资带来的风险。

3）并购贷款风险管理指标

对商业银行并购贷款风险采取指标控制方法，具体指标及控制比例如下：

（1）商业银行全部并购贷款余额÷同期本行一级资本净额≤50%。

（2）商业银行对单一借款人的并购贷款余额÷同期本行一级资本净额≤5%。

（3）并购交易价款中并购贷款所占比例≤60%。

（4）并购贷款期限≤7年。

4）并购贷款风险管理方法

（1）并购贷款集中度限额管理。商业银行应按照各自的并购贷款业务发展策略，分别按单一借款人、集团客户、行业类别、国家或地区对并购贷款集中度建立相应的限额控制体系，并向中国银保监会或其派出机构报告。

（2）实施专业管理。商业银行应在内部组织并购贷款尽职调查和风险评估的专业团队，对并购相关内容进行调查、分析和评估，并形成书面报告。专业团队的负责人应有3年以上并购从业经验，成员可包括但不限于并购专家、信贷专家、行业专家、法律专家和财务专家等。商业银行在并购贷款业务受理、尽职调查、风险评估、合同签订、贷款发放、贷后管理等主要业务环节以及内部控制体系中要加强专业化的管理与控制。

（3）加强中介的作用及管理。商业银行可根据并购交易的复杂性、专业性和技术性，聘请中介机构进行有关调查，并在风险评估时使用该中介机构的调查报告；要建立相应的中介机构管理制度，通过书面合同明确中介机构的法律责任。

（4）建立担保制度。商业银行原则上应要求借款人提供充足的能够覆盖并购贷款风险的担保，包括但不限于资产抵押、股权质押、第三方保证，以及符合法律规定的其他形式的担保。以目标企业股权质押时，商业银行应采用更为审慎的方法评估其股权价值和确定质押率。

（5）风险准备与不良贷款管理。商业银行应按照不低于其他贷款种类的频率和标准对并购贷款进行风险分类和计提拨备。出现不良并购贷款时，商业银行应及时采取贷款清收、保全，以及处置抵（质）押物、依法接管企业经营权等风险控制措施。

8.1.5 商业银行委托贷款风险管理

2018年1月，中国银监会印发《商业银行委托贷款管理办法》，旨在规范商业银行委托贷款业务经营，加强委托贷款业务管理，促进委托贷款业务健康发展。

1）委托贷款的含义

委托贷款是指委托人提供资金，由商业银行（受托人）根据委托人确定的借款人、用途、金额、币种、期限、利率等代为发放、协助监督使用并收回的贷款。委托贷款不包括现金管理项下委托贷款和住房公积金贷款。

2）商业银行受托办理委托贷款业务时要求委托人承担的职责

（1）自行确定委托贷款的借款人，并对借款人的资质、贷款项目、担保人资质、抵（质）押物等进行审查。

（2）确保委托资金来源合法合规且委托人有权自主支配，并按合同约定及时向商业银行提供委托资金。

（3）监督借款人按照合同约定使用贷款资金，贷款用途合法合规，并承担借款人的信用风险。

3）商业银行发放委托贷款业务中严禁接受的资金

（1）国家规定具有特殊用途的各类专项基金。

（2）银行授信资金。

（3）发行债券筹集的资金。

（4）筹集的他人资金。

（5）无法证明来源的资金。

4）商业银行受托发放的贷款资金用途不得为的方面

（1）生产、经营或投资国家明令禁止的产品和项目。

（2）从事债券、期货、金融衍生品、理财产品、股本权益等投资。

（3）作为注册资本金、注册验资或增资扩股。

（4）国家明确规定的其他禁止用途。

5）商业银行严格隔离委托贷款业务与自营业务风险需严禁的行为

（1）代委托人确定借款人。

（2）参与委托人的贷款决策。

（3）代委托人垫付资金发放委托贷款。

（4）代委托人垫付应纳税金。

（5）代借款人确定担保人。

（6）代借款人垫付资金归还委托贷款，或者以自营贷款置换委托贷款代委托人承担风险。

（7）为委托贷款提供各类形式担保。

（8）签订改变委托贷款业务性质的合同或协议。

（9）其他代为承担风险的行为。

6）委托贷款的其他风险管理要求

（1）商业银行应对委托贷款业务实行分级授权管理，商业银行分支机构不得未经授权或超授权办理委托贷款业务。

（2）商业银行应对委托贷款业务与自营贷款业务实行分账核算，严格按照会计核算制度的要求记录委托贷款业务，同时反映委托贷款和委托资金，二者不得轧差后反映，确保委托贷款业务核算真实、准确、完整。

（3）商业银行应建立、完善委托贷款管理信息系统，登记资金来源、投向、期限、利率以及委托人和借款人等相关信息，确保该项业务信息的完整、连续、准确和可追溯。

（4）商业银行发放委托贷款后，应严格按照监管机关客户风险统计制度的要求，准确报送委托贷款明细信息。

（5）商业银行应定期分析委托贷款业务风险，组织开展业务检查。

8.1.6 商业银行银行账簿利率风险管理

2018年6月，中国银保监会发布了《商业银行银行账簿利率风险管理指引（修订）》。此次修订，主要在细化风险管理要求、规范风险计量、强化监督检查等方面提出了更高要求。

1）银行账簿及银行账簿利率风险的含义

银行账簿记录的是商业银行未划入交易账簿的相关表内外业务。银行账簿利率风险指利率水平、期限结构等不利变动导致银行账簿经济价值和整体收益遭受损失的风险，主要包括缺口风险、基准风险和期权性风险。

2）建立完善的银行账簿利率风险治理架构

（1）明确董事会、高级管理层及专门部门的职责。商业银行董事会承担银行账簿利率风险管理的最终责任，董事会可以授权下设的专业委员会履行其银行账簿利率风险管理的部分职责。高级管理层承担银行账簿利率风险管理的实施责任。商业银行应指定专门部门负责银行账簿利率风险识别、计量、监测、控制和缓释，并确保其具备履行职能所需资源。该部门应独立于业务经营部门（或人员），并直接向高级管理层报告。

（2）制定包括风险策略、风险偏好、限额体系等在内的风险管理政策框架。商业银行应在综合考虑银行风险偏好、风险状况、宏观经济和市场变化等因素基础上制定清晰的银行账簿利率风险管理策略。商业银行应基于银行账簿利率风险对其经济价值和整体收益的影响制定书面的银行账簿利率风险偏好，并及时更新。商业银行应实施银行账簿利率风险限额管理，确保银行账簿利率风险水平与风险偏好一致。银行账簿利率风险限额体系应与商业银行的规模、业务复杂程度、资本充足程度及风险管理能力相匹配，必要时应针对业务部门、投资组合和金融工具类别设定子限额。

（3）商业银行应定期对银行账簿利率风险管理流程进行评估和完善。商业银行开发新产品、对现有产品进行重大改动、拓展新的业务领域，以及开展新的重大投资和避险交易前，应充分识别和评估银行账簿利率风险，确保其与风险偏好一致。如果评估认定新产品和新业务的银行账簿利率风险显著，则应经过测试阶段后再全面推开。商业银行应健全内部控制体系，定期评估银行账簿利率风险管理流程，确保其有效性、可靠性和合规性。商业银行应至少每年对银行账簿利率风险管理相关内控机制开展评估，及时完善内控制度。商业银行应将银行账簿利率风险纳入内部审计，向董事会提交审计报告，并及时报送监督管理机构。

3）银行账簿利率风险计量

（1）计量的内容。商业银行应采用合理的利率冲击情景和模型假设，基于经济价值变动和收益影响计量银行账簿利率风险。

银行账簿利率风险计量应包括银行承担风险的具有利率敏感性的银行账簿资产、负债，以及相关的表外项目。计量应包括缺口风险、基准风险和期权性风险等。其中，期权性风险包括自动期权风险和客户行为性期权风险。商业银行还应尽可能将信用利差风险纳入计量范围。

商业银行应对银行账簿资产或负债中余额占比5%以上的币种单独计量银行账簿利

率风险，并可根据自身风险管理需要，对占比低于5%的特定币种单独计量银行账簿利率风险。

（2）计量系统。商业银行应建立银行账簿利率风险计量系统，为银行账簿利率风险全流程管理提供支持。银行账簿利率风险计量系统应采用静态模拟、动态模型等多种方法计量经济价值和收益变化，有效评估各种利率冲击情景和压力情景的潜在影响，识别并计量银行账簿利率风险。该系统应能根据监管要求对内部风险参数进行限制或调整。

8.1.7 商业银行互联网贷款风险管理

2020年7月，中国银保监会发布《商业银行互联网贷款管理暂行办法》，旨在规范商业银行互联网贷款业务经营行为，促进互联网贷款业务健康发展。

1）商业银行互联网贷款的含义

商业银行互联网贷款指商业银行运用互联网和移动通信等信息技术，基于风险数据和风险模型进行交叉验证和风险管理，线上自动受理贷款申请及开展风险评估，并完成授信审批、合同签订、贷款支付、贷后管理等核心业务环节操作，为符合条件的借款人提供用于消费、日常生产经营周转等的个人贷款和流动资金贷款。

互联网贷款应当遵循小额、短期、高效和风险可控的原则。

2）风险管理体系

商业银行应当对互联网贷款业务实行统一管理，将互联网贷款业务纳入全面风险管理体系，建立健全适应互联网贷款业务特点的风险治理架构、风险管理政策和程序、内部控制和审计体系，有效识别、评估、监测和控制互联网贷款业务风险，确保互联网贷款业务发展与自身风险偏好、风险管理能力相适应。

（1）建立健全互联网贷款风险治理架构，明确董事会和高级管理层对互联网贷款风险管理的职责，建立考核和问责机制。

（2）商业银行应当确保具有足够的资源，独立、有效开展互联网贷款风险管理，确保董事会和高级管理层能及时知悉风险状况，准确理解风险数据和风险模型的作用与局限。

（3）商业银行互联网贷款风险管理制度应当涵盖营销、调查、授信、签约、放款、支付、跟踪、收回等贷款业务全流程。

（4）商业银行应当建立有效的反欺诈机制，实时监测欺诈行为，定期分析欺诈风险变化情况，不断完善反欺诈模型的审核规则和相关技术手段，防范冒充他人身份、恶意骗取银行贷款的行为，保障信贷资金安全。

（5）商业银行应当构建有效的风险评估、授信审批和风险定价模型，加强统一授信管理，运用风险数据，结合借款人已有债务情况，审慎评估借款人还款能力，确定借款人信用等级和授信方案。

（6）商业银行应当通过建立风险监测预警模型，对借款人财务、信用、经营等情况进行监测，设置合理的预警指标与预警触发条件，及时发出预警信号，必要时应通过人工核查作为补充手段。

（7）互联网贷款形成不良的，商业银行应当按照其性质及时制定差异化的处置方案，提升处置效率。

3）风险数据管理

（1）商业银行进行借款人身份验证、贷前调查、风险评估和授信审查、贷后管理时，应当至少包含借款人姓名、身份证号、联系电话、银行账户以及其他开展风险评估所必需的基本信息。如果需要从合作机构获取借款人风险数据，应通过适当方式确认合作机构的数据来源合法合规、真实有效，对外提供数据不违反法律法规要求，并已获得信息主体本人的明确授权。商业银行不得与违规收集和使用个人信息的第三方开展数据合作。

（2）商业银行收集、使用借款人风险数据应当遵循合法、必要、有效的原则，不得违反法律法规和借贷双方约定，不得将风险数据用于从事与贷款业务无关或有损借款人合法权益的活动，不得向第三方提供借款人风险数据，法律法规另有规定的除外。

（3）商业银行应当建立风险数据安全管理的策略与标准，采取有效技术措施，保障借款人风险数据在采集、传输、存储、处理和销毁过程中的安全，防范数据泄漏、丢失或被篡改的风险。

（4）商业银行应当对风险数据进行必要的处理，以满足风险模型对数据精确性、完整性、一致性、时效性、有效性等的要求。

4）风险模型管理

（1）商业银行应当合理分配风险模型开发测试、评审、监测、退出等环节的职责和权限，做到分工明确、责任清晰。商业银行不得将上述风险模型的管理职责外包，并应当加强风险模型的保密管理。

（2）商业银行应当结合贷款产品特点、目标客户特征、风险数据和风险管理策略等因素，选择合适的技术标准和建模方法，科学设置模型参数，构建风险模型，并测试在正常和压力情境下模型的有效性和稳定性。

（3）商业银行应当建立风险模型评审机制，成立模型评审委员会负责风险模型评审工作。风险模型评审应当独立于风险模型开发，评审工作应当重点关注风险模型的有效性和稳定性，确保与银行授信审批条件和风险控制标准相一致。经评审通过后风险模型方可上线应用。

（4）商业银行应当建立有效的风险模型日常监测体系，监测至少包括已上线风险模型的有效性与稳定性、所有经模型审批通过的贷款的实际违约情况等。监测发现模型缺陷或者已不符合模型设计目标的，应当保证能及时提示风险模型开发和测试部门或团队进行重新测试、优化，以保证风险模型持续适应风险管理要求。

（5）商业银行应当建立风险模型退出处置机制。对于无法继续满足风险管理要求的风险模型，应当立即停止使用，并及时采取相应措施，消除模型退出给贷款风险管理带来的不利影响。

（6）商业银行应当全面记录风险模型开发至退出的全过程，并进行文档化归档和管理，供本行和银行业监督管理机构随时查阅。

8.2 证券公司风险管理

证券公司是非银行金融机构，是证券市场重要的参与者，在国外一般称为投资银行。证券业是一个高风险行业，证券公司在其业务经营过程中面临各种各样的风险。加强证券公司风险管理既是证券公司自身生存和发展的需要，也是证券市场健康持续发展的需要。

8.2.1 证券公司风险的生成、特征及管理理念

证券公司的资产负债结构及特殊业务范围，使其蕴含的风险具有不同于其他金融机构的成因、特征，需要对其进行系统性管理。

1）证券公司风险的生成

证券公司的主营业务包括证券承销、证券经纪和证券自营，它既有一般金融中介的共性，也有作为证券市场主角的特征。因此，证券公司面临的风险应该是其作为金融中介的共有风险与自身行业特有风险的综合体。具体来说，证券公司的风险主要来源于两个方面：证券公司的内在脆弱性和金融资产价格的过度波动性。证券公司在制定风险管理战略时必须综合考虑这两方面的风险。

（1）证券公司的内在脆弱性。首先，证券公司的内在脆弱性表现为其高负债的资金结构。证券公司的自有资金相对较少，往往是通过短期借贷来进行杠杆运作。这种运作方式隐含着巨大的经营风险。其次，证券公司的脆弱性有其管理制度上的原因。其所有者和管理者是委托-代理关系，这决定了证券公司的管理过程具有内在的风险因素。最后，证券公司的脆弱性源于竞争的压力。在传统业务市场空间狭小和利润低的情况下，证券公司在争取顾客与市场、开拓新业务过程中进行着高风险的活动。

（2）金融资产价格的过度波动性。证券公司是金融市场的重要参与者，在开展承销、做市、自营等业务时持有大量股票、债券和金融衍生工具，这些金融资产的价格风险是证券公司风险的重要来源。由于金融资产自身难以定价、金融资产价格受市场信心影响大、投机力量和信用交易机制增强了价格波动等原因，证券公司面临金融市场中大多数金融产品价格波动带来的影响。

2）证券公司风险的特征

（1）扩张性。现代金融业的发展使各金融机构紧密相连、互为依存。许多业务都是在多家金融机构间进行的，一家金融机构发生问题，会使整个金融体系周转不灵甚至诱发信用危机。目前，我国的证券市场尚不成熟，任何负面影响都可能波及整个证券市场，造成不良的社会后果。

（2）周期性。证券公司是在既定的货币政策环境中运营的，而货币政策在周期规律的作用下，有宽松期、紧缩期之分。证券市场的“熊牛”期往往对应经济周期的变动，甚至先于经济变动而预先发生变动，成为经济变动的“晴雨表”。

（3）可控性。对证券公司来说，虽然其面临各种宏观风险和微观风险，但风险是可以抵御和控制的。通过采取增加资本金、调整风险性资产、加强风险管理等措施，证券

公司可以增强抵御风险的能力。

3）证券公司风险管理理念

证券公司在风险管理中必须遵循以下6个基本理念：

（1）在任何风险规避方案中，最重要的工具是经验、判断和不断地沟通。

（2）必须不断地在整个公司内部强化纪律和风险意识。

（3）管理人员必须以清晰和简洁的语句告诫下属，在资本运营中哪些可以做、哪些不可以做。

（4）风险管理必须考虑非预期的事件，探索潜在的问题，检测不足之处，协助识别可能的损失。

（5）风险管理策略必须具备灵活性，以适应不断变化的环境。

（6）风险管理的主要目标是减少难以承受的损失的可能性，这样的损失通常源自无法预计的事件。

8.2.2 证券公司风险的类型

证券公司风险可分为系统性风险和非系统性风险。

1）系统性风险

（1）政策性风险。政策性风险是指因国家政策变动造成市场环境的急速变化从而对证券公司正常的经营管理造成的风险。目前，我国市场法规体系和市场监管体系还有待于进一步健全，管理层在政策力度的把握、政策的连续性、政策发布的时机选择等方面还有调整的空间，这些原因使证券公司面临较大的政策性风险。

（2）经济周期风险。经济周期的内在规律性使宏观经济表现出繁荣、衰退、萧条、复苏、繁荣的周期性波动，给证券公司的发展带来周期性风险。市场经济内生的自发性调节作用会使经济周期的波动首先反映在金融市场的价格上，如利率、汇率等，进而影响证券公司的经营活动。因此，证券公司要根据经济的周期性来调节业务结构和投资组合，顺势而为，降低周期性风险给证券公司带来的损失。

（3）利率风险。利率的变动影响证券市场上金融产品的价格和交投的活跃程度，进而对证券公司产生影响。利率降低，证券价格上升，二级市场繁荣，证券公司的自营业务会取得较好的收益，较多新股的发行与上市也使证券公司的经纪代理业务收益增加；反之，利率上升，证券市场可能步入“熊市”，证券公司由于交投清淡而收益下滑，直至遭受损失。

（4）购买力风险。在通货膨胀条件下，随着商品价格的上涨，证券市场上各种金融产品的价格也会上涨，投资者的货币收入有所增加，证券公司的收益也会相应增加，这会使人们忽视通货膨胀风险的存在并产生一种货币幻觉。其实，由于货币贬值，货币购买力下降，证券公司的实际收益不仅没有增加，反而有所减少。

2）非系统性风险

（1）市场风险。市场风险是指因市场波动而导致证券公司某一头寸或组合遭受损失的可能性。这种波动包括股价、商品价格及其他金融产品价格的波动，收益曲线的变动，市场流动性的变动，以及其他市场因素的变动。市场风险主要来源于证券公司的自营业务。

（2）信用风险。信用风险是金融业最基本的风险。信用风险是指由于交易对手不能或不愿履行合约承诺而使证券公司遭受的潜在损失。这些合约包括按时偿还本息、互换与外汇交易中的结算、证券买卖与回购协议以及其他合约义务。从根源上分析，信用风险是由交易双方的信息不对称造成的，信息不对称容易导致逆向选择和道德风险。

（3）流动性风险。由于证券公司业务的特殊性，证券公司面临较大的流动性风险，其主要原因在于证券公司的财务结构中资产流动比率过低，当经营不利时，头寸和金融产品不能及时变现，投资者得不到现金支付就会感到恐慌。

（4）财务结算风险。证券公司的财务结算风险主要有3种：

① 清算。资金清算不及时或发生差错，发生在客户端会影响客户次日正常交易，发生在交易所端会造成证券公司被罚款或全部新股申购无效等，进而导致证券公司需要对投资者进行赔偿。

② 账外经营。部分证券公司“小金库”失控，账外自营证券损失十分严重。

③ 对外担保。一些证券公司对外进行各种财务担保，可能使证券公司遭受重大损失，甚至倒闭。

（5）内部控制风险。内部控制不健全或不完善导致的经营管理失误会使证券公司遭受损失，主要表现为操作风险，即因交易或管理系统操作不当或缺少必要的后台技术、由于人员使用不当或外部事件等造成的损失。

（6）声誉风险。2021年10月，中国证券业协会发布《证券公司声誉风险管理指引》所称声誉风险是指由于证券经营机构行为或外部事件、及其工作人员违反廉洁规定、职业道德、业务规范、行规行约等相关行为，导致投资者、发行人、监管机构、自律组织、社会公众、媒体等对证券公司形成负面评价，从而损害其品牌价值，不利其正常经营，甚至影响到市场稳定和社会稳定的风险。

证券公司应建立声誉风险管理制度和机制，主动有效地识别、评估、控制、监测、应对和报告声誉风险，最大程度地防范和减少声誉事件对公司及利益相关方、行业造成的损失和负面影响。

证券公司应在战略规划、公司治理、业务运营、信息披露、工作人员行为管理等经营管理的各领域充分考虑声誉风险，并密切关注流动性风险、市场风险、信用风险、操作风险、法律风险、合规风险和信息技术风险等其他风险与声誉风险的交互影响和转化。

8.2.3 证券公司风险控制

1）外部监管

证券公司的外部监管机构是国务院证券监督管理机构①，即中国证监会。如果发现证券公司存在重大风险隐患，中国证监会可以派出风险监控现场工作组对证券公司进行专项检查，对证券公司划拨资金、处置资产、调配人员、使用印章、订立以及履行合同

① 参见中国证券监督管理委员会2008年发布、2016年修订的《证券公司风险处置条例》第二章第六条。

等经营、管理活动进行监控，并及时向有关地方人民政府通报情况。

中国证监会有权采取下列措施，对证券公司的业务活动、财务状况、经营管理情况进行检查：

（1）询问证券公司的董事、监事、工作人员，要求其对有关检查事项作出说明；

（2）进入证券公司的办公场所或者营业场所进行检查；

（3）查阅、复制与检查事项有关的文件、资料，对可能被转移、隐匿或者毁损的文件、资料、电子设备予以封存；

（4）检查证券公司的计算机信息管理系统，复制有关数据资料。

中国证监会为查清证券公司的业务情况、财务状况，经国务院证券监督管理机构负责人批准，可以查询证券公司及与证券公司有控股或者实际控制关系企业的银行账户。

2）风险控制指标的监管[①]

证券公司应建立以净资本和流动性为核心的风险控制指标体系。在开展各项业务时，应按中国证监会的有关规定，遵循审慎、实质重于形式的原则，计算净资本、风险覆盖率、资本杠杆率、流动性覆盖率、净稳定资金率等各项风险控制指标，编制净资本计算表、风险资本准备计算表、表内外资产总额计算表、流动性覆盖率计算表、净稳定资金率计算表、风险控制指标计算表等监管报表。

证券公司净资本由核心净资本和附属净资本构成。其中：

$$\text{核心净资本} = \text{净资产} - \text{资产项目的风险调整} - \text{或有负债的风险调整} - (+)\ \text{中国证监会认定或核准的其他调整项目}$$

$$\text{附属净资本} = \text{长期次级债} \times \text{规定比例} - (+)\ \text{中国证监会认定或核准的其他调整项目}$$

证券公司应当按照中国证监会规定的证券公司净资本计算标准计算净资本。净资本指标与上月相比发生20%以上不利变化或不符合规定标准时，证券公司应在5个工作日内向公司全体董事报告，在10个工作日内向公司全体股东报告。

证券公司计算核心净资本时，应当按照规定对有关项目充分计提资产减值准备。

中国证监会及其派出机构可以要求证券公司专项说明资产减值准备提取的充足性和合理性。有证据表明证券公司未充分计提资产减值准备的，中国证监会及其派出机构可以责令证券公司整改并追究相关人员的责任。

中国证监会可以根据市场发展情况和审慎监管原则，对各项风险控制指标标准及计算要求进行动态调整；调整之前，应当公开征求行业意见，并为调整事项的实施作出过渡性安排。

对于未规定风险控制指标标准及计算要求的新产品、新业务，证券公司在投资该产品或者开展该业务前，应当按照规定事先向中国证监会、公司注册地的中国证监会派出机构（以下简称派出机构）报告或者报批。中国证监会根据证券公司新产品、新业务的特点和风险状况，在征求行业意见的基础上确定相应的风险控制指标标准及计算要求。

3）各项业务的风险管理指标

证券公司不同业务的最低净资本要求及风险控制指标标准见表8-1、表8-2。

① 证券公司风险管理指标的内容根据2016年修订的《证券公司风险控制指标管理办法》编写。

表8-1　　　　**证券公司经营不同业务对最低净资本的要求**

业务范围	净资本额（万元）
证券经纪业务	2 000
证券承销与保荐、证券自营、证券资产管理、其他证券业务等业务之一	5 000
证券经纪业务，同时经营证券承销与保荐、证券自营、证券资产管理、其他证券业务等业务之一	10 000
证券承销与保荐、证券自营、证券资产管理、其他证券业务中两项及两项以上	20 000

资料来源　根据中国证券监督管理委员会2016年发布的《证券公司风险控制指标管理办法》有关内容整理。

表8-2　　　　**证券公司风险控制指标标准**

指标内容	指标标准
风险覆盖率=净资本/各项风险资本准备之和×100%	不得低于100%
资本杠杆率=核心净资本/表内外资产总额×100%	不得低于8%
流动性覆盖率=优质流动性资产/未来30天现金净流出量×100%	不得低于100%
净稳定资金率=可用稳定资金/所需稳定资金×100%	不得低于100%

注：中国证监会对各项风险控制指标设置预警标准，对于规定“不得低于”一定标准的风险控制指标，其预警标准是规定标准的120%；对于规定“不得超过”一定标准的风险控制指标，其预警标准是规定标准的80%。

证券公司的净资本等风险控制指标达到预警标准或者不符合规定标准的，应当分别在该情形发生之日起3个、1个工作日内，向中国证监会及其派出机构报告，说明基本情况、问题成因以及解决问题的具体措施和期限。

4）风险资本准备的计算

证券公司应当按照中国证监会规定的证券公司风险资本准备计算标准计算市场风险、信用风险、操作风险资本准备。中国证监会可以根据特定产品或业务的风险特征，以及监督检查结果，要求证券公司计算特定风险资本准备。市场风险资本准备按照各类金融工具市场风险特征的不同，用投资规模乘以风险系数计算；信用风险资本准备按照各表内外项目信用风险程度的不同，用资产规模乘以风险系数计算；操作风险资本准备按照各项业务收入的一定比例计算。证券公司可以采取内部模型法等风险计量高级方法计算风险资本准备，具体方法由中国证监会另行制定。

证券公司经营证券自营业务、为客户提供融资或融券服务的，应当符合中国证监会对该项业务的风险控制指标标准。证券公司可以结合自身实际情况，在不低于中国证监会规定标准的基础上，确定相应的风险控制指标标准。

5）证券公司同一业务同一客户风险管理

2023年6月，中国证券业协会发布《证券业务示范实践第4号——证券公司同一业务同一客户风险管理》指出，近年来，随着资本市场启动全面深化改革，证券行业步入了高质量发展的新轨道，业务品种及业务模式日趋多样化、复杂化，相应地，管理模式上呈现出以业务品种为中心的组织架构转向以客户为中心的组织架构的趋势。同时，随着融资类业务、衍生品业务的不断发展壮大，母子公司对客户及其关联方的业务交叉日益增多，证券公司风险暴露的形式也更加多样、复杂，加之金融市场信用风险事件频发，证券公司的融资类、信用债投资等业务踩雷事件屡见不鲜。因此，加强同一业务、同一客户集中统一的风险管理既是金融行业防范系统性风险的重要举措，也是证券公司自身持续稳定健康发展、提升全面风险管理水平的必要手段。在业务管理和风险管理的双重驱动下，证券行业推进同一业务、同一客户风险管理的工作势在必行。建立同一业务、同一客户风险管理机制，有利于证券公司按照科学合理的方法对具有相同风险特征的业务采取基本一致的风控措施；有利于证券公司在准确识别客户关联关系的基础上，实现对客户评级授信、风险监测及后续管理等的统一管控，进而优化风险管理全流程，提升全面风险管理能力。

微课 8-1

资本市场发展与风险管理

证券公司进行同一业务、同一客户风险管理，应当制定同一业务、同一客户风险管理的相关制度，明确适用范围、各项定义及认定标准、职责分工等相关内容。在此，如无特殊说明，均以业务全覆盖、子公司全覆盖、分支机构全覆盖、风险类型全覆盖的风险管理为目标适用范围。证券公司可以结合自身实践酌情参考。

【思政小课堂】

诚信之于证券行业的重要性

2022年5月，中国证券业协会发布《证券行业诚信准则》，旨在提升证券行业的诚信水平，倡导诚信文化，建立健全诚信建设长效机制，优化行业发展生态。该准则指出，机构及其工作人员从事证券相关业务时，应当自觉树立以诚相待、以信为本的理念，依法合规展业，勤勉尽责，言行一致，珍惜声誉，履约践诺，独立、客观、公正地履行职责和提供服务，保守国家秘密、商业秘密和个人隐私，自觉抵制违法违规失信行为。

机构承担诚信文化建设、诚信从业风险防控主体责任，机构主要负责人是落实诚信从业管理职责的第一责任人。

机构的董事会或者不设董事会的执行董事决定诚信从业管理目标，对诚信从业管理的有效性承担责任。

机构的高级管理人员负责落实诚信从业管理目标，对诚信运营承担责任。各级负责人应加强对所属部门、分支机构或子公司工作人员的诚信从业管理，在职责范围内承担相应管理责任。

监事会或者不设监事会的监事对董事、高级管理人员履行诚信从业管理职责的情况进行监督。

8.2.4 证券公司经纪业务的风险管理

2023年1月，中国证监会发布《证券经纪业务管理办法》规定，除证券公司外，任何单位和个人不得从事证券经纪业务。证券经纪业务，是指开展证券交易营销，接受投资者委托开立账户、处理交易指令、办理清算交收等经营性活动。经纪业务的风险管理主要着眼于制度建设，通过制定业务、财务、行政后勤等管理办法、程序、规章制度等，来界定部门和个人的职责，充分发挥各业务、职能部门的功能，控制经营风险，实现经营目标。经纪业务的风险相对较小，但经纪业务是证券公司利润的主要来源，不可忽视其风险。证券经纪业务的风险管理包括以下几个方面：

1）建立健全证券公司经纪业务的行为规范与行为禁止制度

《证券经纪业务管理办法》规定，证券公司及其从业人员从事证券经纪业务营销活动，应当向投资者介绍证券交易基本知识，充分揭示投资风险，不得有下列行为：

（1）诱导无投资意愿或者不具备相应风险承受能力的投资者开立账户、参与证券交易活动；

（2）提供、传播虚假或者误导投资者的信息；

（3）直接或者变相向投资者返还佣金、赠送礼品礼券或者提供其他非证券业务性质的服务；

（4）采用诋毁其他证券公司等不正当竞争方式招揽投资者；

（5）对投资者证券买卖的收益或者赔偿证券买卖的损失作出承诺；

（6）与投资者约定分享投资收益或者分担投资损失；

（7）违规委托证券经纪人以外的个人或者机构进行投资者招揽、服务活动；

（8）损害投资者合法权益或者扰乱市场秩序的其他行为。

2）建立风险监控机构

建立证券公司、经纪业务部和营业部三级风险控制机构，并对营业部的风险程度（基本无风险、有风险但较小、风险较大需要密切关注）进行分类监控。

《证券经纪业务管理办法》规定，证券公司应当建立层级清晰、管控有效的组织体系，对开展证券经纪业务的分公司、营业部（以下统称“分支机构”）实施集中统一管理，加强分支机构风险管控。

证券公司设立分支机构的数量、管理层级应当与公司内部控制水平相匹配。账户交易权限管理、资产转移等涉及投资者重要权益的事项应当由公司实施授权管理，分支机构根据公司授权具体办理。

3）扩展技术管理手段

利用现代化通信手段，加大信息系统投入，通过卫星系统和地面DDN，实现地空两条线，对营业部进行实时监控。

证券公司应当根据中国证监会相关规定，加强证券经纪业务信息系统管理，保障投资者信息安全和交易连续性，避免对证券交易场所、结算等单位的相关信息系统造成不当影响。

证券公司应当按规定并结合自身状况与业务发展需要，决定分支机构是否提供现场交易服务、是否部署与现场交易服务相关的信息系统。证券公司分支机构信息技术的具体要求由中国证券业协会制定。

4）加大审核力度

加大稽核审计的力度，确保营业部财务明晰，及时与总公司结算，完善各类突发事件的应变措施。

5）实行岗位轮换制度

对重要岗位实行不定期检查，采取主要负责人员轮调的方式，防止工作人员利用职务之便作案，给公司造成损失。

6）加强外部监管

证券公司违反《证券经纪业务管理办法》规定的，依法采取出具警示函、责令改正、责令增加内部合规检查次数、责令定期报告、责令处分有关人员等行政监管措施；情节严重的，依照《中华人民共和国证券法》的有关规定采行政监管措施；对直接负责的高级管理人员和其他责任人员，依法采取出具警示函、责令改正、监管谈话等行政监管措施。证券从业人员违反规定的，依法采取出具警示函、责令改正、监管谈话等行政监管措施。

证券公司及其从业人员违反规定，涉嫌犯罪的，依法移送司法机关，追究刑事责任。

8.2.5 证券公司承销业务的风险管理

证券承销风险指证券公司在承销股票、债券、金融衍生品等经营活动中，由于不能在规定的时间内按事先约定的条件完成承销发行任务而造成损失的可能性。证券承销业务风险管理的方法有：

1）综合考虑，加强市场营销

证券公司投资银行部应加强与研究部合作，强化对市场的研究与预测，在综合考虑发行公司盈利能力、发展前景、行业特点、所需资金、发行数量、市场状态，以及承销商承担风险的能力等因素基础上，确定合理的发行价格。对于行业前景好、自身经营素质较好的企业，发行价格可定得高一些，为发行人多筹集一些资金。同时，要选择最佳发行时机，不断进行金融创新，规避风险。

2023年2月，中国证券业协会发布《首次公开发行证券承销业务规则》，其中规定，发行人和主承销商可以采用现场、电话、视频会议、互联网等合法合规的方式进行路演推介。采用公开方式进行路演推介的，应当事先披露举行时间和参加方式。

路演推介期间，发行人和主承销商与投资者任何形式的见面、交谈、沟通，均视为路演推介。

首次公开发行证券以及公开发行股票并在北交所上市申请文件受理后至发行人发行申请经交易所审核通过、并获中国证券监督管理委员会同意注册、依法刊登招股意向书前，主承销商不得自行或与发行人共同采取任何公开或变相公开方式进行与证券发行相关的推介活动，也不得通过其他利益关联方或委托他人等方式进行相关活动。

2）合理制定发行价格

在发行价格的制定过程中，要认真做好二级市场调研，摸清同类型证券的市盈率。证券公司还可以通过问卷调查的方式，了解投资者对发行价格的承受能力。通常新证券发行的市盈率应低于二级市场同类型证券的市盈率。

2023年2月，中国证券业协会发布《首次公开发行证券承销业务规则》，其中规定，承销商在开展证券承销业务时，应当在综合评估项目执行成本基础上合理确定报价，积极承担社会责任，支持中小企业发展，维护行业良好形象，不得存在违反公平竞争、破坏市场秩序等行为。承销商应当和发行人及拟公开发售股份的发行人股东合理确定本次发行承销费用分摊原则，不得损害投资者的利益。

3）做好承销前的尽职调查

尽职调查是指承销商在证券承销前，以本行业公认的业务标准和道德规范，对发行人及市场的有关情况，对有关文件的真实性、准确性、完整性进行的核查、验证等专业调查。从法律上讲，企业通过资本市场向社会公众发行股票时，如果出现虚假陈述、重大遗漏等欺诈公众的行为，则除发行人以外，包括承销商在内的所有中介机构都必须承担法律责任。如果中介机构能够（有据可查）证明自己已经以其行业的业务标准和道德规范、以应有的勤勉尽责对发行人及其相关文件进行了审查，仍无法发现欺骗行为，自己也是被骗的受害者，则可以免责。因此，承销商的尽职调查直接关系到其承担的承销风险和保证责任。为保护自身利益并保证发行成功，主承销商应准备一份详尽的调查提纲，就发行人及其所在行业情况、产业政策以及股票一、二级市场的状况等招股说明书对披露的内容进行全面审查。如果审查结果表明发行人无法达到股票发行上市的要求，承销商承担的风险太大，就应果断淘汰该项目。

4）选择适当的承销方式

选择不同的承销方式，证券公司承担的风险程度不同，相应地，其收取的承销费率也不同。代销的风险低，收益也低；包销的风险高，收益也高。证券公司根据所选择的承销方式，与发行人签订代销或包销协议。证券公司应对自身的实力和发行项目需要承担的风险进行准确的评估，对有把握的项目选择包销方式，对风险较大的项目选择代销方式，避免包销造成的资金占压。对风险过大的项目应果断淘汰。为了分散风险，《中华人民共和国证券法》规定，向社会公开发行的证券票面总值超过人民币5 000万元的，应当由承销团承销。根据2023年2月中国证监会发布的《证券发行与承销管理办法》，证券发行由承销团承销的，组成承销团的承销商应当签订承销团协议，由主承销商负责组织承销工作。证券发行由两家以上证券公司联合主承销的，所有担任主承销商的证券公司应当共同承担主承销责任，履行相关义务。承销团由三家以上承销商组成的，可以设副主承销商，协助主承销商组织承销活动。

证券公司不得以不正当竞争手段招揽承销业务。承销团成员应当按照承销团协议及承销协议的规定进行承销活动，不得进行虚假承销。

5）对发行人和承销商的管理

《证券发行与承销管理办法》规定，发行人和承销商及相关人员不得有下列行为：

（1）泄露询价和定价信息；

（2）劝诱网下投资者抬高报价，干扰网下投资者正常报价和申购；

（3）以提供透支、回扣或者中国证监会认定的其他不正当手段诱使他人申购证券；

（4）以代持、信托持股等方式谋取不正当利益或向其他相关利益主体输送利益；

（5）直接或通过其利益相关方向参与认购的投资者提供财务资助或者补偿；

（6）以自有资金或者变相通过自有资金参与网下配售；

（7）与网下投资者互相串通，协商报价和配售；

（8）收取网下投资者回扣或其他相关利益；

（9）以任何方式操纵发行定价。

8.2.6 证券公司自营业务的风险管理

1）证券公司自营业务品种及账户管理

证券公司从事证券自营业务，限于买卖依法公开发行的股票、债券、权证、证券投资基金或者国务院证券监督管理机构认可的其他证券；证券公司从事证券自营业务，应当使用实名证券自营账户；证券公司的证券自营账户应当自开户之日起3个交易日内报证券交易所备案。

2）自营业务的资金管理

资金是证券公司自营业务的基本工具。首先，要进行资金规模管理。资金规模并非越大越好，虽然资金规模越大，抗风险能力越强，盈利能力可能增大，但如果其中的自有资金比例较低，在证券价格下跌时，很容易吞没本金，造成巨大亏损。因此，需要选择合适的资金规模，与证券公司自身的管理能力相适应。其次，要进行资产负债联合管理，也就是资金运用与资金来源的管理，它是自营业务资金管理的核心内容。资产管理的主要任务有两个：一是合理分配资金投向，使投资结构既有利于盈利最大化目标的实现，又稳健安全，使投资风险得到有效控制，并使资产保持一定的流动性；二是自觉控制投资规模，使之控制在资金来源可能的范围内，同时还应留有一定的资金余地，并依法提取风险准备金。负债管理要以自营业务的投资战略为目标，拓展筹资渠道，扩大资金来源；还要降低筹资成本，延长融资期限，提高自有资本的比重。

3）自营业务的授权管理

证券自营业务必须明确授权机制，界定职能人员的职责和权利。首先，要明确授权层次。授权可分为3个层次：总经理向部门经理授权，部门经理向操作小组授权，操作小组最后将资金分配给个人。这3个层次的授权并不是绝对的，可根据资金运作规模的大小决定授权层次，当资金量小时就可能只有1个层次。其次，要明确授权种类。自营业务授权有两种：资金额度授权和持仓量授权。再次，要确定授权范围。授权范围可分为全部授权和部分授权两种。最后，要掌握授权时限。根据行情的变化，要相应调整授权时限。授权时限短的可以是1个季度，长的可以是1年。

4）自营业务的操作管理

自营业务对象包括普通股、债券、认股权证、可转换债券等衍生工具、封闭式基金等。自营业务的操作要按照规范的流程进行，即拟订建仓计划、建仓计划的实施、止损点的管理。证券市场瞬息万变，拟订计划与实施计划要随着时间的变化不断调整，以保证收益的实现和降低风险。

5）自营业务的合规管理

证券公司从事证券自营业务，不得有下列行为：

（1）违反规定购买本证券公司控股股东或者与本证券公司有其他重大利害关系的发行人发行的证券；

（2）违反规定委托他人代为买卖证券；

（3）利用内幕信息买卖证券或者操纵证券价格；

（4）法律、行政法规或者国务院证券监督管理机构禁止的其他行为。

8.2.7 证券资产管理业务风险管理

按照规定，证券公司可以从事接受客户的委托、使用客户资产进行投资的证券资产管理业务。投资所产生的收益由客户享有，损失由客户承担，证券公司可以按照约定收取管理费用。

1）资产管理业务的风险控制措施

证券公司从事证券资产管理业务，应当与客户签订证券资产管理合同，约定投资范围、投资比例、管理期限及管理费用等事项。在管理过程中，其风险控制措施包括以下内容：

（1）充分了解客户状况。证券公司应当按照规定程序，了解客户的身份、财产与收入状况、证券投资经验和风险偏好，并以书面和电子方式加以记载、保存。证券公司应当根据所了解的客户情况推荐适当的产品或者服务。

（2）明确客户需求。证券公司与客户签订证券交易委托、证券资产管理、融资融券等业务合同，应当事先指定专人向客户讲解有关业务规则和合同内容，并将风险揭示书交由客户签字确认。

（3）客户资产集合投资的管理。证券公司使用多个客户的资产进行集合投资，或者使用客户资产对特定目标产品进行专项投资，应当符合国务院证券监督管理机构的有关规定，并报国务院证券监督管理机构批准。

2）证券资产管理业务的合规管理

证券公司从事证券资产管理业务，不得有下列行为：

① 向客户作出保证其资产本金不受损失或者保证其取得最低收益的承诺；

② 接受一个客户的单笔委托资产价值，低于国务院证券监督管理机构规定的最低限额；

③ 使用客户资产进行不必要的证券交易；

④ 在证券自营账户与证券资产管理账户之间或者不同的证券资产管理账户之间进行交易，且无充分证据证明已依法实现有效隔离；

⑤ 法律、行政法规或者国务院证券监督管理机构禁止的其他行为。

8.2.8 融资融券业务风险管理

证券公司从事的融资融券业务是指在证券交易所或者国务院证券监督管理机构批准

的其他证券交易场所进行的证券交易中，证券公司向客户出借资金供其买入证券或者出借证券供其卖出，并由客户交存相应担保物的经营活动。

1）证券公司对融资融券业务的风险管理

（1）证券公司从事融资融券业务应具备的条件：证券公司治理结构健全，内部控制有效；风险控制指标符合规定，财务状况、合规状况良好；有经营融资融券业务所需的专业人员、技术条件、资金和证券；有完善的融资融券业务管理制度和实施方案；国务院证券监督管理机构规定的其他条件。

（2）规范融资融券的账户管理。证券公司从事融资融券业务，应当与客户签订融资融券合同，并按照国务院证券监督管理机构的规定，以证券公司的名义在证券登记结算机构开立客户证券担保账户，在指定商业银行开立客户资金担保账户；在以证券公司名义开立的客户证券担保账户和客户资金担保账户内，应当为每一客户单独开立授信账户。

（3）对融资融券的资金和证券的规定。证券公司向客户融资，应当是自有资金或者依法筹集的资金；证券公司向客户融券，应当使用自有证券或者依法取得处分权的证券。证券公司自有资金或者证券不足的，可以向证券金融公司借入。

2）融资融券的客户保证金管理

（1）客户的责任。证券公司向客户融资融券时，客户应当交存一定比例的保证金。保证金可以用证券充抵。客户交存的保证金以及通过融资融券交易买入的全部证券和卖出证券所得的全部资金，均为对证券公司的担保物，应当存入证券公司客户证券担保账户或者客户资金担保账户并记入该客户授信账户。

证券公司应当逐日计算客户担保物价值与其债务的比例。当该比例低于规定的最低维持担保比例时，证券公司应当通知客户在一定的期限内补交差额。客户未能按期交足差额，或者到期未偿还融资融券债务的，证券公司应当立即按照约定处分其担保物。

（2）证券公司的责任。客户证券担保账户内的证券和客户资金担保账户内的资金为信托财产，证券公司不得违背受托义务侵占客户担保账户内的证券或者资金。一般情况下，证券公司不得动用客户担保账户内的证券或者资金。

（3）交易所的责任。证券交易所应对以下情况作出规定：证券公司可以向客户融出的证券和融出资金可以买入证券的种类；可充抵保证金的有价证券的种类和折算率；融资融券的期限；最低维持担保比例和补交差额的期限。

8.3 保险公司风险管理

风险是保险产生和发展的自然基础。保险公司本身是经营风险的企业，它利用保险产品为其他企业、个人等提供风险管理服务。与此同时，保险公司自身也会面临各种各样的风险，而且保险公司涉及公众利益，因而保险公司自身的风险管理非常重要。我国保险行业处于较快发展时期。国家金融监督管理总局的数据显示，截至2023年12月31日，中国境内有保险机构法人238家。其中，保险集团（控股）公司13家，政策性保险公司1家，财险公司88家，寿险公司75家，再保险公司7家，养老险公司9家，健康险公司7家，保险资产管理公司35家，其他类型3家。

8.3.1 保险公司风险管理的含义与目标

1）保险公司风险管理的含义

保险公司的风险是指对实现保险公司经营目标可能产生负面影响的不确定性因素。

保险公司的风险管理是指保险公司围绕经营目标，对保险公司经营中的风险进行识别、评估和控制的基本流程以及相关的组织架构、制度和措施。

保险公司要将风险管理思想贯穿于整个经营管理中，将风险管理职能分散在相关的职能部门，如业务管理部、稽核部、财务部等。保险公司风险管理就是与保险公司计划、组织、指挥和协调等其他管理过程相联系，并在费用合理支出的基础上将意外损失减少到最低限度，旨在处理潜在意外损失的管理过程。保险公司风险管理具体表现为：根据保险公司的经营目标，识别与估计各类潜在的风险损失；分析、评价和选择各类风险管理技术；实施风险管理决策；评价风险管理决策及其实施效果。

2）保险公司风险管理的目标

风险管理的基本目标是以最小的风险管理成本获得最大的安全保障。保险公司作为一个经营风险的企业，具有很强的风险意识，在其制定经营目标时自然会考虑风险管理的目标。保险公司风险管理的目标可以概括为生存、持续经营、盈利和持续发展目标。

（1）生存目标。保险公司的首要目标就是生存目标。为此，保险公司必须确保足够的偿付能力。也可以说，保证保险公司的财务稳定、具备与其业务规模相适应的偿付能力，是保险公司风险管理的最基本目标。

（2）持续经营目标。在保证生存目标的基础上，保险公司进一步的目标就设定在持续经营上。在竞争性市场中，保险公司能够保证资本金与所收保费足以支付赔款，继续经营下去，也是一种选择。在国际市场中，保险公司的承保利润一般为负，也就是说，所收保费不足以支付赔款。但是，保险公司依旧以投资利润维持着企业的继续经营。

（3）盈利目标。稳定的收益有利于增强保险公司的信心，有利于保险公司的正常发展。不过，保险公司的盈利能力不能依靠提高保险费率、多收保费来实现，在激烈的市场竞争中，提高价格会使客户流失。为了保证盈利能力，保险公司必须加强内部控制，降低费用，合理投资。

（4）持续发展目标。为了实现发展目标，保险公司必须制订高质量的风险管理计划，使保险公司在稳定的、相对确定的环境中持续健康发展。发展不同于增长，不能单纯地追求规模上的增长速度、保险费上的数额增长，而是要追求在一定规模之上的、更合理的产品结构和更高的业务质量。

【思政小课堂】

保险——最古老的风险管理方法之一

保险思想并非是现代人的专利，早在几千年前，古人就开始尝试进行风险管理、规避风险和对付灾害及意外事故。在长久的实践中，他们总结形成了大量富含哲理的话语，萌生了最原始的保险思想。早在3 000多年前，我国长江地区的商人运用保险原理从事水运，他们不将个人货物集中放在一条船上，以便更好地分散风险。

《周易·象传下·既济》说“君子以思患而豫防之”，《乐府诗集·君子行》说“君子防未然”，《论语·卫灵公》说“子曰‘人无远虑，必有近忧’”。这都是古人对保险的朴素认识。

可以说，“保险的运用不是要改变您的生活，而是为了确保您的生活不会被改变”。

8.3.2 保险公司风险的种类

保险公司应当识别和评估经营过程中面临的各类主要风险，包括保险风险、市场风险、信用风险、操作风险、声誉风险、其他关联风险等。

1）保险风险

保险风险是指由于对死亡率、疾病率、赔付率、退保率等判断不正确导致产品定价错误或者准备金提取不足、再保险安排不当、非预期重大理赔等造成损失的可能性。

（1）产品定价风险。定价风险主要是指保险公司在开发新险种时因厘定的费率不准确而给保险公司经营带来的风险。保险价格即费率，它既是调节保险供求的杠杆，又是影响保险公司财务稳定性的重要因素。

（2）准备金风险。准备金风险是指保险公司没有准确计提和提足各项准备金而影响保险公司对未来赔付责任顺利履行的风险。由于保险公司经营的特殊性，保费收取和保险金赔付之间存在时间差，再加上保险年度和会计核算年度不吻合，保险公司为保证将来的保险金的赔付，必须在年终会计决算时准确计提各项准备金。

小资料8-1

我国保险公司的准备金计提

《中华人民共和国保险法》（以下简称《保险法》）明确规定，保险公司必须提存4种法定准备金，即未到期责任准备金、赔款准备金、法定公积金和保险保障基金。但是由于我国保险公司准备金制度不健全，提取方法难以真正体现实际偿付能力边际，各种费用准备金，如理赔费用准备金等均未涉及，因此保险公司的偿付能力和经营稳健性难以保证。

（3）分保风险和再保险风险。分保风险是指保险公司在运用再保险手段时，由于分保不当而导致保险公司重大损失的风险。分保风险具体表现为：没有及时分保；没有合理确定自留额；再保险人选择不当。保险公司应通过国际分保、再保险等专业手段在全世界范围内最大限度地分散风险、积聚资金，保证自身充足、稳定的风险保障能力。

2）市场风险

市场风险是指由于利率、汇率、股票价格和商品价格等市场价格的不利变动而造成损失，以及由于重大危机造成业务收入无法弥补费用的可能性。

3）信用风险

信用风险是指由于债务人或者交易对手不能履行合同义务，或者信用状况的不利变动而造成损失的可能性。

4）操作风险

操作风险是指由于操作流程不完善、人为过错和信息系统故障等原因导致损失的可能性。操作风险主要包括业务管理风险和人为性风险。

（1）业务管理风险。业务管理风险是保险公司在营销、承保、理赔、分保过程中，因管理不严、业务操作不规范而导致的风险，具体包括以下4种：

① 营销风险。营销风险主要是保险公司在展业过程中缺乏对标的风险的评估和选择而产生的风险。营销风险的产生主要有两个原因：一是保险市场不完善，市场竞争不规范，各家保险公司盲目扩大市场份额；二是一些保险代理人受个人经济利益和短期行为的驱使，片面追求业务数量，对一些不符合保险公司承保条件的标的也承保，从而给保险公司带来风险。

② 承保风险。承保风险主要是保险公司缺乏严密的核保制度，缺乏完善的核保管理系统，对保险标的没有进行严格的风险选择和承保控制而给保险公司带来的潜在风险。承保风险主要表现在：一是忽视风险责任控制，随意降低费率，放宽承保条件；二是超能力承保，如果保险公司超过自身的承保能力和承保技术，盲目接受风险，随时都可能亏损甚至破产；三是保险单证、保费收据等管理混乱，使不法分子有机可乘，为他们倒签单、涂改保单和截留、拖欠、挪用保费等提供机会，一旦发生欺诈行为，必然使保险公司受损。

③ 理赔风险。理赔风险是由于保险公司在理赔过程中缺少有效的核赔手段和对各种骗赔行为的鉴别手段而导致的风险。理赔风险产生的原因有两个：一是内部理赔风险。由于虚假理赔和以赔谋私、理赔人员缺乏相关专业知识等增加保险公司的成本风险。二是保险欺诈风险。保险欺诈已成为一种跨国界、跨地区的普遍现象，同时也成为保险公司经营过程中不可忽视的外部风险因素。

④ 挤退风险。挤退风险是大量投保人在保单保险期满之前提出退保而给保险公司带来的风险。退保不仅会影响寿险企业的资金运用，而且会打乱寿险企业正常的财务计划，减少寿险企业盈余，使寿险企业产品定价提高，削弱其市场的竞争能力，严重的还会影响寿险企业的财务稳定和正常运营。

（2）人为性风险。人为性风险是由于投保人、被保险人、受益人以及保险公司的从业人员的人为因素而导致的风险。人为性风险主要包括以下3种：

① 道德风险。道德风险是一种与人的道德品质有关的无形风险，它主要指由于被保险人、投保人或者受益人为了谋取保险金故意制造保险事故而导致的风险。道德风险是保险公司在承保时要严格防范和控制的风险。

② 心理风险。心理风险是与人的心理素质有关的无形风险，它是指投保人或被保险人在参加保险以后产生了松懈的心理，不再小心防范可能面临的自然风险和社会风险，或者在保险事故发生时，不积极采取施救措施，任凭损失扩大。

③ 逆向选择风险。逆向选择风险是保险标的损失概率高的投保人更愿意购买保险，而保险公司愿意承保的损失概率低的投保人却不愿意购买足额保险的一种现象。

5）声誉风险

声誉风险是指由保险公司的经营管理或外部事件等原因导致利益相关方对保险公司

负面评价，从而造成损失的风险。保险公司应将声誉风险管理纳入全面风险管理体系，建立相关制度和机制，防范和识别声誉风险，应对和处置声誉事件。

6）其他风险

保险公司还应当对战略规划失误和公司治理结构不完善等给公司带来不利影响的其他风险予以关注。

（1）关联风险。保险公司面临的关联风险主要有以下3种：

① 代理风险。保险公司，尤其是寿险公司，其业务是由代理人、代理公司、代理单位完成的，代理公司所造成的危害，最终都要由保险公司承担责任。

② 波及风险。如果有一家公司发生退保，其他公司就要防范这种风险的波及效应，任何一家公司发生退保事件都可能最后演变成一个行业的问题。

③ 传染风险。在金融一体化情况下，证券公司、银行发生的财务问题，或者其他风险事件，都可能传染到保险业。

（2）投资风险。投资风险是保险资产风险管理的重要组成部分。保险公司在经营中聚集了巨额的保险资金，这些资金的有效使用关系到保险公司的生存和发展。保险资金运作的投资风险主要包括市场风险（利率风险、汇率风险、资产价格波动风险）、流动性风险、信用风险等。保险资金在运作过程中，还存在资产负债管理风险。目前，我国保险投资中存在不少问题，如资金运用渠道狭窄、限制过严、投资结构不合理、投资专业人员缺乏、投资收益普遍较差等，在一定程度上制约了保险公司的发展。投资风险管理要揭示保险公司面临的市场风险，为投资决策提供依据。

（3）法律风险。法律风险是保险公司在开展保险业务和资金运用过程中可能违背国家法律和法规的风险。

（4）外部环境风险。外部环境风险是由于外部环境的变化导致保险公司遭受损失的风险，主要包括以下6种：

① 自然环境风险。自然环境风险是指因自然力的异常变化引起的种种现象所导致的对保险公司正常经营产生的威胁。

② 宏观经济变动风险。宏观经济变动风险是指一个国家或地区经济的不规则变化对保险公司的经营产生重大影响的风险。

③ 市场竞争风险。市场竞争风险是指由于保险市场主体的增加而导致保险公司原有客户流失以及各保险公司为了在激烈的市场竞争中占据有利地位而采取不正当竞争手段所产生的风险。

④ 政策性风险。政策性风险是指一个国家政策变化、经济发展战略和相关法律调整，特别是国家对保险公司政策的变化而影响保险公司业务经营的风险。

⑤ 监管风险。政府监管是保证保险市场有效运转的有力措施。世界各国，无论是保险业发达的国家还是保险业不太发达的国家，都非常重视保险业的监管，但是保险监管政策在很多方面会给保险公司的经营带来风险。

⑥ 法律风险。法律法规的调整会给保险公司的经营带来风险。法律法规的出台或每次修订，都会提出新的管理要求。例如，1995年颁布的《中华人民共和国保险法》历经了2002年、2009年、2015年3次修订；2001年颁布的《中华人民共和国外资保险

公司管理条例》历经了2013年、2016年、2019年3次修订；2006年颁布的《机动车交通事故责任强制保险条例》历经了2012年、2019年两次修订等。这一方面来自保险法律调整对保险公司业务经营的冲击；另一方面来自法律调整对投保人利益的影响，即对保险需求的冲击。

8.3.3 保险公司风险管理体系

1）保险公司风险管理应遵循的原则

（1）全面管理与重点监控相统一的原则。保险公司应当建立覆盖所有业务流程和操作环节，能够对风险进行持续监控、定期评估和准确预警的全面风险管理体系，同时要根据公司的实际情况，有针对性地实施重点风险监控，及时发现、防范和化解对公司经营有重大影响的风险。

（2）独立集中与分工协作相统一的原则。保险公司应当建立全面评估和集中管理风险的机制，保证风险管理的独立性和客观性，同时要强化业务单位的风险管理主体职责，在保证风险管理职能部门与业务单位分工明确、密切协作的基础上，使业务发展与风险管理平行推进，实现对风险的过程控制。

（3）充分有效与成本控制相统一的原则。保险公司应当建立与自身经营目标、业务规模、资本实力、管理能力和风险状况相适应的风险管理体系，同时要合理权衡风险管理成本与效益的关系，合理配置风险管理资源，实现适当成本下的有效风险管理。

2）保险公司风险管理环境

保险公司应当定期对高级管理人员和员工进行风险管理理念、知识、流程以及控制方式等内容的培训，增强风险管理意识，同时将风险管理绩效与薪酬制度、人事制度和责任追究制度相结合，培育和塑造良好的风险管理文化。

3）保险公司风险管理基础

保险公司应当建立涵盖风险管理基本流程和控制环节的信息系统，提高风险管理信息化水平。

保险公司应当统筹规划风险管理和业务管理信息系统，使风险信息能够在职能部门和业务单位之间实现集成与共享，充分满足对风险进行分析评估和监控管理的各项要求。

4）保险公司风险管理的组织机构及其职责

保险公司应当建立由董事会负最终责任、管理层直接领导，以风险管理机构为依托，相关职能部门密切配合，覆盖所有业务单位的风险管理组织体系。

（1）董事会下设立风险管理委员会。风险管理委员会负责风险管理工作，风险管理委员会成员应当熟悉保险公司的业务和管理流程，对保险公司经营风险及其识别、评估和控制等具备足够的知识和经验。没有设立风险管理委员会的，由审计委员会承担相应职责。

（2）风险管理协调机构。保险公司可以设立由相关高级管理人员或者部门负责人组成的综合协调机构，由总经理或者总经理指定的高级管理人员担任负责人。

（3）风险管理部门。保险公司应当设立风险管理部门或者指定工作部门具体负责风险管理相关事务工作。

根据中国保险监督管理委员会2007年发布的《保险公司风险管理指引（试行）》有关内容，各风险管理机构的职责归纳见表8-3。

表8-3 各风险管理机构的职责

机　构	职　责
董事会风险管理委员会	全面了解公司面临的各项重大风险及其管理状况，监督风险管理体系运行的有效性，对以下事项进行审议并向董事会提出意见和建议：（1）风险管理的总体目标、基本政策和工作制度；（2）风险管理机构设置及其职责；（3）重大决策的风险评估和重大风险的解决方案；（4）年度风险评估报告
风险管理协调机构	（1）研究制定与保险公司发展战略、整体风险承受能力相匹配的风险管理政策和制度；（2）研究制定重大事件、重大决策和重要业务流程的风险评估报告以及重大风险的解决方案；（3）向董事会风险管理委员会和管理层提交年度风险评估报告；（4）指导、协调和监督各职能部门和业务单位开展风险管理工作
风险管理部门	（1）对风险进行定性和定量评估，改进风险管理方法、技术和模型；（2）合理确定各类风险限额，组织协调风险管理日常工作，协助各业务部门在风险限额内开展业务，监控风险限额的遵守情况；（3）资产负债管理；（4）组织推动建立风险管理信息系统；（5）组织推动风险文化建设
各职能部门和业务单位	接受风险管理部门的组织、协调和监督，建立健全本职能部门或者业务单位风险管理的子系统，执行风险管理的基本流程，定期对本职能部门或者业务单位的风险进行评估，对其风险管理的有效性负责

5）保险公司风险管理流程

保险公司应当在广泛收集信息的基础上，为经营活动和业务流程建立完善的风险管理流程。风险管理流程包括风险识别、风险分析、风险评价、风险控制、内部风险监督、外部风险监管。风险识别、风险分析、风险评价又可以称为风险评估。

（1）风险识别。风险识别是指识别经营活动及业务流程中是否存在风险以及存在何种风险。

（2）风险分析。风险分析是指对识别出的风险进行分析，判断风险发生的可能性及风险发生的条件。

（3）风险评价。风险评价是指评估风险可能产生损失的大小及对保险公司实现经营目标的影响程度。一是估计风险发生的可能性或概率；二是估计如果风险发生所产生的后果。风险评价是企业制定和实施风险管理战略的依据。风险评价的方法有很多，并一直有新的方法被开发出来应用于风险管理实践。通常采用的是定性和定量相结合的方法。定性方法主要有风险评级，即对风险发生的可能性和影响程度进行分级，如依据风险发生的可能性和重要性程度将其划分为若干档次，并分别拟定相关的指标作为判断可能性和影响程度的依据。定量方法有概率工具和非概率模型等，比较成熟的方法有VaR方法、历史模拟法、Monte Carlo模拟法、情景分析、风险计量法、GARCH模型等。

（4）风险控制。风险控制包括制定风险管理总体策略、制定风险解决方案和方案的组织实施等内容。

①风险管理总体策略是保险公司根据自身的发展战略和条件，明确风险管理重点，确定风险限额，选择风险管理工具以及配置风险管理资源等的总体安排。

保险公司应当根据风险发生的可能性和对经营目标的影响程度，对各项风险进行分析比较，确定风险管理的重点。

确定风险限额是保险公司根据自身财务状况、经营需要和各类保险业务的特点，在平衡风险与收益的基础上，确定愿意承担哪些风险及所能承受的最高风险水平，并据此确定风险的预警线。

保险公司针对不同类型的风险，可以选择风险规避、降低、转移或者自留等风险管理工具，确保把风险控制在风险限额以内。

②保险公司应当根据风险管理总体策略，针对各类重大风险制定风险解决方案。风险解决方案主要包括解决该项风险所要达到的具体目标、所涉及的管理及业务流程、所需的条件和资源、所采取的具体措施及风险管理工具等。

③保险公司应当根据各职能部门和业务单位的职责分工，认真组织实施风险解决方案，确保风险得到有效控制。

（5）内部风险监督。风险监督要求保险公司对风险管理的流程及有效性进行检验评估，并根据评估结果及时改进。保险公司各职能部门和业务单位应当定期对其风险管理工作进行自查，并将自查报告报送风险管理部门。保险公司风险管理部门应当定期对各职能部门和业务单位的风险管理工作进行检查评估，并提出改进的建议和措施。

保险公司风险管理部门应当每年至少一次向管理层和董事会提交风险评估报告。风险评估报告主要包括风险管理组织体系和基本流程、风险管理总体策略及其执行情况、各类风险的评估方法及结果、重大风险事件情况及未来风险状况的预测、对风险管理的改进建议。

（6）外部风险监管。风险监管主要由外部监管机构完成，在我国，2018年3月之前，由中国保监会负责对保险公司的风险管理进行监管。保险公司应当及时向中国保监会报告本公司发生的重大风险事件。中国保监会定期对保险公司及其分支机构的风险管理工作进行检查。检查内容主要包括：风险管理组织的健全性及履职情况；风险管理流程的完备性、可操作性和实际运行情况；重大风险处置的及时性和有效性。中国保监会可以根据检查结果，对风险管理存在严重缺陷的保险公司出具风险提示函。保险公司应当按照风险提示函的要求及时提交整改方案，采取整改措施并提交整改情况报告。2018年3月之后，保监会的职责整合并入新设立的中国银保监会。

8.3.4 保险公司的风险管理方法

面对内外部风险，保险公司应采取多种风险处理方法解决自身风险，以寻求生存和发展的空间。目前，保险公司应对风险的方法有传统风险管理方法和现代风险管理方法两类。

1）传统风险管理方法

传统风险管理方法侧重于企业自身的资产负债管理。具体来讲，主要方法有以下6种：

（1）完善“两核”制度。

① 完善核保制度。为了防止风险发生，防止不可保风险进入保险公司，重中之重就是严格风险选择，完善保险公司的核保制度。首先，要建立科学的核保机制。保险公司的核保机制包括核保选择和核保控制两方面。核保选择就是确定可接受风险的条件，进行风险选择；核保控制则是保险公司运用保险技术手段，控制自身的责任和风险。其次，要建立和规范核保制度。规范核保制度包括核保政策、核保原则、核保标准、核保人员资格、核保组织系统以及奖惩机制等。

② 完善核赔制度。公平合理的保险理赔体现了保险的职能作用，但是，随着保险公司的增多，保险公司在处理保险理赔案时，由于主客观原因必然会面临越来越多的理赔风险，特别是保险欺诈对社会造成的不良影响，不仅给保险公司造成经济上的损失，而且会损害保险公司的商誉和社会形象。因此，防范保险公司理赔风险、完善核赔制度是保险公司处理自身风险的重要手段。

（2）强化偿付能力管理。保险公司必须加强财务管理，进一步强化偿付能力管理。保险公司要根据自身的实际情况，科学制定合理的最低偿付能力标准，并按照自己的偿付能力确定最大的自留额水平。强化偿付能力管理主要表现为以下4个方面：

① 保险产品合理定价。保险公司为保险产品定价，要根据以往的数据和经验，考虑预期经营成本和预计损失等因素，综合考虑保险公司和投保人双方的利益。保险公司在厘定费率时，应考虑其充分性、合理性和公平性。

② 科学提取各种准备金。保险公司为应对超常年景的损失和巨灾风险，必须准确提存各种准备金，以满足偿付能力要求。保险公司用于偿付的准备金包括资本金、保险保障基金、未到期责任准备金、赔款准备金、公积金、未分配盈余。保险公司必须在偿付能力和盈利、业务不断发展之间选择一个最佳的结合点，保证准备金积累的适度规模。

③ 合理确定自留额水平。保险公司不是无本万利，不能盲目扩大业务范围。保险公司的承保能力受自身资本金的限制，保险公司必须根据自身资本实力和再保险安排状况来决定业务规模。过度的业务开拓会使保险公司面临巨大的风险。保险公司要根据自身实际，合理确定每一风险单位的最大自留额以及保险公司年度内总的最大自留责任。

④ 建立利率波动准备金。市场利率的波动对保险业，特别是长期寿险业的影响极大。为了尽量减少影响，保险公司应该提取利率波动准备金。利率波动准备金来自人寿保险公司每年的可分配盈余，用以填补利率波动造成的保险公司的利差损失。由于利率波动准备金积累的长期性，其在保险公司的资产负债中表现为所有者权益而非负债。

（3）运用再保险分散风险。与投保人一样，保险公司如果需要转嫁自身的风险，还可以选择保险方式。对于保险公司的保险就是再保险。再保险的主要作用体现为：

① 扩大保险公司的承保能力，保证业务经营的稳定性。这是再保险的基本作用，也是保险公司处理自身风险、保证业务经营稳定的关键。一般来讲，保险公司的承保能

力受其资本和准备金等财务状况的限制，如果不办理再保险，它将很难承担巨额风险责任，也很难在比较广的范围内分散风险。再保险机制可以使保险公司承保保险金额较大的标的，而不至于担心偿付能力，因为利用再保险机制可以使保险公司的经营更符合大数法则的规定：保险标的越多，保险公司就越能把握风险发生的概率。

② 稳定保险公司的财务收支平衡，为扩大业务量创造宽松的环境。虽然保险公司可以利用大数法则和经验预测损失的大小和费用的高低，但是其经营的对象毕竟是各种风险，因此保险公司经营风险本身就表明保险公司仍然存在大量的损失发生的不确定性。要减少这种不确定性可能对保险公司经营产生的不利波动以及最终可能给被保险人带来的利益损害，保险公司必须采用再保险机制进行风险的适当转移。也就是说，再保险可以消除某些损失的不确定性，帮助保险公司稳定其损失水平。

③ 分散风险，控制责任。分散风险、组织经济补偿是再保险机制的基本职能。正确利用再保险，保险公司能够分散损失的潜在冲击力。由于承保风险的偶然性，保险公司的损失率必然会有一定的波动，业务经营也表现出不稳定。保险公司可以通过再保险机制将自身的责任控制在一定的范围内，以保证每年获得稳定利润。

（4）科学进行保险投资管理。保险投资的目的是解决保险基金的保值增值问题，主要措施为：

① 加强保险投资管理。保险公司在运用保险资金的过程中，通过对投资活动的分析、衡量，合理安排投资方向、比例，监测、控制投资风险，在保证安全性的前提下获取最大收益。一般来说，保险公司会委托外部专门机构，如证券投资基金管理公司来负责保险投资；有的保险公司会投资设立子公司专门负责保险投资；还有一些保险公司会在内部设立投资管理机构直接开展保险投资活动。

② 防范投资风险。保险投资活动中面临的主要风险包括利率风险、市场价格波动风险、信用风险和汇率风险。利率风险是指市场利率波动造成保险公司投资资产价值的变化。市场价格波动风险是指保险公司的有价证券或不动产等由于市场价格变动所带来的风险。信用风险是指保险公司购买的有价证券的发行人或者保险公司的贷款人的经营状况恶化，陷入无力清偿本金和利息的情形，也称为债务不履行风险。汇率风险是指汇率波动造成保险公司持有的货币贬值的风险。

（5）建立以人为本的高效管理模式。针对保险公司管理不善导致的种种风险，以及保险公司职员自身带来的核保、理赔等环节的风险，最好的防范方法就是建立以人为本的高效管理模式和独具特色的公司文化。

保险业是劳动密集型行业。当然，这里的劳动力并非指重复简单劳动的工人，而是指从事复杂劳动的保险业从业人员。一方面，保险公司的特点之一就是员工众多；另一方面，保险业要有多层次、高素质的人才。在管理过程中以人为本、重视人力资源的开发和利用，是保险公司高效管理模式建立的前提，也是保险公司防范因管理不善而导致的风险的有效途径。

保险业的各个环节都要求有高素质的保险人才，包括保险代理人、经纪人、公估人、公证人，以及核保人员、理赔人员、精算人员，还包括客户服务人员、会计人员、法律人员等。保险公司的管理必须以人为本，充分发挥和调动每个员工的积极性和主动性，为公司的发展献计献策；同时也要不断提高员工的素质，进行多种培训，使员工跟上保险业的发展趋势。

（6）完善和加强对保险公司的监管。由于保险公司经营的特殊性，保险双方在权利义务的获得和履行时间上存在不对等性，所以，保险公司一旦由于种种原因导致偿付能力不足，将对被保险人的利益产生威胁。对此，世界各国都对保险公司的偿付能力进行严格的监管，我国也运用各种法规严格要求保险公司确保其经营的稳健性。偿付能力既是保险公司风险管理的核心，也是保险监管的核心。按《保险法》的规定，监管部门要实施两个层次的偿付能力监管，即正常层次的偿付能力监管和偿付能力额度监管。

① 正常层次的偿付能力监管。它主要体现为3个方面：一是对保险费率的监管。《保险法》第一百三十五条明确了我国保险条款和保险费率的监管制度，以保证市场费率的充分性、合理性和公平性。二是对准备金的提存。《保险法》第九十八条规定了各项责任准备金的提存方法，以确保保险公司能提供合理的资金应对其承担的风险。三是规定保险公司单个风险自留额和全部风险自留额，即确保保险公司对每一保险单位的自留额不得超过其实有资本金加公积金总和的1/10，超出部分必须办理再保险，并且规定财产保险公司当年自留保费不得超过其实有资本金加公积金总和的4倍，保证保险公司承担与其能力相适应的风险。

② 偿付能力额度监管。在偿付能力额度监管方面，《保险法》第一百零一条规定，保险公司的认可资产减去认可负债的差额不得低于保险监管机构规定的数额；低于规定数额的，应当按照保险监管机构的要求采取相应措施达到规定的数额。

2）现代风险管理方法

现代风险管理方法主要运用新型风险转移方法（alternative risk transfer，ART），通过资本市场进行综合风险管理，主要包括以下几种：

（1）选择多险种多年期产品。这种产品将几种不同的风险捆绑在一起，可以节省管理成本并通过时间分散成本。

（2）有限风险再保险。这是风险转移和风险融资相结合的产物，主要特点是再保险承保人仅承担有限风险、保险合同多年期、再保险承保人与分出人共同分担损失和分享收益等。

（3）保险风险证券化。这是指通过创设并发行保险衍生产品，比如巨灾期货、巨灾期权、气候衍生品等，将保险公司承保的风险转移到资本市场，利用资本市场的强大融资能力来消化承保风险。

（4）利用金融衍生工具。保险公司通过购入特定类型的保险期货、期权来分散、对冲风险。

在风险处理过程中，管理者还应该考虑以下事项：一是潜在应对成本和收益。二是除应对具体风险之外企业所面临的新的机会。企业在应对风险时，不应该仅仅考虑降低已经识别出来的风险，还应该考虑风险可能带来的新机会。例如，保险风险证券化除了能分散保险公司的风险，也有给保险公司带来收益的可能性。

8.4 人身保险公司全面风险管理

8.4.1 全面风险管理的含义及应遵循的原则

1）全面风险管理的含义

2010年10月，中国保监会发布的《人身保险公司全面风险管理实施指引》规定，全面风险管理是指从公司（包括在中华人民共和国境内依法设立的人寿保险公司和健康保险公司）董事会、管理层到全体员工全员参与，在战略制定和日常运营中，识别潜在风险，预测风险的影响程度，并在公司风险偏好范围内有效管理公司各环节风险的持续过程。在进行全面风险管理的同时，公司应根据经营情况重点监测、防范和化解对公司经营有重要影响的风险。

2）全面风险管理应遵循的基本原则

（1）一致性原则。公司在建立全面风险管理体系时，应确保风险管理目标与战略发展目标的一致性。

（2）匹配性原则。公司在全面风险管理过程中，应确保公司资本水平与所承担的风险相匹配，所承担的风险与收益相匹配。

（3）全面性原则。公司全面风险管理应渗透至公司各项业务环节，对每一类风险都应全面认识、分析与管理。

（4）全员参与原则。公司应建立全员参与的风险管理文化和相应机制，各级别员工都应按照其工作职责参与公司的风险管理工作，承担日常风险管理职责。

（5）定量与定性相结合原则。公司应根据自身业务性质、规模和复杂程度开发相应的风险量化技术，应用先进成熟的风险管理经验，实现定量与定性方法的有机结合。

（6）不断优化原则。公司应不断检查和评估内外部经营管理环境和竞争格局的变化及其对公司全面风险管理所产生的实质影响，及时调整和优化风险管理政策、制度和流程。

8.4.2 风险管理组织及相关职责

公司应建立由董事会负最终责任、管理层直接领导、以风险管理机构为依托、相关职能部门密切配合、覆盖所有业务单位的全面风险管理组织体系。

1）董事会及其职责

董事会是公司全面风险管理的最高决策机构，对全面风险管理工作的有效性负责。董事会的主要职责包括：审批公司风险管理总体目标、风险偏好、风险管理策略和重大风险解决方案，以及风险管理组织机构的设置及职责等。董事会可将部分风险管理职责授权给风险管理委员会。

2）风险管理委员会及其职责

风险管理委员会监督全面风险管理体系运行的有效性，在董事会授权下履行如下职责：

（1）审议公司风险管理的总体目标、基本政策和工作制度；

（2）审议公司风险偏好和风险容忍度；

（3）审议公司风险管理机构的设置及职责；

（4）审议公司重大决策的风险评估和重大风险的解决方案；

（5）审议公司年度全面风险管理报告；

（6）其他相关职责。

3）公司管理层及其职责

公司管理层应根据董事会的授权，履行全面风险管理的具体责任，其主要职责如下：

（1）负责公司日常全面风险管理工作，确保公司风险在可接受范围之内；

（2）执行经董事会审定的风险管理策略；

（3）审批公司风险限额；

（4）建立公司内部风险责任机制；

（5）建立公司内部重大风险应急机制；

（6）推动公司风险管理文化的建设。

4）首席风险官（或高管）的职责

首席风险官或指定的一名高管负责全面风险管理工作，首席风险官或负责全面风险管理工作的高管不得同时负责销售与投资管理。其主要职责包括制定风险管理政策和制度，协调公司层面全面风险管理等。首席风险官有权了解公司的重大决策、重大风险、重大事件、重要系统及重要业务流程，并参与相关决策的评估。

5）风险管理部门及其职责

风险管理部门在首席风险官的领导下开展风险管理的日常工作。该部门应独立于销售、财务、投资、精算等职能部门。风险管理部门有权参与公司战略、业务、投资等委员会的重大决策。其主要职责如下：

（1）建立与维护公司全面风险管理体系，包括风险管理制度、风险偏好体系等；

（2）协助与指导各职能部门和业务单位制定风险控制措施和解决方案；

（3）定期进行风险识别、定性和定量风险评估，并出具风险评估报告，提出应对建议；

（4）建立与维护风险管理技术和模型，不断改进风险管理方法；

（5）协调组织资产负债管理工作并提出相应的风险应对建议，包括制定相关制度，确定技术方法，有效平衡资产方与负债方的风险与收益；

（6）推动全面风险管理信息系统的建立；

（7）其他相关职责。

6）公司各职能部门和业务单位的职责

公司各职能部门和业务单位应接受风险管理部门的组织、协调和监督，建立健全相关风险管理流程，定期对本职能部门或业务单位的风险进行评估，将评估结果定期与风险管理部门沟通，并对风险管理的有效性负责。

8.4.3 风险管理框架

公司应该建立以风险管理为中心的3道防线或3个层次的管理框架：

（1）第1道防线由各职能部门和业务单位组成，在业务前端识别、评估、应对、监控与报告风险；

（2）第2道防线由风险管理委员会和风险管理部门组成，综合协调制定各类风险制度、标准和限额，提出应对建议；

（3）第3道防线由审计委员会和内部审计部门组成，监督公司已经建立的风险管理流程和各项风险的控制程序及活动。

8.4.4 风险种类及风险偏好

1）风险种类

公司在经营过程中面临的风险主要有以下7类：

（1）市场风险，是指由于利率、汇率、权益价格和商品价格等的不利变动而使公司遭受非预期损失的风险。

（2）信用风险，是指由于债务人或交易对手不能履行或不能按时履行合同义务，或者信用状况的不利变动而导致的风险。

（3）保险风险，是指由于死亡率、疾病率、赔付率、退保率等精算假设与实际发生率产生偏离而造成损失的风险。

（4）操作风险，是指由于不完善的内部操作流程、人员、系统或外部事件而导致直接或间接损失的风险，包括法律及监管合规风险。

（5）战略风险，是指由于战略制定和实施的流程无效或经营环境的变化而导致战略与市场环境和公司能力不匹配的风险。

（6）声誉风险，是指由于公司品牌及声誉出现负面事件，而使公司遭受损失的风险。

（7）流动性风险，是指在债务到期或发生给付义务时，由于没有资金来源或必须以较高的成本融资而导致的风险。

2）风险偏好

风险偏好体系由上至下包括风险偏好、风险容忍度及风险限额3个组成部分。

（1）风险偏好，是指公司在实现其经营目标的过程中愿意承担的风险水平。风险偏好是公司对风险的基本态度，为战略制定、经营计划实施以及资源分配提供指导。

（2）风险容忍度，是指在公司经营目标实现的过程中针对既定风险水平出现的差异的可接受程度。风险容忍度是风险偏好的具体体现，一般采用定量与定性相结合的方式确定，与风险偏好保持一致，并涵盖所有风险类别。

（3）风险限额，是对风险容忍度的进一步量化和细化。公司应在风险容忍度范围内，根据不同风险类别、业务单位、产品类型特征等，确定风险限额。

公司应本着审慎负责的态度建立公司的风险偏好体系，并报董事会审批。经批准的风险偏好体系应逐级分解至各职能部门和业务单位遵照执行。

风险管理部门应监测和报告风险偏好体系的执行情况。风险偏好或风险容忍度出现突破时，管理层应及时向董事会报告，采取应对措施降低风险水平，同时审查既定风险容忍度和风险限额的适当性。

公司应至少每年对风险偏好体系进行有效性和合理性审查，并不断修订，使其完善。当市场环境和经营状况发生重大变化时，公司应考虑这些变化对各类风险水平的影响，对风险容忍度和风险限额进行调整，维持风险偏好的整体稳定性。

8.4.5 风险计量

公司应根据自身的业务性质、规模和复杂程度，计量公司潜在的经济价值损失，直观反映公司的风险状况。

（1）经济资本是指在一定的置信度水平上，在一定时间内，公司为了弥补可能面临的非预期损失所需要的资本。经济资本方法应成为公司内部使用的核心风险计量工具。公司应运用经济资本方法计量公司所承受的风险，并持续改进计量方法，积极探索先进的风险计量实践，不断提高风险计量的科学性和准确性。

（2）使用经济资本计量风险应根据公司风险环境及历史数据，选取适当的假设和参数，并参照国际通行标准，合理选择模型技术，如方差-协方差法、历史模拟法和蒙特卡洛法等。在建立风险计量模型时，应确保假设、参数、数据来源和计量程序的合理性与准确性。公司应定期对模型的假设和参数进行审核，制定修改假设和参数的内部流程。

（3）公司应将模型的运用与日常风险管理相融合。风险计量模型应体现公司的经营战略，反映公司风险管理实践，并应用于资本分配、风险偏好与容忍度的制定等方面。

公司可采用敏感性分析、情景分析及压力测试等计量方法作为经济资本计量的补充方法。

8.4.6 风险控制方法与措施

1）风险控制方法

公司应平衡风险与收益，针对不同类型的风险，选择风险自留、规避、缓释、转移等风险应对工具。

（1）风险自留，是指当固有风险在公司风险偏好之内时，公司不对风险发生的可能性或影响程度采取任何措施，而是自我承担风险。

（2）风险规避，是指当固有风险超出公司风险偏好时，公司为避免受风险的影响而退出产生风险的业务活动。

（3）风险缓释，是指通过风险控制措施来降低风险的损失频率或影响程度。

（4）风险转移，是指利用技术或工具将风险部分或全部转移给第三方独立机构，以防止遭受灾难性损失的风险。

2）风险控制措施

公司应采取和建立相关控制措施、流程，确保风险应对方案的有效执行。通常情况下，可以采用的风险控制措施包括：

（1）建立并完善相应的管理政策和制度；
（2）改善相应的业务流程；
（3）完善相应的内部控制机制；
（4）建立风险持续监控体系。

8.4.7 资产负债管理

资产负债管理是公司全面风险管理的重要组成部分，公司应通过资产负债的匹配管理，降低公司所承受的市场风险、信用风险和流动性风险等。公司资产负债管理应从产品设计与定价、资产投资两方面入手，确保资产与负债的期限结构及成本收益相匹配。公司资产负债管理的主要内容包括：

（1）资产与负债的数额匹配，即各产品类别对应的投资资产与负债的总额相匹配；

（2）资产与负债的期限匹配，即各产品类别对应的投资资产的期限结构与负债来源的期限结构相匹配；

（3）资产收益与负债的期望收益匹配，即各产品类别对应的投资资产产生的收益要高于负债的期望收益；

（4）对匹配缺口的管理，即定期审视和评估资产负债的匹配缺口，并采用适当的方法把匹配缺口控制在公司风险容忍度内。

8.5 基金管理公司风险管理

证券投资基金管理公司（以下简称基金管理公司）是指经中国证监会批准，在中华人民共和国境内设立，从事证券投资基金管理业务和中国证监会许可的其他业务的企业法人。基金管理公司凭借专门的知识经验，遵守投资基金管理机关及基金管理公司章程或信托契约，运用所管理基金名下的资产，对各种允许的投资对象进行投资，谋求所管理的基金资产不断增值，并使基金持有人获取收益。基金管理公司是具有独立法人资格、适应投资基金操作的基金资产经营机构，对基金的信托资产负有直接的信托责任。

中国基金业协会数据显示，截至2023年12月末，我国境内共有基金管理公司145家。其中，外商投资基金管理公司49家（包括中外合资和外商独资），内资基金管理公司96家。取得公募基金管理资格的证券公司或证券公司资产管理子公司12家、保险资产管理公司1家。

8.5.1 基金管理公司风险的种类

基金管理公司在业务运作中会出现募集风险、品种风险、财务风险、流动性风险、投资风险、操作风险等。

（1）募集风险。在募集期间，封闭式和开放式基金都要根据国家有关规定达到公告所需募集份额的一定比例。我国规定，封闭式基金在募集期限内必须达到招募基金份额的80%，否则该基金不能成立；开放式基金在3个月内净销售额小于8 000万元时，该基金不能继续发售。因此，基金管理人可能因基金募集失败而承担募集费用。

（2）品种风险。投资基金产品开发应是基金管理公司的业务重点。基金品种的设计应适销且具有吸引力，否则基金比较难以募集，即使募集成功，也会由于其不适应当前的投资环境而在运作中出现困难。

（3）财务风险。财务风险是指基金管理公司面临的各种导致财务损失的可能性，包括基金管理公司的各种风险因素。从严格意义上讲，基金管理公司财务风险指基金管理公司支付债务的拖欠风险，即基金管理公司因财务变动而导致公司偿债能力变动的可能性。从风险的承担者角度分析，广义的基金管理公司财务风险侧重于风险对业主的影响，狭义的基金管理公司财务风险侧重于风险对公司债权人的影响。

（4）流动性风险。流动性风险是开放式基金的重要风险。开放式基金流动性风险是指基金管理人未能以合理价格及时变现基金资产以支付投资者赎回款项的风险，目标是确保基金组合资产的变现能力与投资者赎回需求的匹配与平衡。中国证监会2017年9月发布的《公开募集开放式证券投资基金流动性风险管理规定》在约束基金规模扩张、提高资产流动性、抬升资质和降低久期等方面进行了规定。货币基金增长规模将受到明显约束，如果货币基金规模超过了200倍的风险准备金要求，则把风险准备金计提比例从10%提升到20%，这将明显约束货币基金规模的扩张。开放式基金流动性风险与其所持有的资产——投资组合——的流动性之间存在显著的正相关关系。

（5）投资风险。因投资基金在投资过程中具有不确定性而导致投资本金和收益损失的可能性被称为投资风险。投资基金作为一种新型投资工具，虽然其投资是由专家管理，风险可得到一定分散，但作为一种投资，风险仍不可避免。投资风险主要来源于证券市场和货币市场：一是来源于证券的发行者；二是来源于外部环境的变化；三是来源于投资者本身。对投资风险的管理大多通过模型化、电脑化的风险测量技术，对其进行追踪分析和测量，还可以通过调整投资组合来控制风险限额。

（6）操作风险。操作风险是在投资基金业务操作中因人为因素或管理系统设置不当造成操作失误而产生的可能损失，包括因为公司内部失控而产生的风险。对操作风险的管理多从制度上加以防范，通过明确的管理程序使之得以控制。

8.5.2 基于内部控制的风险管理框架

1）完善内部控制的法律、法规指引

内部控制是以相关的法律、法规为基础的，我国基金业近年来形成了较完善的法律法规体系。近几年颁布的相关法规、制度包括2023年颁布的《私募投资基金监督管理条例》；2022年颁布的《公开募集证券投资基金管理人监督管理办法》《证券基金经营机构董事、监事、高级管理人员及从业人员监督管理办法》；2020年颁布的《证券投资基金评价业务管理暂行办法》（2020年修正），《公开募集证券投资基金销售机构监督管理办法》，《证券投资基金托管业务管理办法》（2020年7月修订），《证券公司和证券投资基金管理公司合规管理办法》（2020年修订），《公开募集证券投资基金信息披露管理办法》（2020年修订）；2019年颁布的《证券交易所风险基金监管指引》；2014年颁布的《基金管理公司风险管理指引（试行）》等。

2）建立投资风险管理制度

投资风险管理制度是投资基金运作中风险控制的核心，主要是利用风险量化技术来计算风险值，然后通过风险限额对其进行控制。

（1）风险量化技术。这是指通过建立风险量化模型，对投资组合数据进行返回式测试、敏感性分析和压力测试，测量投资风险，计算风险暴露值。成型的风险控制技术包括方差风险计算法、LPMs风险计算法、系数风险计算法以及VaR风险计算法等，以VaR风险计算法最为重要。

（2）风险限额控制。在对风险进行量化的基础上，风险控制部门对每只基金的投资风险设定最大的风险临界值，对超过投资风险限额的基金及时提出警告，并建议基金调整投资组合，控制风险暴露。

3）建立内部会计控制

建立内部会计控制即建立能够保证交易的记录正确，会计信息真实、完整、及时反映的系统和制度。

（1）基本的控制措施，包括复核制度（包括会计复核和业务复核）；凭证管理制度（通过凭证设计、登录、传递、归档等凭证管理制度，确保正确记载经济业务，明确分清经济责任）；账务组织和账务处理体系。

（2）合理的估值方法，即为保证基金资产净值的准确计算而采取的科学、明确的资产估值方法，力求公允地反映其在估值时点的价值。

（3）科学的估值程序，是保证基金资产净值准确计算的另一项会计控制措施，主要包括数据录入、价格核对、价格确定和净值发布等程序。

4）建立内部管理控制

内部管理控制是指内部会计控制以外的所有内部控制，包括组织结构控制、操作控制和报告制度。

（1）组织结构控制。组织结构控制指通过组织结构的合理设置，来加强部门之间的合作和制衡，充分体现职责分工、相互牵制的原则。我国基金管理公司一般设有市场部、投资部、研究部、监察稽核部、运作保障部、综合管理部等。市场部主要负责基金销售工作；投资部在投资决策委员会和风险控制委员会的领导下，遵照基金合同等法律规定，管理基金资产；研究部主要进行市场、行业和公司研究，为投资提供决策支持；监察稽核部负责监督基金管理公司的各项运作是否符合法律规范；运作保障部主要为基金管理工作提供后台支持；综合管理部为基金管理公司的日常运作提供财务、人事、后勤等综合事务方面的支持。

（2）操作控制。操作控制主要有3种手段：一是投资限额控制。各基金在招募说明书中都会公开披露其投资范围、投资策略和投资限制，据此，风险控制部门设定基金的投资限额，规定货币市场基金不得进行股票投资等。二是操作的标准化控制。其主要手段有操作书面化、程序标准化、岗位职责明晰化等。三是业务隔离控制。这主要是指各资产管理公司应将基金资产管理和机构投资者资产管理、个人客户保证金、自有资金等进行独立隔离运作。

（3）报告制度。在日常交易中，前后台都必须分别编制每日交易情况明细报告，分别向风险控制部门和上级报告。风险控制部门对于日常操作中发现的或认为具有潜在可能的问题应编制风险报告并向上级报告。

5）对违规行为的监察和控制

严格说来，对违规行为的监察和控制属于内部管理控制的内容，然而因为其重要性，它一般被单独列为基金管理内部控制制度的重要组成部分，主要包括以下3个内容：

（1）对于操纵市场行为的实时防范。利用联网的电脑系统，在线实时监控基金的投资、交易活动，防止利用基金资产对敲作价等操纵市场的行为。

（2）股票投资限制表。为了防止基金介入内幕交易，或陷入不必要的关联交易调查，各基金管理公司内部都有明确的股票投资限制表，规定所管理的基金不得购买限制表中的股票，从而避免可能的违规行为。

（3）员工行为监察。这是为了防止员工涉及操纵市场、偷跑（front-running）获利、购买可能与基金资产存在利益冲突的证券等违规行为的监控制度。

8.5.3 基金管理公司主要风险种类及管理措施

2014年6月，中国证券投资基金业协会颁布的《基金管理公司风险管理指引（试行）》规定，基金管理公司应当重点关注市场风险、信用风险、流动性风险、操作风险、合规风险、声誉风险和子公司管控风险等各类主要风险。

1）市场风险及其管理措施

市场风险指因受各种因素影响而引起的证券及其衍生品市场价格不利波动，使投资组合资产、公司资产面临损失的风险。市场风险管理的控制目标是严格遵循谨慎、分散风险的原则，充分考虑客户财产的安全性和流动性，实行专业化管理和控制，防范、化解市场风险。

市场风险管理的主要措施包括：

（1）密切关注宏观经济指标和趋势，重大经济政策动向，重大市场行动，评估宏观因素变化可能给投资带来的系统性风险，定期监测投资组合的风险控制指标，提出投资调整应对策略。

（2）密切关注行业的周期性、市场竞争、价格、政策环境和个股的基本面变化，构造股票投资组合，分散非系统性风险。公司应特别加强禁止投资证券的管理，对于市场风险较大的股票建立内部监督、快速评估机制和定期跟踪机制。

（3）关注投资组合的收益质量风险，可以采用夏普（Sharp）比率、特雷诺（Treynor）比率和詹森（Jensen）比率等指标衡量。

（4）加强对场外交易（包括价格、对手、品种、交易量、其他交易条件）的监控，确保所有交易在公司的管理范围之内。

（5）加强对重大投资的监测，对基金重仓股、单日个股交易量占该股票持仓显著比例、个股交易量占该股流通值显著比例等进行跟踪分析。

（6）可运用定量风险模型和优化技术，分析各投资组合市场风险的来源和暴露。可利用敏感性分析，找出影响投资组合收益的关键因素。可运用情景分析和压力测试技术，评估投资组合对于大幅和极端市场波动的承受能力。

2）信用风险及其管理措施

信用风险是指债券发行人出现拒绝支付利息或到期时拒绝支付本息的违约风险，或由于债券发行人信用质量降低导致债券价格下跌的风险，及因交易对手违约而产生的交割风险。信用风险管理的控制目标是对交易对手、投资品种的信用风险进行有效的评估和防范，将信用风险控制于可接受范围内的前提下，获得最高的风险调整收益。

信用风险管理主要措施包括：

（1）建立针对债券发行人的内部信用评级制度，结合外部信用评级，进行发行人信用风险管理；

（2）建立交易对手信用评级制度，根据交易对手的资质、交易记录、信用记录和交收违约记录等因素对交易对手进行信用评级，并定期更新；

（3）建立严格的信用风险监控体系，对信用风险及时发现、汇报和处理。公司可对其管理的所有投资组合与同一交易对手的交易集中度进行限制和监控。

3）流动性风险及其管理措施

流动性风险是指包括因市场交易量不足，从而不能以合理价格及时进行证券交易的风险，或投资组合无法应付客户赎回要求所引起的违约风险。流动性风险管理的控制目标是通过建立适时、合理、有效的风险管理机制，将流动性风险控制在可承受的范围之内。

流动性风险管理主要措施包括：

（1）制定流动性风险管理制度，平衡资产的流动性与盈利性，以适应投资组合日常运作需要；

（2）及时对投资组合资产进行流动性分析和跟踪，包括计算各类证券的历史平均交易量、换手率和相应的变现周期，关注投资组合内的资产流动性结构、投资组合持有人结构和投资组合品种类型等因素的流动性匹配情况；

（3）建立流动性预警机制，当流动性风险指标达到或超出预警阈值时，应启动流动性风险预警机制，按照既定投资策略调整投资组合资产结构或剔除个别流动性差的证券，以使组合的流动性维持在安全水平；

（4）进行流动性压力测试，分析投资者申赎行为，测算当面临外部市场环境的重大变化或巨额赎回压力时，冲击成本对投资组合资产流动性的影响，并相应调整资产配置和投资组合。

4）操作风险及其控制目标

操作风险是指由于内部程序、人员和系统的不完备或失效，或外部事件而导致的直接或间接损失的风险，主要包括制度和流程风险、信息技术风险、业务持续风险、人力资源风险、新业务风险和道德风险。操作风险管理的控制目标是建立有效的内部控制机制，尽量减少因人为错误、系统失灵和内部控制的缺陷所产生的操作风险，保障内部风险控制体系有序规范运行。

5）合规风险及其控制目标

合规风险是指因公司及员工违反法律法规、基金合同和公司内部规章制度等而导致公司可能遭受法律制裁、监管处罚、重大财务损失和声誉损失的风险。合规风险的控制目标是确保遵守法律、法规、监管规则和基金合同或独立账户投资方针的规定，审慎经营。所称合规风险，主要包括投资合规性风险、销售合规性风险、信息披露合规性风险和反洗钱合规性风险。

6）声誉风险及其管理措施

声誉风险是指公司经营和管理、员工个人违法违规行为或外部事件导致利益相关方对公司负面评价的风险。声誉风险管理的控制目标是通过建立与自身业务性质、规模和复杂程度相适应的声誉风险管理体系，防范、化解声誉风险对公司利益的损害。

声誉风险主要管理措施包括：

（1）建立有效的公司治理架构，建立声誉风险管理政策、制度和流程，对声誉风险事件进行有效管理；

（2）建立声誉风险情景分析，评估重大声誉风险事件可能产生的影响和后果，并根据情景分析结果制定可行的应急预案，开展演练；

（3）对于已经识别的声誉风险，应尽可能评估由声誉风险所导致的流动性风险和信用风险等其他风险的影响，并视情况展开应对措施。

7）子公司管控风险及其管理措施

子公司管控风险是指，子公司违法违规或重大经营风险，造成母公司财产、声誉等受到损失和影响的风险。子公司管控风险管理的控制目标是通过建立覆盖整体的风险管理体系和完善的风险隔离制度，防范可能出现的风险传递和利益冲突。

子公司管控风险管理主要措施包括：

（1）根据整体发展战略、公司风险管控能力和子公司经营需求，指导子公司建立健全治理结构；

（2）建立与子公司之间有效的风险隔离制度，严格禁止利益输送行为，防范可能出现的风险传递和利益冲突；

（3）建立关联交易管理制度，规范与子公司间的关联交易行为；

（4）定期评估子公司发展方向和经营计划的执行情况；

（5）公司管理的投资组合与子公司管理的投资组合之间，不得违反有关规定进行交易。

8）建立风险准备金管理制度

基金管理公司应当建立风险准备金管理制度，对风险准备金的提取、划转、使用、支付等程序进行规定，经董事会批准后，报中国证监会备案。这里的“风险准备金”指的是弥补尚未识别的可能性损失的一般风险准备，应区别于有特定使用目的或有特定使用对象的专项风险准备。基金管理公司应对一般风险准备、专项风险准备分别开设专户管理。

（1）一般风险准备的提取及使用。[①]

①计提一般风险准备。为了进一步增强基金管理公司的风险防范能力，增强基金份

---

① 参见《基金管理公司提取风险准备有关事项的补充规定》（证监会计字〔2007〕1号）。

额持有人的信心，保护基金份额持有人的利益，促进基金行业持续稳健发展，中国证监会要求基金管理公司应当每月从基金管理费收入中计提风险准备金，计提比例不低于基金管理费收入的10%。风险准备金余额达到基金资产净值的1%时可以不再提取。风险准备金使用后余额低于基金资产净值1%的，基金管理公司应当继续提取，直至达到基金资产净值的1%。

②使用及支付一般风险准备。使用一般风险准备时，基金管理公司应冲减“一般风险准备”，相应增加“利润分配——未分配利润”，并将资金由一般风险准备专户转至公司的自有资金银行存款账户。

因基金管理公司自身原因造成的风险损失，应按照相关规定追究有关当事人的责任。应由当事人承担的金额需要基金管理公司以一般风险准备垫付的，记入“其他应收款”；应由基金管理公司负担的金额，从营业费用中列支，营业费用下需单设“一般风险准备支出”明细列支由公司承担的金额。

当事人归还基金管理公司垫付金额时，按归还金额冲销公司的“其他应收款”。

基金管理公司以一般风险准备垫付当事人承担金额，且当事人无法归还公司垫付金额时，公司应以自有资金补足一般风险准备，并将相应资金从自有资金银行存款账户转入一般风险准备专户。

对难以收回的垫付款应按照相关原则予以计提坏账准备及核销。

③转回一般风险准备。基金管理公司可在已提取的范围内转回一般风验准备，并相应转回一般风险准备专户存款余额，但转回后的一般风险准备余额不得少于基金管理公司管理的存续总基金资产净值的1%。转回一般风险准备时，在冲减“一般风险准备”的同时，应相应增加“利润分配——未分配利润”，并将资金由一般风险准备专户转至公司的自有资金银行存款账户。

④一般风险准备投资。基金管理公司运用一般风险准备资产进行包括银行存款在内的投资时，应按照相关企业会计准则规定的贷款和应收款项或交易性金融资产投资原则逐月进行核算，在资产负债表中作为使用受限的资产反映。含银行利息在内的投资损益应纳入基金管理公司资产相关的损益科目，并在相关资产及损益科目下设明细科目，以区别于其他资产投资。

一般风险准备投资收益暂按一般风险准备投资收益所需缴纳企业所得税后的余额，纳入一般风险准备管理。余额的计算公式为：

$$\frac{\text{一般风险准备投资}}{\text{收益所得税税后金额}}=\frac{\text{一般风险准备}}{\text{税前投资收益}}\times(100\%-\text{适用所得税税率})$$

上述税后金额按照利润分配的原则记入“一般风险准备”，作为公司的一项所有者权益，并将同等金额从自有资金银行存款账户转入一般风险准备专户。

公司税前亏损的，一般风险准备投资收益应全额纳入一般风险准备管理。风险准备投资发生亏损的，公司应以亏损金额冲减一般风险准备余额。

（2）专项风险准备的提取和使用。

① 专项风险准备的提取。以管理费收入的一定比例提取专项风险准备的，应以扣除当期提取专项风险准备后的管理费净额作为管理费收入。提取的专项风险准备作为负

债，记入“其他应付款——专项风险准备”，并存入专项风险准备专户。原有从税后利润中提取的专项风险准备，余额应继续作为所有者权益。

② 使用及支付专项风险准备。基金管理公司应根据实际使用金额从“其他应付款——专项风险准备”余额中支出。

③ 专项风险准备的转回。专项风险准备到期，或在基金管理公司解散清算时，可在已提取专项风险准备的范围内转回，调整“其他应付款——专项风险准备”余额及管理费收入，并将资金由专项风险准备专户转至自有资金银行存款账户。

④ 专项风险准备投资。根据相关法规，可以运用专项风险准备资产进行包括银行存款在内的投资的，基金管理公司应按照相关企业会计准则规定的原则进行核算，在资产负债表中作为使用受限的资产反映。含银行利息在内的投资损益应纳入与基金管理公司资产相关的投资损益科目，并在相关资产及损益科目下设明细科目，以区别于其他资产投资。专项风险准备投资收益应纳入专项风险准备管理，并由专项风险准备承担投资风险。

8.5.4 基金管理公司风险管理的配套措施

1）加强对员工的风险控制管理

基金管理公司应加强对员工的守法意识、职业道德教育，严禁员工违规买卖股票，严禁员工利用职务之便为自己和他人谋取私利，将员工的守法情况和职业道德作为录用、晋升、给予待遇的重要标准；根据不同的岗位和职责，制定相应的业务规则，规范员工的行为；加强员工的业务素质培训，提高其业务能力、综合素质和责任心，并由专门部门考核员工的工作业绩和工作效率，根据工作业绩决定员工的去留和提升。

2）加强对公司内部风险控制工作的监督

（1）应定时检查和指导公司各部门的风险管理、控制工作，形成风险管理报告书与建议书，上报公司决策层。要坚持重点管理的原则，对投资管理部、研究发展部、财务会计、基金会计等重要的业务部门和人员进行重点监督与防范。各部门对监察稽核部的工作应该给予大力支持和积极的配合，不得干扰与怠慢。

（2）定期召开风险控制工作会议，听取监察稽核部对公司内部的风险管理、控制工作的汇报与建议，并于每年年终作出公司风险控制工作总结。

（3）建立激励机制，对于因监察稽核工作出色，预警、防止了某些重大风险的发生，为公司挽回重大损失，业绩特别突出的，应给予表彰和奖励；对于各项规章制度完善，风险预警、防范、化解工作积极主动并卓有成效的部门，应给予表彰与奖励。

（4）建立惩罚机制。监察稽核部要认真履行职责，认真及时地反映情况；对隐瞒不报，上报虚假情况或监督检查不力，给公司造成巨大风险和损失的，应追究其责任；因为部门制度不完备、工作程序不合理，或管理混乱而引发较大风险并给公司带来损失甚至重大损失的，应追究部门主要负责人的行政、经济责任，甚至法律责任；明确员工责权利，对于因员工个人风险意识和遵规守法意识淡漠或玩忽职守，甚至心存不轨、故意违规的，视其给公司造成的损失及影响程度，从严处理，直至追究其法律责任。

思政小课堂

加强党的领导 强化金融机构监管

党的二十大报告提出：“坚持和加强党的全面领导。坚决维护党中央权威和集中统一领导，把党的领导落实到党和国家事业各领域各方面各环节，使党始终成为风雨来袭时全体人民最可靠的主心骨，确保我国社会主义现代化建设正确方向，确保拥有团结奋斗的强大政治凝聚力、发展自信心，集聚起万众一心、共克时艰的磅礴力量。”党的领导是做好金融工作的最大政治优势。金融机构公司治理与高质量发展要求相比仍有差距。一些银行、保险公司的管理团队远不能适应金融业快速发展、金融体系更加复杂和不断开放的趋势。近年发生的金融风险事件充分表明，相当多的金融机构不同程度地存在党的领导逐级弱化、股权关系不透明、股东行为不审慎、关联交易不合规、战略规划不清晰、董事高管履职有效性不足和绩效考核不科学等问题。走中国特色金融发展之路，解决这些治理方面的沉疴痼疾更要进一步强化党中央对金融工作的领导。2023年10月30日召开的中央金融工作会议对加强党中央对金融工作的集中统一领导、全面加强金融监管、完善金融体制、优化金融服务、防范化解金融风险、推动金融高质量发展等作出全面部署，为做好新时代金融工作明确了方向。

本章小结

我国金融机构的发展面临由传统管理模式向现代管理模式的转变，风险管理成为金融机构经营管理的核心。本章以阐述商业银行、证券公司、保险公司、人身保险公司、基金管理公司的风险种类、风险特征为基础，重点分析各金融机构风险管理的整体要求、组织结构，业务层面的风险控制技术和管理方法，针对国际惯例及我国监管当局的要求，阐述重点业务的风险管理方法。

主要概念和观点

1.商业银行风险是指商业银行在经营过程中由于受到诸多不确定因素影响，从而使银行遭受损失的可能性。商业银行风险的特征有：商业银行风险的主体是货币资金；商业银行风险与其客户的风险紧密相联；商业银行的各项业务都面临风险；商业银行的风险不能消失；商业银行的风险是全员的、全过程的；商业银行风险具有很强的传染性；商业银行风险具有很强的外部负效应。

2.商业银行风险的种类包括：信用风险、流动性风险、利率风险、汇率风险、操作风险、政策风险、通胀风险、声誉风险、环境风险、国别风险。

3.商业银行风险管理的组织框架的常见模式为：风险管理部集权模式、事业部模式、矩阵型模式和网络型模式。我国根据商业银行内部组织机构设置选择相应模式。

4.要加强对信用卡业务的风险管理，对商业银行并购贷款提出特定的风险管理要求，对商业银行委托贷款进行严格管理，对商业银行银行账簿利率风险进行严格管理。

银行账簿记录的是商业银行未划入交易账簿的相关表内外业务。银行账簿利率风险指利率水平、期限结构等不利变动导致银行账簿经济价值和整体收益遭受损失的风险，主要包括缺口风险、基准风险和期权性风险。

5.证券公司风险的生成主要源于证券公司的内在脆弱性和市场中金融资产价格的过度波动性。其风险特征表现为：社会性、扩张性、周期性、可控性。证券公司风险主要划分为系统性风险和非系统性风险两类。

6.证券公司风险的外部监管主要由中国证监会从风险控制指标、业务规模、重组等各方面进行控制；内部监管由各证券公司从承销业务、经纪业务、自营业务、资产管理业务、融资融券业务等方面进行控制。

7.保险公司风险管理的目标主要是：生存目标、持续经营目标、盈利目标和持续发展目标。其主要的风险种类包括保险风险、市场风险、信用风险、操作风险、声誉风险及其他风险。保险公司传统风险管理方法主要有：完善“两核”制度；强化偿付能力管理；运用再保险分散风险；科学进行保险投资管理；建立以人为本的高效的管理模式；完善和加强对保险公司的监管。现代风险管理方法在传统风险管理的基础上，引入了资本市场进行综合风险管理。

8.人身保险公司全面风险管理是指从公司（在中华人民共和国境内依法设立的人寿保险公司和健康保险公司）董事会、管理层到全体员工全员参与，在战略制定和日常运营中，识别潜在风险，预测风险的影响程度，并在公司风险偏好范围内有效管理公司各环节风险的持续过程。在进行全面风险管理的同时，公司应根据公司经营情况重点监测、防范和化解对公司经营有重要影响的风险。

9.基金管理公司的风险主要包括市场风险、信用风险、流动性风险、操作风险、合规风险、声誉风险和子公司管控风险等。基金管理公司的风险管理要建立基于内部控制的风险管理框架，包括完善内部控制的法律、法规指引；建立投资风险管理制度；建立内部会计控制；建立内部管理控制；对违规行为的监察和控制。对不同的风险要实施不同的管理措施并建立风险管理的配套措施。

基础训练

1.简述商业银行风险的种类和特征。

2.简述商业银行风险管理的组织框架及适用于我国的模式。

3.简述商业银行信用卡风险管理策略。

4.简述商业银行并购贷款的风险管理策略。

5.简述证券公司风险生成的原因及特征。

6.简述保险公司传统的风险管理方法。

7.简述人身保险公司全面风险管理的核心内容。

8.简述基金管理公司风险种类及管理措施。

第9章

金融风险预警

9.1 金融风险预警概述

防范和化解金融风险必须建立健全相应的保障体系，金融风险预警系统是各种保障系统强有力的技术支持。

9.1.1 金融风险预警的概念

1）预警的概念

“预警”一词源于军事，是指通过预警飞机、预警雷达、预警卫星等工具来提前发现、分析和判断敌人的进攻信号，并把这种进攻信号的威胁程度报告给指挥部门，以提前采取应对措施[①]。预警机制在现代社会得到广泛应用。在经济领域，预警包含宏观经济预警和微观经济预警，后者主要指企业预警。经济预警思想产生于19世纪末期，主要是西方经济统计学界对宏观经济波动问题的监测研究。20世纪60年代，经济预警系统方法走向成熟。1990年，在国际IFAC大会上，有人将系统辨识理论中的人工神经元网络理论应用于景气预测，取得了较好的拟合效果。经过百余年的发展，预警方法越来越成熟、越来越完善。中国的经济预警从20世纪80年代开始，经历了从宏观经济预警到企业预警、从以定性为主到定性与定量相结合、从点预警到状态预警的发展过程。

2）金融风险预警的含义

金融风险预警主要是指运用各种反映金融风险警情、警兆、警源及变动趋势的组织形式、指标体系和预测方法等所构成的有机整体对金融风险进行监测的过程。从监管角度看，金融风险预警的功能是：

（1）随时掌握金融机构动态，有效评估其风险；

（2）及早发现金融机构的问题及问题金融机构，并采取适当的应对措施；

（3）为检查重点及检查频率提供参考，以降低监管成本，提高金融监管效率。

① 董小君.金融风险预警机制研究［M］. 北京：经济管理出版社，2004：6.

9.1.2 金融风险预警的目标和原则

1）金融风险预警的目标

预警是为了给人们提供危险可能发生的有效信息，指导人们及时地采取相应的防范措施，因而整套预警系统必须具有明确的目标。金融风险预警的目标是防范和预测在不同时期，由不同外部环境引发的金融风险，获取超前风险指示信息，缩短风险管理时滞，消除时滞误差，平抑预期波动，为风险调控和决策提供信息支持。

2）金融风险预警的原则

（1）设置相应的量化指标体系，形象、突出地反映监控对象所处的状况，作出快捷判断，并及时采取措施。

（2）指标体系的设置要有重点、分层次，突出核心指标，保证金融机构拥有较强抗风险能力；要以辅助指标来支持、补充核心指标，以便在反映金融监管内容方面具有完整性。

（3）在此基础上，充分利用现代化信息技术手段，建设金融系统风险监测预警体系。

9.2 金融风险预警机制的框架

金融风险预警机制是以现实金融活动为内容，以整个金融运行过程为对象，在一定金融经济理论的指导下，采用一系列科学的预警方法技术、指标体系、预警模型和信号系统，对金融运行过程进行监测，对监测结果获得的警情、警兆发布警示的金融决策支持。

9.2.1 寻找警源：金融风险的识别

1）金融风险识别的定义

金融风险识别是在金融风险界定的基础上，用恰当的工具和技术对产品线和业务流程中的主要风险点进行确认，对可能影响金融机构经营绩效、给金融机构带来损失的内部或外部风险因素加以判断，以便进一步管理。金融风险识别应注重当前风险特征和未来潜在风险因素。金融风险识别的目的在于使金融机构了解一定时期风险的特征，明确风险管理的重点。

2）金融风险识别的基本问题

在现实经济活动中，金融风险的类型较多，各种类型的风险交织在一起。金融风险的生成机理及原因复杂，所以，能否准确识别金融风险，对风险管理和控制影响极大。金融风险识别中应解决的问题包括：

（1）每种风险作为金融机构整体风险的一个子系统，具有什么样的系统特征？在这样的系统中，如何选择风险计量方法和控制技术？

（2）什么因素会导致风险发生？会发生什么样的风险？要研究风险诱因和基于风险诱因的风险种类，并确定风险识别的通用标准——关键风险指标及指标体系。

（3）在特定时期及未来发展中金融机构面临哪些重要的风险，其严重程度如何？

9.2.2　金融风险预警的技术和方法

要完成金融风险预警，就要选择合适的预测技术和方法。从实际操作角度讲，金融风险预警的技术可以分为两类：一类是直接预测技术，即直接依据警情与警兆的因果关系通过警兆的变动来预测警情的变动；另一类是间接预测技术，即预测者自己不直接作预测，而是借助专家的力量，收集整理专家依据警兆所得出的预测结论，给出警度预报。一般情况下，这两类方法可以结合使用。基本的金融风险预警方法包括以下3种：

1）指数预警

指数预警系统是运用数学方法，合成一组景气指数（先行、一致、滞后），并将它们作为测定和分析经济活动波动的综合尺度，利用先行指数预测经济活动周期波动的转折点，再通过统计上的指数方法把警兆指标的变化综合成指数，依据指数大小进行预测。

2）统计指标体系预警

金融风险预警指标体系是一系列相互联系、相互依存的金融风险预警指标构成的指标群。指标体系具有科学性、实用性和可行性的特征。统计指标体系预警既可以发现经济活动的升降，又可以反映各指标的综合结果；不仅可以监控整体经济活动的波动，还可以监控每一个指标的波动，并明确指出调控的目标和方向。

3）模型法

模型法是金融风险预警中使用得最广泛的一类方法。其基本思路是：从经济学原理出发，利用经济计量学方法，以警情指标为因变量、以警兆指标为自变量建立警情预测模型。大多数风险预警模型系统采用基于统计判别方法的预测模型，这些模型主要是以金融机构的财务比率为基础的多维空间模型。此外，现代金融风险预警模型还采用人工神经网络模型、基于案例推理的CBR模型和动态信息融合法等前沿技术和方法。

9.2.3　金融风险预警的运作程序

1）指标选择

金融风险的大小可根据一系列经济和金融指标来计量，因此金融风险评估系统框架最基本的要素是确定预警指标。影响金融机构经营业绩的因素很多，而且各种因素的相对重要性及相互作用也因市场发达程度、金融机构发展水平、政府干预程度的不同而不同。所以，风险分析的角度不同，所选指标也就不同。

2）临界值的确定

在金融风险预警体系中，必须确定一个与预警指标体系相适应的合理测度，作为经济运行正常的衡量标准，并以此来判别经济运行中是否出现警情及警情的严重程度。这种合理测度在金融风险预警中称为“临界值”，即反映经济运行中将发生的警情的严重程度的等级界限。

3）灯号显示

为了直观地预报不同类型的警情，可以结合国家统计经济监测预警的做法，对警度采取类似交通管制的蓝灯、绿灯、黄灯、红灯信号来分别表示正常状态、低度风险警戒、中度风险警戒、高度风险警戒不同等级的警度。

4）信息收集与整理

金融风险预警的信息资料来源于金融监测。通过金融监测取得大量有价值的监测信息，并采用一定量化模型对监测结果进行评价分析，收集未来运行态势预测信息和分析评价的反馈信息，将收集到的信息进行加工整理，即计算各指标变动率或增率、编制增率时间序列、剔除不规则变动要素，得到调整后的时序资料，作为预警的依据。

5）建立风险预警模型

在选取特定样本的基础上，借助计量分析方法，通过实证分析建立预警指标（自变量）与金融风险发生的可能性（因变量）之间直接的或间接的函数关系。

6）确定综合评价

在金融风险预警指标体系中，单个指标仅能从经济活动的单个侧面来描述，很难进行综合评价。因此，必须对多个相关因素进行综合分析，最后作出综合评价。

金融风险本身是模糊的，它依赖各种影响因素而形成。对其进行绝对的精确化预警是不可能的，但我们又必须对其进行定量化、数学化，所以，模糊数学为金融风险预警系统的研究提供了可行的方法。

9.3 金融风险预警的对策

9.3.1 建立金融系统内部的安全网

1997年的东南亚金融危机充分显示了一国金融业对于其宏观经济稳定的关键作用，以及对于保持该国甚至日趋一体化的世界宏观经济的稳定的重要性。1999年，国际货币基金组织和世界银行联合开展金融部门评估项目（FSAP），对成员国金融稳定的状况进行评估；国际清算银行也于1999年成立了金融稳定研究所（FSI）和金融稳定论坛（FSF）；国际货币基金组织等国际机构和许多国家的中央银行都开始定期出版金融稳定报告（FSR）。

FSAP旨在集中有限资源，帮助识别金融系统的优点和脆弱性以减少危机发生的可能性，促进国际社会开展更紧密的合作以减少金融危机发生的可能性和危害性，促进金融系统的稳健性和金融业的多元化。该项目对于一国金融系统的稳健性、风险和脆弱性的测试项目主要包括3个部分：

（1）金融稳定性评估，包括可能影响金融体系的绩效的宏观经济因素和可能影响宏观经济的金融系统因素。

（2）金融业及其相关的标准、守则和良好做法的遵守情况评估。

（3）金融业改革和发展的需求评估。该项目评估小组使用的工具主要是宏观审慎分析（包括压力测试和情景分析）、标准与守则的遵守情况判断，这两种方法有力地支持和强化了项目分析的一致性和质量。

FSAP的着眼点在于预防和缓解金融危机，而不是危机处理。FSAP对一国金融部门的抗风险能力进行全面深入的分析。迄今为止，FSAP已对超过四分之三的国际货币基金组织成员进行了评估。

我国可以借鉴这一系统来评估金融体系的稳定状况。2001年12月，中国人民银行会同相关部门和单位向国务院提出我国参加FSAP的建议。2003年7月，中国人民银行会同相关部门依照FSAP框架，用1年多的时间对我国金融部门稳定状况进行自评估。自评估对于我们摸清家底、防范和化解金融风险、维护金融稳定起到了积极作用。2006年以来，中国人民银行会同相关部门按照有关工作部署，积极开展我国参加FSAP的各项准备工作。2009年8月，中国人民银行会同有关部门研究启动我国FSAP相关工作，建立相关工作机制，成立了FSAP部际领导小组和部际工作小组。2009—2011年，中国完成首次FSAP。2015年10月，国际货币基金组织和世界银行启动更新评估。

2017年12月7日，国际货币基金组织和世界银行公布了中国“金融部门评估规划”（FSAP）更新评估核心成果报告，包括《中国金融体系稳定评估报告》《中国金融部门评估报告》《关于中国遵守〈证券监管目标与原则〉详细评估报告》。FSAP核心成果报告充分肯定了我国经济金融体系改革发展成果，高度评价了金融业执行国际标准情况，并提出了应对风险和挑战的部分建议。

微课 9-1

金融风险预警与FSAP

2016年至2017年，我国接受国际货币基金组织和世界银行组织的第二次“金融部门评估规划”评估。2024年2月，国际货币基金组织和世界银行开展第三次中国金融部门评估。

9.3.2 构筑分层次的预警系统

美国的预警系统均由独立的主体来承担，借鉴其做法，我国金融预警系统的主体是国家金融监督管理总局。国家金融监督管理总局拥有实地检查金融机构经营状况的权力、要求金融机构提供财务资料的权力等。近年来，我国不断完善系统性风险的评估、防范、预警体系和金融风险处置机制，宏观审慎管理框架相对完备、金融基础设施稳步推进，抵御金融风险的能力不断增强。目前，金融监管新框架已经形成，“一委一行两会”变为“一行一局一会”，有利于将更多金融活动和金融行为纳入管理。

思政小课堂

健全和完善金融风险的防范、预警和处置机制

党的二十大报告指出：“高质量发展是全面建设社会主义现代化国家的首要任务。”防范化解金融风险，事关国家安全、发展全局、人民财产安全，是实现高质量发展必须跨越的重大关口。金融系统要按照党中央决策部署，把防控金融风险放在更加突出的位置，健全和完善金融风险的防范、预警和处置机制，持续强化金融风险防控能力。

为提升金融机构事前防范与风险预警能力，应积极推进监管大数据平台建设，开发智能化风险分析工具，完善风险早期预警模块，增强风险监测前瞻性、穿透性、全面性；逐步实现行政审批、非现场监管、现场检查、行政处罚等各项监管流程的标准化、线上化，确保监管行为可审计、可追溯；完善监管数据治理，打通信息孤岛，有效保护数据安全。

9.3.3 完善金融风险预警指标体系

预警离不开指标，建立金融风险预警系统，指标体系的设置至关重要，它决定了预警的质量。金融风险预警指标体系是用来进行金融监测预警活动的一系列相互联系、相互依存的金融监测预警指标所组成的指标群。

1）构建金融风险预警指标体系的意义

（1）金融风险预警指标体系是金融风险的“报警器”。金融风险预警指标体系之所以能像报警器那样发挥监测和预警的作用，是因为在金融体系运行过程中，金融风险可以通过一些指标率先暴露或反映出来。金融风险的出现常常以一系列指标的恶化为先兆。

（2）建立预警指标体系是金融风险预警的基础。预警依赖于监测，监测离不开指标。指标的经济内容就是经济过程的数量特征及经济过程之间的数量关系特征。一般来说，可以通过统计指标来反映经济活动的数量特征，但是，统计指标作为认识经济运行规律的基本变量，在具体测度过程中有一定的局限性，对于不同的客观主体，有些会反映不全面，只有当它形成指标体系时，才有可能反映整个金融主体的全貌。

2）国内外对微观金融指标的研究

（1）国外对微观金融指标的研究。国外对金融机构金融风险评价的研究以CAMELS评级体系为代表。CAMELS评级体系是美国金融监管机构对金融机构的资本充足率（capital adequacy）、资产质量（asset quality）、管理质量（management quality）、盈利性（earnings）、流动性（liquidity）和市场风险敏感度（sensitivity to market risk）6项指标进行分析评判，确定其经营安全性和稳定性的一种综合评判体系，因其在加强金融机构的科学监管，促进金融机构稳健、规范、持续发展方面的重要作用而被国际银行业所广泛采用。20世纪60年代，最具有代表性的研究是阿尔特曼的Z评分模型。该模型基于一些金融指标来评估银行的资产质量、收益表现和流动性。20世纪90年代，国外学者的研究主要集中在不良贷款水平方面，认为只有将不良贷款与资本充足率同时考虑，CAMELS评级的效果才会显著。此外，一些学者采用Cox风险均衡模型来预测银行未来的倒闭概率，但其实质仍然是CAMELS评级的思路。

（2）国内对金融风险评级体系的研究。中国银监会参照国际通行的美国CAMELS评级体系，并参考新加坡、英国、中国香港等国家和地区的银行业监管评级办法，于2004年推出《股份制商业银行风险评级体系》，以全面、动态地评价银行风险，加强对股份制商业银行的监管。2021年9月，中国银保监会印发《商业银行监管评级办法》，旨在加强商业银行风险监管，完善商业银行同质同类比较和差异化监管，合理分配监管资源，促进商业银行可持续健康发展。该办法规定：商业银行监管评级要素包括资本充足、资产质量、公司治理与管理质量、盈利状况、流动性风险、市场风险、数据治理、信息科技风险和机构差异化要素。商业银行监管评级要素由定量和定性两类评级指标组成。

3）我国金融风险预警指标体系的构成

完善的金融稳定自我评估系统至少由3个层次的审慎指标组成，即机构层次的微观审慎指标、宏观审慎指标和市场审慎指标。其中，机构层次的微观审慎指标反映金融机构的内在稳定性。根据金融企业经营过程中的风险因素及指标体系的设计原则，中国银保监会规定金融机构的风险监管核心指标由风险水平、风险迁徙、风险抵补3个层次组成，见表9-1。

表9-1　　商业银行风险监管核心指标一览表

指标类别		一级指标	二级指标	指标值
风险水平	流动性风险	1.流动性比例		大于等于25%
		2.核心负债比例		大于等于60%
		3.流动性缺口率		大于等于-10%
	信用风险	4.不良资产率		小于等于4%
			4.1不良贷款率	小于等于5%
		5.单一集团客户授信集中度		小于等于15%
			5.1单一客户贷款集中度	小于等于10%
		6.全部关联度		小于等于50%
	市场风险	7.累计外汇敞口头寸比例		小于等于20%
		8.利率风险敏感度		
	操作风险	9.操作风险损失率		
风险迁徙	正常类贷款	10.正常贷款迁徙率	10.1正常类贷款迁徙率	
			10.2关注类贷款迁徙率	
	不良贷款	11.不良贷款迁徙率	11.1次级类贷款迁徙率	
			11.2可疑类贷款迁徙率	
风险抵补	盈利能力	12.成本收入比率		小于等于35%
		13.资产利润率		大于等于0.6%
		14.资本利润率		大于等于11%
	准备金充足程度	15.贷款拨备率		大于1.5%-2.5%
			15.1拨备覆盖率	大于120%-150%
	资本充足程度	16.资本充足率		大于等于8%
			16.1核心一级资本充足率	大于等于5%

资料来源　根据中国银行业监督管理委员会2005年发布的《商业银行风险监管核心指标（试行）》、2023年发布的《商业银行资本管理办法》有关内容整理。

4）指标说明

（1）风险水平。风险水平类指标包括流动性风险指标、信用风险指标、市场风险指标、操作风险指标。

①流动性风险指标。流动性风险指标衡量商业银行流动性状况及波动性，包括流动性比例、核心负债比例和流动性缺口率，按照本币和外币分别计算。

第一，流动性比例。本指标分别计算本币及外币口径数据。其计算公式为：

流动性比例=流动性资产÷流动性负债×100%

指标释义：流动性资产包括现金、黄金、超额准备金存款、1个月内到期的同业往来款项轧差后资产方净额、1个月内到期的应收利息及其他应收款、1个月内到期的合格贷款、1个月内到期的债券投资、在国内外二级市场上可随时变现的债券投资、其他1个月内到期的可变现的资产（剔除其中的不良资产）。

流动性负债包括：活期存款（不含财政性存款）、1个月内到期的定期存款（不含财政性存款）、1个月内到期的同业往来款项轧差后负债方净额、1个月内到期的已发行的债券、1个月内到期的应付利息及各项应付款、1个月内到期的中央银行借款、其他1个月内到期的负债。

第二，核心负债比例。本指标分别计算本币和外币口径数据。其计算公式为：

核心负债比例=核心负债÷总负债×100%

指标释义：核心负债包括距到期日3个月以上（含）的定期存款和发行债券以及活期存款的50%。

总负债是指按照金融企业会计制度编制的资产负债表中负债总计的余额。

第三，流动性缺口率。本指标计算本外币口径数据。其计算公式为：

流动性缺口率=流动性缺口÷90天内到期的表内外资产×100%

指标释义：流动性缺口为90天内到期的表内外资产减去90天内到期的表内外负债的差额。

②信用风险指标。信用风险指标包括不良资产率、单一集团客户授信集中度、全部关联度。

第一，不良资产率。本指标计算本外币口径数据。其计算公式为：

不良资产率=不良信用风险资产÷信用风险资产×100%

指标释义：信用风险资产是指银行资产负债表表内及表外承担信用风险的资产。它主要包括各项贷款、存放同业、拆放同业及买入返售资产、银行账户的债券投资、应收利息、其他应收款、承诺及或有负债等。

不良信用风险资产是指信用风险资产中分类为不良资产类别的部分。

第二，单一集团客户授信集中度。本指标计算本外币口径数据。其计算公式为：

单一集团客户授信集中度=最大一家集团客户授信总额÷资本净额×100%

指标释义：最大一家集团客户授信总额是指报告期末授信总额最高的一家集团客户的授信总额。

授信是指商业银行向非金融机构客户直接提供的资金，或者对客户在有关经济活动中可能产生的赔偿、支付责任作出的保证，包括贷款、贸易融资、票据融资、融资租赁、透支、各项垫款等表内业务，以及票据承兑、开出信用证、保函、备用信用证、信用证保兑、债券发行担保、借款担保、有追索权的资产销售、未使用的不可撤销的贷款承诺等表外业务。

资本净额等于商业银行的核心资本加附属资本再减去扣减项的值。

第三，全部关联度。其计算公式为：

全部关联度=全部关联方授信总额÷资本净额×100%

指标释义：全部关联方授信总额是指商业银行全部关联方的授信余额，扣除授信时关联方提供的保证金存款以及质押的银行存单和国债金额。

③市场风险指标。市场风险指标衡量商业银行因汇率和利率变化而面临的风险，包括累计外汇敞口头寸比例和利率风险敏感度。

第一，累计外汇敞口头寸比例。本指标计算外币口径数据。其计算公式为：

累计外汇敞口头寸比例=累计外汇敞口头寸÷资本净额×100%

指标释义：累计外汇敞口头寸为银行汇率敏感性外汇资产减去汇率敏感性外汇负债的余额。

第二，利率风险敏感度。本指标计算本外币口径数据。其计算公式为：

利率风险敏感度=利率上升200个基点对银行净值影响÷资本净额×100%

指标释义：利率风险敏感度是在假定利率水平上升200个基点的情况下，计量利率变化对银行经济价值的影响。本指标计量基于久期分析，将银行的所有生息资产和付息负债按照重新定价的期限划分到不同的时间段，在每个时间段内，将利率敏感性资产减去利率敏感性负债，再加上表外业务头寸，得到该时间段内的重新定价“缺口”。对各时段的缺口赋予相应的敏感性权重，得到加权缺口后，对所有时段的加权缺口进行汇总，以此估算给定的利率变动可能对银行经济价值产生的影响。

利率上升200个基点对银行净值影响是指在给定利率变动为上升200个基点的条件下，计算得到的对经济价值产生的影响。其中，时段的划分及各个时段的敏感性权重参照巴塞尔银行监管委员会《利率风险管理与监管原则》标准框架确定。

④操作风险指标。衡量由于内部程序不完善、操作人员差错或舞弊以及外部事件造成的风险，表示为操作风险损失率，即操作造成的损失与前三期净利息收入加上非利息收入平均值之比。

（2）风险迁徙。风险迁徙类指标包括正常贷款迁徙率和不良贷款迁徙率。

①正常贷款迁徙率。本指标计算本外币口径数据。其计算公式为：

$$\text{正常贷款迁徙率} = \left(\text{期初正常类贷款中转为不良贷款的金额} + \text{期初关注类贷款中转为不良贷款的金额}\right) \div \left(\text{期初正常类贷款余额} - \text{期初正常类贷款期间减少金额} + \text{期初关注类贷款余额} - \text{期初关注类贷款期间减少金额}\right) \times 100\%$$

指标释义：期初正常类贷款中转为不良贷款的金额，是指期初正常类贷款中，在报告期末分类为次级类、可疑类、损失类的贷款余额之和。

期初关注类贷款中转为不良贷款的金额，是指期初关注类贷款中，在报告期末分类为次级类、可疑类、损失类的贷款余额之和。

期初正常类贷款期间减少金额，是指期初正常类贷款中，在报告期内，由于贷款正常收回、不良贷款处置或贷款核销等原因而减少的贷款。

期初关注类贷款期间减少金额，是指期初关注类贷款中，在报告期内，由于贷款正常收回、不良贷款处置或贷款核销等原因而减少的贷款。

正常贷款包括正常类和关注类贷款，用正常类贷款迁徙率和关注类贷款迁徙率两个二级指标衡量。

第一，正常类贷款迁徙率。本指标计算本外币口径数据。其计算公式为：

$$\text{正常类贷款迁徙率}=\text{期初正常类贷款向下迁徙金额}\div(\text{期初正常类贷款余额}-\text{期初正常类贷款期间减少金额})\times 100\%$$

指标释义：期初正常类贷款向下迁徙金额，是指期初正常类贷款中，在报告期末分类为关注类、次级类、可疑类、损失类的贷款余额之和。

期初正常类贷款期间减少金额定义与正常贷款迁徙率指标中定义一致。

第二，关注类贷款迁徙率。本指标计算本外币口径数据。其计算公式为：

$$\text{关注类贷款迁徙率}=\text{期初关注类贷款向下迁徙金额}\div(\text{期初关注类贷款余额}-\text{期初关注类贷款期间减少金额})\times 100\%$$

指标释义：期初关注类贷款向下迁徙金额，是指期初关注类贷款中，在报告期末分类为次级类、可疑类、损失类的贷款余额之和。

期初关注类贷款期间减少金额定义与正常贷款迁徙率指标中定义一致。

②不良贷款迁徙率，包括次级类贷款迁徙率和可疑类贷款迁徙率两个指标。

第一，次级类贷款迁徙率。本指标计算本外币口径数据。其计算公式为：

$$\text{次级类贷款迁徙率}=\text{期初次级类贷款向下迁徙金额}\div(\text{期初次级类贷款余额}-\text{期初次级类贷款期间减少金额})\times 100\%$$

指标释义：期初次级类贷款向下迁徙金额，是指期初次级类贷款中，在报告期末分类为可疑类、损失类的贷款余额之和。

期初次级类贷款期间减少金额，是指期初次级类贷款中，在报告期内，由于贷款正常收回、不良贷款处置或贷款核销等原因而减少的贷款。

第二，可疑类贷款迁徙率。本指标计算本外币口径数据。其计算公式为：

$$\text{可疑类贷款迁徙率}=\text{期初可疑类贷款向下迁徙金额}\div(\text{期初可疑类贷款余额}-\text{期初可疑类贷款期间减少金额})\times 100\%$$

指标释义：期初可疑类贷款向下迁徙金额，是指期初可疑类贷款中，在报告期末分类为损失类的贷款余额。

期初可疑类贷款期间减少金额，是指期初可疑类贷款中，在报告期内，由于贷款正常收回、不良贷款处置或贷款核销等原因而减少的贷款。

（3）风险抵补。风险抵补类指标包括盈利能力指标、准备金充足程度指标和资本充足程度指标。

①盈利能力指标。盈利能力指标包括成本收入比率、资产利润率和资本利润率。

第一，成本收入比率。本指标计算本外币口径数据。其计算公式为：

成本收入比率=营业费用÷营业收入×100%

指标释义：营业费用是指按金融企业会计制度要求编制的利润表中的营业费用。

营业收入是指按金融企业会计制度要求编制的利润表中利息净收入与其他各项营业收入之和。

第二，资产利润率。本指标计算本外币口径数据。其计算公式为：

资产利润率=净利润÷资产平均余额×100%

指标释义：净利润是指按照金融企业会计制度编制的利润表中的净利润。

资产是指按照金融企业会计制度编制的资产负债表中资产总计余额。

第三，资本利润率。本指标计算本外币口径数据。其计算公式为：

资本利润率=净利润÷所有者权益平均余额×100%

指标释义：所有者权益是指按照金融企业会计制度编制的资产负债表中的所有者权益的余额。

②准备金充足程度指标。设置贷款拨备率和拨备覆盖率指标考核商业银行贷款损失准备的充足性。

贷款拨备率=（贷款损失准备÷各项贷款余额）×100%

拨备覆盖率=（贷款损失准备÷不良贷款余额）×100%

贷款拨备率基本标准为1.5%–2.5%，拨备覆盖率基本标准为120%–150%。这两项标准中的较高者为商业银行贷款损失准备的监管标准。

③资本充足程度指标。资本充足程度指标包括资本充足率和核心资本充足率。

第一，资本充足率。本指标计算本外币口径数据。计算公式为：

$$\text{资本充足率}=\text{资本净额}\div\left(\text{风险加权资产}+12.5\text{倍的市场风险资本}\right)\times 100\%$$

指标释义：资本净额等于商业银行的核心资本附属资本之后再减去扣减项的值。

第二，核心资本充足率。本指标计算本外币口径数据。计算公式为：

$$\text{核心资本充足率}=\text{核心资本净额}\div\left(\text{风险加权资产}+12.5\text{倍的市场风险资本}\right)\times 100\%$$

指标释义：核心资本净额等于商业银行的核心资本减去核心资本扣减项的值。

银行业监管机构依据经济周期、宏观经济政策、产业政策、商业银行整体贷款分类偏离度、贷款损失变化趋势等因素对商业银行贷款损失准备监管标准进行动态调整；依据业务特点、贷款质量、信用风险管理水平、贷款分类偏离度、呆账核销等因素对单家商业银行应达到的贷款损失准备监管标准进行差异化调整。

5）对风险预警指标的检查监督①

（1）商业银行应建立与《商业银行风险监管核心指标（试行）》相适应的统计与信息系统，准确反映风险水平、风险迁徙和风险抵补能力。

（2）商业银行应参照《贷款风险分类指导原则》将非信贷资产分为正常类资产和不良资产，计量非信贷资产风险，评估非信贷资产质量。

（3）商业银行应将各项指标体现在日常风险管理中，完善风险管理方法。

（4）商业银行董事会应定期审查各项指标的实际值，并督促管理层采取纠正措施。

（5）中国银保监会将通过非现场监管系统定期采集有关数据，分析商业银行各项监管指标，及时评价和预警其风险水平、风险迁徙和风险抵补。

（6）中国银保监会将组织现场检查核实数据的真实性，根据核心指标的实际值有针

① 参见中国银行业监督管理委员会2005年印发的《商业银行风险监管核心指标（试行）》。

对性地检查商业银行主要风险点，并进行诫勉谈话和风险提示。

9.3.4 开发金融风险评测模型

发达国家金融预警系统的一个主要特征就是建立了完善的风险评测模型，对各类金融风险进行有效的分析、预警和预测。我国应重视对金融风险评测模型的研究和开发，利用金融工程方法和统计分析方法、人工智能技术、神经网络技术等，开发各种风险评测模型，对金融机构的各类风险进行分析、预警和预测，有效发现潜在金融风险，提高金融监管的准确性、科学性和有效性。

9.3.5 对有问题银行的处理

对有问题银行的处理，发达国家的做法值得借鉴。

（1）对有问题银行要建立快速预警纠偏机制。快速预警纠偏模型根据资本充足率的高低把银行划分为几种状况，监管当局据此采取不同的预防性监管措施，从而实现对银行风险和脆弱性的控制。美国按照1991年颁布的《联邦存款保险公司改进法》建立了快速预警纠偏模型，以保证充足的资本和精确估价资本需要，并责成监管当局在银行资本低于规定标准时采取立即纠偏行动（prompt corrective action），改善银行资本状况，减轻对存款保险公司的依赖，减少存款保险基金的损失。该模型根据资本充足率（即总资本对风险资产的比率）、核心资本率（一级资本对风险资产的比率）、资本杠杆比率（一级资本对总平均资产的杠杆比率）这3个资本比率的数值，把银行划分为资本良好、资本充足、资本不充足、资本严重不足、资本致命不足5个等级。对处于不同资本水平的银行，采取不同的监管措施。当自有资本与总资产的比率低于2%时，必须在90日以内选定破产管理人或财产管理人，自动进入破产程序。

从我国的情况来看，提前发现并及时处置金融风险是监管工作的重要环节。2022年11月，中国银保监会发布《中华人民共和国银行业监督管理法（修订草案征求意见稿）》，提出：银行业监督管理机构应当建立银行业金融机构监督管理评级体系和风险预警机制，根据银行业金融机构的评级情况和风险状况，确定对其现场检查的频率、范围和需要采取的其他措施。

2023年11月9日，中国人民银行发布《中国区域金融运行报告（2023）》，指出：2022年，区域经济金融运行主要呈现的特点之一为金融风险整体收敛，银行业金融机构整体经营稳健。坚持市场化、法治化处置风险，重点集团、大型企业风险处置稳妥推进，支持风险较大地区中小银行风险处置取得积极进展。中部、西部地区银行业金融机构不良贷款率比上年末分别下降0.21个、0.13个百分点。

（2）对有问题银行实施早期救助。20世纪80年代，美国监管部门基于“不可缺少”原则处理银行业的问题。也就是说，如果濒于破产的金融机构在当地提供全面的金融服务，是当地不可缺少的金融机构，该金融机构可以免于破产。后来由“不可缺少”原则转变为“大到不倒”原则，即监管当局只救济那些破产后影响特别大的银行。1991年后，又确立了“处理成本最小化”原则，这意味着只有在最小成本条件下才可以选择收购继承或资金援助的方式。

《中华人民共和国银行业监督管理法（修订草案征求意见稿）》第六十条（早期干预）规定：银行业金融机构出现监管指标异常波动、经营管理情况恶化等重大风险或者存在重大风险隐患的，银行业监督管理机构可以区别情形，采取本法第五十七条和第五十八条规定的措施。根据履行职责的需要，银行业监督管理机构可以派出工作组，对银行业金融机构划拨资金、处置资产、调配人员、使用印章、订立以及履行合同等经营管理活动进行管控。

（3）对有问题银行的市场退出安排。美国监管当局对有问题银行的市场退出非常谨慎，通常在反复权衡该银行退出的直接成本和间接成本之后才作出决策。所谓直接成本，是指监管机构清理、清算倒闭银行所付出的直接人力、物力。间接成本是指该银行倒闭后给存款人等相关利益主体带来的损失以及信心问题。

《中华人民共和国银行业监督管理法（修订草案征求意见稿）》第六十一条（接管及机构重组）规定：银行业金融机构已经或者可能发生信用危机，严重影响存款人和其他客户合法权益的，国务院银行业监督管理机构可以依法对该银行业金融机构实行接管或者促成机构重组，接管和机构重组依照有关法律和国务院的规定执行。

（4）过渡银行（bridge bank）。美国监管当局有权选择一家国民银行作为过渡银行，负责维持有问题银行的运营，并以保守的方式接收存款、发放有限贷款，避免客户的大量流失，同时检查、管理有问题银行的资产。过渡银行的期限一般为2年。

9.3.6 建立预警信息系统

建立反应灵敏、渠道畅通的预警信息系统是有效监管的重要前提。我国的金融监管信息体系主要侧重于对市场总体概况的描述和对市场运行若干重要方面的分类统计，对风险监测和预警的支持作用比较有限，远未达到《巴塞尔有效银行监管的核心原则》所提出的“准确、有意义、及时且具有透明度”的标准，这严重制约了监管当局及时发现金融体系中所存在的问题。因此，我们建议在现有统计体系中逐步增加描述市场总体风险和金融机构风险的指标，一方面使整个市场统计指标体系更加完整，另一方面也为风险监测和预警提供更有力的信息支持。应建立严格、完善的财务报表上报制度和完善的数据采集体系。制定严格的监管数据采集内容与格式、采集方式与方法、采集渠道，以及保证监管数据真实性的措施。金融机构上报的资料必须经过专业会计师审计，如发现金融机构有蓄意拖延和弄虚作假行为，监管部门将给予其重罚。

金融业是高风险行业，随着金融机构业务领域的不断拓展和经营规模的不断扩大，金融风险发生的频次和程度都在增加，导致风险的原因也愈加复杂多样。为了保证金融的安全、高效、稳健运行，有必要建立风险防范预警机制，采取预防措施，有效防范金融风险，防止金融泡沫的出现。

本章小结

防范和化解金融风险必须建立健全相应的保障体系，金融风险预警系统是各种保障系统强有力的技术支持。本章描述了金融风险预警的概念、目标和原则；建立金融风险预警的机制框架；选择预警方法，实施预警程序完成风险预警；提出金融风险预警的对策，主要以建立金融风险预警指标体系为基础，选择预警模型，对有问题的银行及时处理。

主要概念和观点

1. 金融风险预警的概念。金融风险预警主要是指运用各种反映金融风险警情、警兆、警源及变动趋势的组织形式、指标体系和预测方法等所构成的有机整体对金融风险进行监测的过程。

2. 金融风险预警的目标和原则。预警目标：防范和预测在不同时期，由不同外部环境所引发的金融风险，获取超前风险指示信息，缩短风险管理时滞，消除时滞误差，平抑预期波动，为风险调控和决策提供信息支持。预警原则：设置相应的量化指标体系；指标体系的设置要有重点、分层次；建设金融系统风险监测预警体系。

3. 金融风险预警的方法主要包括：指数预警，是运用数学方法，合成一组景气指数(先行、一致、滞后)，并将它们作为测定和分析经济活动波动的综合尺度，利用先行指数预测经济活动周期波动的转折点，再通过统计上的指数方法把警兆指标的变化综合成指数，依据指数大小进行预测。统计指标体系预警，是一系列相互联系、相互依存的金融风险预警指标构成的指标群。模型法，是金融风险预警中使用得最广泛的一类方法，其基本思路是：从经济学原理出发，利用经济计量学方法，以警情指标为因变量、以警兆指标为自变量建立警情预测模型。

4. 金融风险预警的运作程序。指标选择，风险分析的角度不同，所选指标也就不同；临界值的确定，在金融风险预警体系中，必须确定一个与预警指标体系相适应的合理测度，作为经济运行正常的衡量标准，并以此来判别经济运行中是否出现警情及其严重程度；灯号显示，为了直观地预报不同类型的警情，可以采取蓝灯、绿灯、黄灯、红灯信号来分别表示不同等级的警度；信息收集与整理，通过金融监测活动取得大量有价值的监测信息，对信息进行评价分析，作为预警的依据；建立风险预警模型，通过实证分析建立的预警指标（自变量）与金融风险发生的可能性（因变量）之间直接的或间接的函数关系；确定综合评价，运用完整的指标体系进行综合评价。

5. 金融风险预警的对策。建立金融系统内部的安全网；构筑分层次的预警系统；完善金融风险预警指标体系；开发金融风险评测模型；对有问题银行进行处理；建立反应灵敏、渠道畅通的预警信息系统。

基础训练

1. 简述金融风险预警的概念。
2. 简述金融风险预警的目标和原则。
3. 简述金融风险预警的主要方法。
4. 简述金融风险预警机制的框架。
5. 简述金融风险预警指标体系的构成。

第10章

金融监管

10.1 金融监管概述

10.1.1 金融监管的概念

金融监管，就是政府及有关机构对金融机构经营管理及相关金融市场实施的监督管理。广义的金融监管既包括国家专门机关对金融机构实施的监管（法定监管），也包括金融业的自律性管理和金融机构的内部控制。狭义的金融监管指金融监管当局依据国家法律法规对金融业实施的监管，属于经济管制范畴。在现代经济的运行中，凡是实行市场经济体制的国家，都客观存在政府对金融体系的监督和管理。

10.1.2 金融监管的基本理论

在现代市场经济中，完全竞争市场是不存在的，市场在某些情况下会失去其优化资源配置的功能，降低经济运行效率，即存在市场失灵，需要政府不同程度地对经济活动实施管制。对政府管制持肯定态度的学者主要从市场缺陷的角度论证管制的合理性和有效性。同时，也有一些学者对金融监管的有效性提出了质疑。主要的金融监管基本理论有以下几种：

1）金融监管的必要性理论

（1）公共利益论。[①]国家对经济生活进行全方位干预，监管的目的在于维护公共利益，监管是提高整个经济运行效率的重要手段。任何监管体系，只要其宗旨不在于对资源进行重新分配，即可被认为是为了在市场机制失灵的情况下提供一项公共救济。这类监管理论被称为“公共利益理论”（public-interest theories）。

公共利益论认为，管制是从维护社会公众利益出发，满足社会公众需求，弥补自由市场机制失灵或缺陷的有效措施。它产生的前提条件是存在自然垄断、外部效应和信息不对称等自由市场内在缺陷。所以，该理论强调管制是“医治”这些缺陷的必要手段。

中央银行及其他公共机构对银行实施严格控制是现代金融体系的一个普遍特征。不同国家或地区进行此种控制的形式各不相同，但监管机构（中央银行及其他相关公共机

① 刘毅，杨德勇，万猛.金融业风险与监管［M］. 北京：中国金融出版社，2006：12-16.

构）实施控制和监管时均具有相当大的自由裁量权。

（2）利益集团论。基于对公共利益论的各种评述与争论，利益集团论（interest-group theories）摒弃了公共利益论的前提和各种假设，而将其理论置于以下假设之上：作为一般规则，社会代理人从事公共活动，目的在于增进自己的主观福利，而非一般公众的福利。基于这一假设，利益集团论将焦点集中在监管过程中各参与团体（生产者、消费者、政治家及官僚监管者）所能从事的广泛自利行为的机会上，以及对于此等自利行为的法律与社会控制上。利益集团论为整个金融监管过程提供了原因性解释，包括立法机关对监管框架的立法确认以及有关法律制定之后政府行政机构依法提供的相关政府服务。

但是，如果利益集团论是正确的，且政策制定者们做不到公正无私或以广大公众利益为重（除非外界的力量迫使其做到公正无私或以广大公众的利益为重），就有必要对行政自由裁量权进行重新评价。对监管者赋予自由裁量性的政策制定权，就是意味着他们有权决定监管政策的目的与形式，同时也意味着他们可以在广大公众不知情的情形下，追求自身的价值和利益，从而违背提高经济效益这一公共利益。

（3）货币监管论。对商业银行业所实施的监管控制可以分为两类：货币监管与审慎监管。货币监管是为了控制货币与信贷的膨胀率，从而实现政府的宏观经济目标。审慎监管则着眼于银行业的稳健与安全运行。

自20世纪70年代以来，就多数国家和地区而言，货币监管的重要性已逐渐下降。由于货币监管的负面效应日渐明显，市场创新和汇率控制弱化使得货币监管的效能日益降低，于是，许多国家便开始采用自由放任政策。在这个过程中，货币经济学的最新理论发展发挥了关键作用，尤其是澄清了以下理论误区：法定存款准备金制度以及其他限制银行资产与负债膨胀的监管措施均为货币政策所必需。

只要对通货存在实在的需求，且现金与银行存款间不完全具有替代关系，商业银行的活动便不能决定货币的供应和物价水平，货币政策即使没有监管条例的支持也能得以实施。尽管理论界就货币操作对金融经济产生影响的传输机制的性质持不同观点，对何为货币当局的适当行为亦持不同标准，但毋庸置疑的是，公开市场操作控制了通货的名义数量或影响了名义利率的水平，这就足以实施政府的货币政策。货币监管，尤其是法定存款准备金要求，可以影响货币流通量的变化，从而影响为实现货币政策目标所需的公开市场操作的规模与时机选择，故货币监管有助于货币政策目标的实现。政府继续实施法定存款准备金制度与其说是为了明显的货币政策目的，倒不如说是为了政府公共融资的便利，因为当银行有义务将政府负债作为储备资产持有时，对政府负债的需求量就会增大。

（4）审慎监管论。对货币监管进行再评价之后，可以看出，最有说服力的理论便是审慎监管论。审慎监管具有两大目的：一是对作为银行服务消费者的储户个人进行保护，以防范银行倒闭带来的风险；二是对银行体系从整体上予以保护，以防范传染性危机带来的风险。

① 银行监管的基本出发点——保护储户。无论监管多么严格，银行倒闭的可能性永远存在。一旦银行倒闭，银行即不能清偿其应无条件清偿的、对储户所负的存款债

务。尽管银行倒闭与一般非银行的公司破产相类似，但银行倒闭牵涉广大储户，所以尤为引人注目。许多小储户将其终身积蓄的全部或大部分作为储蓄存款存放于银行，一旦银行倒闭，这些小储户将遭受灭顶之灾。考虑到这个原因，人们总是反复强调银行监管的重要性和紧迫性。这一点对保护性监管的出现起到了很大的推动作用，因为人们普遍排斥储蓄风险，希望对银行施以审慎性控制，从而为银行储户提供可靠的安全网。根据这一理论，银行业监管机构的职责就是制定最低审慎标准，特别是就资本要求、流动性和银行风险承担的资产组合限制等制定审慎标准，以及监视银行的偿债支付能力和监督银行切实贯彻落实。

② 防范银行体系风险的公共措施。仅仅通过实施旨在降低单个银行倒闭风险的审慎监管措施，无法完全避免蔓延性银行挤兑所导致的体系风险。审慎监管至多只能减少因银行的不安全业务行为所致的不能支付状况的发生，从而增强人们对银行市场的信心，但它不能完全消除体系风险本身。只要是银行不能支付的最终风险由存款人承担，那么，存款人就会有一种理性的冲动而加入到挤兑队伍之列，因为他们知道监管机构的判断并不总是可靠的。因此，应从其他渠道寻求避免或有效应付蔓延性银行挤兑的方法。其中，有两种方法值得探索，即最后贷款制度和存款保险制度。

此外，贷款是中央银行在发生银行危机的情况下为那些储备资产不足的商业银行所提供的流动性支持。不过，中央银行为了支持市场而一般性地扩充流动性所采取的措施到底是否合适，却没有一个明晰的标准。

存款保险制度的宗旨在于事先有效地防止此等破坏性影响。存款保险制度的实质在于：即使银行倒闭了，国家仍担保全额支付储户在此类银行的存款。这种公共担保可以彻底消除引起银行挤兑的心理因素。然而，存款保险制度的问题在于，该制度本身容易削弱市场自律，并引发银行业的道德风险。银行可能会因该制度的存在而乐于从事一些高风险的、不稳健的营业行为。

2）金融监管的无效性理论

（1）监管成本论。[①]金融监管是有成本的，这使得金融监管可能是低效的。金融监管的成本分为两类：一是监管引起的直接资源成本；二是监管引起的间接效率损失。直接资源成本包括行政成本和执行成本。行政成本是指监管机构执行监管过程中所耗费的资源；执行成本是指被监管者为了遵守监管条例而耗费的资源。间接效率损失不表现为政府行政预算支出的增加，也不表现为监管对象直接承担成本的加大，而是表现为社会整体福利水平可能因为监管的实施而下降。金融监管的效率损失来自引发道德风险、削弱市场竞争、妨碍金融创新、不利于金融业的发展等方面。

（2）监管俘虏论。该理论认为，金融监管机构并非始终代表公共利益，而是保护一个或几个特殊利益集团。新的监管机构往往是在社会公众的压力和各利益集团的妥协之下成立的，成立之初它会表现出朝气和信心，具有较强的独立性。但随着时间的推移，被监管者会以各种手段对监管机构施加影响，监管机构会迁就某些特殊利益集团。

（3）监管经济论。监管经济论使用更加中性化的供求分析来诠释监管。生产者需要

① 宋清华，李志辉.金融风险管理［M］.北京：中国金融出版社，2005：63.

监管以控制新的竞争对手进入、影响替代品和互补品的生产、实行固定价格等，消费者需要监管以限制劣质产品和服务。监管是不同社会阶层和政治力量相互作用的结果，但由于生产者集团能更好地为立法者提供政治及经济支持，因而监管可能会有利于被监管产业。

（4）监管失灵论。公共选择理论认为，市场固然存在缺陷，政府同样也会失灵，表现在以下几方面：一是监管者也是经济人。具体从事监管工作的人员也是独立的利益个体，有实现利益最大化的要求。监管者可能为少数利益集团所利诱，利用手中掌握的权力为其服务。二是监管行为的非理想化。即使监管者的主观意愿是好的，由于对客观规律认识程度和把握能力的差异以及为其他条件所限，且存在管制时滞，因而其行为也可能是非理想化的。三是监管低效率。监管机构作为管制制度的供给者，缺乏竞争和约束，容易出现官僚主义。

10.1.3 金融监管的目标和原则

1）金融监管的目标

（1）保持金融系统的稳定性和信心。金融监管机构要建立和维护金融交易秩序，监督金融机构稳健经营，降低和防范金融风险，维护公众对金融体系的信心，防止系统危机和市场崩溃的发生。

（2）降低存款人和金融体系的风险。作为风险的承受者，银行存款人、证券市场普通投资者及其他金融机构的公众客户在信息拥有、资金规模等方面处于弱势，而这个庞大的群体同时也是市场的支撑者，金融监管机构对他们的合法权益应加以保护。金融监管的总体目标是在一定约束条件下追求最优的效果，在稳定、公平、效率三者之间寻求均衡。

2）金融监管的原则

（1）独立原则。监管机构应保持相对独立性，在职责明确的前提下，拥有制定监管条例和日常操作上的自主权，以避免受到某些利益集团或地方政府的干预。

（2）适度原则。监管机构的职能空间必须合理界定，金融监管应以保证金融市场内在调节机制正常发挥作用为前提，而不应干扰市场的激励-约束机制。一方面，不能压制有活力的、正当的市场竞争；另一方面，不应承诺采取措施拯救竞争中的失败者，因为监管的存在并不排除金融机构倒闭的可能性。

（3）法治原则。金融监管必须有法律依据，并依法实施。监管者也应受到约束和监督，以防止出现监管过度或监管松懈。因此，法律部门应有相应的法律和制度约束监管者的行为。

（4）“三公”原则。这是指公正、公平、公开原则。监管机构要公平地履行监督职能，以客观事实为依据，避免主观臆断；保证金融交易各方的平等地位，不得对某方给予偏袒或歧视；实施监管的过程和结果应当按规定公开，提高监管透明度，保护各方当事人的权利。

（5）效率原则。金融监管必须建立成本-效率观念，尽可能降低监管成本，减少社会支出。这就要求精减监管体系，提高监管人员素质，在监管工作中讲求实效，对监管方案进行优选，采用现代化的监管技术和手段。

（6）动态原则。监管应与金融发展保持同步，以免成为限制金融发展的羁绊。监管机构应尽快对不适应金融发展新形势的规则进行修改，避免压制金融创新积极性。金融监管机构还应具有一定的前瞻性，把握市场走向和金融机构的演变趋势，提前作出相应准备，缩短监管时滞。

【思政小课堂】

强监管　推动金融业公平竞争

2021年是“十四五”规划的布局之年，《中华人民共和国人民银行法》的修订、新《中华人民共和国证券法》的修改、《中华人民共和国期货法（草案）》的首次审议、《上市公司监督管理条例》的上线等，法治建设已经全面展开，“强监管、零容忍”继续成为2021年金融监管的主旋律。

2023年12月29日，国家金融监督管理总局银行机构检查局在专栏文章中表示，紧绷全面加强金融监管之弦，坚决做到“长牙带刺”，不断强化检查能力建设。同时，文章还提到，重点关注股东行为、高管履职、关联交易、负债业务、大额授信、异地投资、资管和其他表外业务等。对重大违法违规问题坚决零容忍，做到应罚尽罚、罚没并重、双罚并举，对重大金融风险制造者从严从重处罚。

2024年伊始，国家金融监督管理总局及省局、分局密集发布了一批监管罚单，多家商业银行因在贷款业务上存在违法违规行为而被监管部门处罚。释放了严监管和防风险的信号。我国金融监管将持续强化，严厉打击违法违规行为，高度重视金融风险管理，推动银行业公平竞争和保护消费者权益。

10.2 金融监管的方法

1）事前筛查

这种方法主要是在金融机构建立前进行严格的审查和注册登记。金融监管当局对申请注册登记的金融机构的地址、规模、股东人数、资本、经营管理水平等方面进行严格审查，具体包括：必须有足够的资本；机构设立确出于经济发展需要，有利于竞争；具有合格的金融业务管理人员；具有完整的组织章程，一般要按照股份公司组建；规定经营范围；参加保险；接受监管；有固定经营场所等。通过筛查，防止管理水平和效益低下的金融机构成立，从根本上防范金融风险。

2）现场检查

现场检查就是监管当局派出检查小组，到各地金融机构实地检查，主要检查内容包括资本充足状况、资产质量、管理质量、清偿能力、收入和盈利状况等，以全面、综合地评估某一金融机构的业务活动。在现场检查中，有关人员要判断金融企业的业务活动是否安全、稳健和合法，检查金融机构每项业务活动的政策、做法和程序，判断金融机构内外部管理情况，检查存款与其他负债及其构成情况。现场检查比较直观，能直接检查银行资料的真实性，还可以查访有关人员，容易发现问题。但现场检查成本较高，还可能影响金融机构的正常经营活动，因此不宜频繁进行。2007年，监管机构下发修改后的《中国银行业监督管理委员会现场检查规程》，规范现场检查工作，进一步提高现场检查的工作质量和效率。《中华人民共和国银行业监督管理法（修订草案征求意见稿）》第三十七条（现场检查）规定，银行业监督管理机构应当对银行业金融机构的业务活动及其风险状况进行现场检查。国务院银行业监督管理机构应当制定现场检查程序，规范现场检查行为。

3）非现场检查

非现场检查是指监管当局要求金融机构定期或不定期报送有关财务报表等资料，通过收集、分析金融机构的各种书面数据考查、评价其经营状况。大多数国家和地区的监管当局都建立了非现场检查报告制度，要求金融机构及时、准确报送有关报表、报告及其他重要信息。

1995年，中国人民银行颁布《非现场稽核监督暂行规定》，建立了我国非现场检查制度。2013年，为提高非现场监管工作效率，中国银监会颁布《中国银行业监督管理委员会非现场监管指引（试行）》。《中华人民共和国银行业监督管理法（修订草案征求意见稿）》第三十六条（非现场监管）规定：银行业监督管理机构应当对银行业金融机构的业务活动及其风险状况进行非现场监管，建立银行业金融机构监督管理信息系统，分析、评价银行业金融机构的风险状况。

与现场检查相比，非现场检查具有较强的及时性、连续性、低成本的特点，适用于对金融机构的风险状况进行早期检查预防。但是，非现场检查单纯依靠数据资料，可能难以发现一些深层次、隐蔽性、有特点的风险因素。

4）内外部审计相结合

审计是一种监督审查的系统方法。很多国家的公司法要求企业定期由注册会计师审查账目报表。内部审计的责任是向股东大会负责，审查重点是金融企业的内部管理和盈利；外部审计是由国家审计机关监控企业的风险与经营安全。外部审计应与内部审计相互协调。

5）事后处理

当监管当局发现某一金融机构的经营不符合金融法律法规的要求，经营状况出现妨碍稳健经营的倾向或者有损于社会公众利益的行为时，应按照不同情况采取相应措施，主要包括：提醒金融机构管理层重视出现的问题并加以处理；命令金融机构调整、撤销业务；紧急救助及并购；退出市场。

10.3 金融监管的基本内容

对银行体系的监管是世界各国监管的主要方面。各国金融监管的基本内容一般包括以下3个方面：预防性监管，即事前监管。事前监管主要包括开业登记、资本充足率、清偿能力、业务活动、贷款集中制度、管理层、稽核检查等方面的监管。援救性监管，即事中监管。为了防止商业银行过度依赖最后贷款人而不负责任地扩大资产业务，最后贷款人的确切职能范围一般不予公布。补救性监管，即事后监管。事后补偿措施的主要形式是存款保险制度，它是保护存款人利益、稳定金融体系的最后一道防线，西方多数国家已建立了这种制度。上述3个方面的内容统称为“3道防线”，构成金融监管的基本制度。[①]

10.3.1 预防性监管

1）市场准入监管

对金融机构市场准入的控制是有效监管的首要环节。市场准入的目的一方面是防止不合格的金融机构进入金融市场；另一方面是在保持合理的金融机构数量、满足经济发展需要的同时，避免过度竞争。现代商业银行市场准入的通行制度是核准主义，即审批制。银行的设立除了要符合法律规定的条件外，还须报请监管机构批准，然后才可申请登记注册。市场准入一般有“量”和“质”两方面的要求。

《中华人民共和国银行业监督管理法（修订草案征求意见稿）》第十八条（市场准入）规定：银行业监督管理机构依照法律、行政法规规定的条件和程序，审查批准银行业金融机构及其分支机构的设立、变更、终止以及业务范围。

（1）市场准入“量”的标准要求。根据《中华人民共和国商业银行法》，我国设立全国性商业银行的注册资本最低限额为10亿元，设立城市合作商业银行的注册资本最低限额为1亿元，设立农村合作商业银行的注册资本最低限额为5 000万元。

（2）市场准入“质”的标准要求。“质”的标准主要有法人资格、组织章程、经营管理的方式与计划、内控制度、高级经营管理人员素质等。我国对商业银行高级管理人员任职资格的要求是：熟悉有关经济金融法规；正确贯彻国家经济金融方针政策；有金融业经营的丰富专业知识、很强的管理工作和业务工作能力；对学历、资历、品质等也作了具体规定。

2）谨慎监管

（1）业务经营合规性。在法制健全的市场，银行违法违规的现象并不多见。银行的信用经营方式使其非常注重信誉的保持，一旦公众的信心有所动摇，就会影响银行的生存和发展。所以，对银行业务经营合规性的监管相对较为轻松。

（2）风险控制。在金融风险不断加大的情况下，建立有效的风险监控体系十分必要。从风险管理和风险监督角度讲，由于金融风险成因复杂、波及面广，仅对各种风险进行单项控制是不够的，现在各国监管机构对银行资产的风险控制主要采取全面风险管理方法，并以此为基础，建立了一套科学的考核参数和分析方法，对风险进行定量计量和动态监控。

（3）资本充足率。《巴塞尔新资本协议》要求商业银行资本达到风险资本的8%。国家金融监督管理总局要求商业银行的资本充足率达到《商业银行资本管理办法》的规定。

（4）资产流动性。评估流动性通常要考虑的因素是存款的变动情况、对借入资金的

---

① 郭国有.中央银行监管［M］. 成都：西南财经大学出版社，1997：75.

依赖程度、可随时变现的流动资产数量、对自身资产负债的管理水平、从外部借入资金的频率、筹措紧急救助资金的能力等。各个国家对商业银行流动性的管理方法有较大差别，但都要求商业银行具有流动性并达到一定标准。我国对银行流动性风险监管指标作了具体规定，包括净稳定资金比例、优质流动性资产充足率、流动性匹配率等。

（5）资产质量。资产质量是衡量一家金融机构经营状况最重要的依据。各国对资产质量的监管标准不同。中国人民银行决定自2002年1月1日起，正式在中国银行业全面推行贷款风险分类管理。贷款风险分类管理，又称贷款五级分类管理，是指银行主要依据借款人的还款能力，即最终偿还贷款本金和利息的实际能力，确定贷款遭受损失的风险程度，将贷款质量划分为正常、关注、次级、可疑和损失五类的一种管理方法。

（6）盈利能力。金融机构的盈利能力是其生存和发展的关键。监管当局对金融机构收益状况的评价不仅要考核其收益率指标，还要考核过去几年收益的变动情况和未来的发展趋势。

（7）业务范围管制。一直以来，许多国家对金融机构的业务范围有较严格的管制，但从20世纪70年代开始，不少实施分业经营的国家和地区放松了对金融机构业务范围的限制。例如，美国1999年实施《金融服务现代化法案》，允许金融机构混业经营。《中华人民共和国商业银行法》仍严格实施金融机构的分业经营和分业管理制度。

（8）对大额风险集中的监督和控制。分散风险是金融监管的重要内容，主要体现在贷款的发放上。各国监管当局对银行贷款集中程度加以限制，避免贷款风险过于集中，同时也对关系人贷款予以限制。我国要求商业银行对同一借款人的贷款余额不超过银行资本的10%，对最大10家客户的贷款总额不超过银行资本净额的50%；银行不得向关系人发放信用贷款，向关系人发放担保贷款的条件不得优于其他贷款人。

（9）内部控制。金融机构经营的失败与内部控制薄弱有直接或间接的关系。监管当局通常会发布指导性原则，要求银行建立科学、严密、完备的内控制度。银行的内部控制主要包括管理控制、业务营运控制、会计控制3个方面。2014年9月，中国银监会颁布了《商业银行内部控制指引》，对商业银行建立和健全内部控制，有效防范风险，保障银行体系安全、稳健运行提出明确要求。

10.3.2　援救性监管和市场退出

1）实施救助

监管当局对具有挽救价值的有问题金融机构可以采取救助措施，使其脱离困境，恢复经营。可采取的措施见表10-1。

表10-1　**对有问题金融机构实施救助的主要措施**

措　施	内　容
自我救助	加强内部控制，改善经营管理；多方筹集资金，增强支付能力；主动寻找有实力的金融机构进行兼并或收购
政府救助	政府通常采用为有问题金融机构的债务清偿提供担保的方式进行信誉挽救。此外，还可以采取向有问题金融机构划拨优良资产、协调政府部门存入资金、减免税负、协调有关债权人延期追偿债务、成立处理不良债权的临时机构等措施

续表

措 施	内 容
金融同业救助	金融同业会对有问题金融机构采取出借资金、置换资产、延期追偿债务、托管经营和善意并购等措施
中央银行救助	各个国家的中央银行充当最后贷款人角色。其对有问题金融机构采取的紧急救援措施包括提供流动性支持、进行接管、进行窗口指导等
接管	财务困难、濒临破产的危机银行在继续经营状态下的价值一般大于立即破产清算时的价值，为保护银行债权人利益，避免因银行倒闭造成震荡，监管当局可以对其进行接管，行使经营管理权，防止资产质量和业务经营进一步恶化，争取恢复银行的正常经营

资料来源 刘毅，杨德勇，万猛.金融业风险与监管［M］. 北京：中国金融出版社，2006：63-70. 内容经过整理。

2）收购或兼并

监管当局可以组织其他正常银行兼并或收购危机银行，承担其部分或全部债务。并购分为援助性并购和非援助性并购。援助性并购，监管当局向兼并者提供资金援助，或是承诺兼并者不会遭受损失；非援助性并购，兼并者对危机银行的存款和损失负全部责任，监管当局不提供资金援助，但可以在兼并者开办新业务、扩大分支机构等方面给予优惠。

3）市场退出

（1）行政关闭或撤销。对不可救助、股东不愿救助的失败银行，中央银行可运用行政管理手段宣布对其依法关闭并组织清算，指定一家金融机构托管，完成清算后宣布解散和撤销。

（2）依法破产清算。监管当局对不具有挽救价值的银行也可以采取破产清算的方式使其退出金融市场。根据《中华人民共和国商业银行法》和《中华人民共和国公司法》的规定，危机银行如果不能支付到期债务，经中国人民银行同意，由法院宣告其破产，法院组织人民银行等有关部门组成清算组进行清算。

《中华人民共和国银行业监督管理法（修订草案征求意见稿）》第六十八条（破产申请）规定：国务院银行业监督管理机构可以向人民法院申请银行业金融机构破产。银行业金融机构或者其债权人向人民法院提出破产申请前，应当取得国务院银行业监督管理机构批准。

《中华人民共和国银行业监督管理法（修订草案征求意见稿）》第六十九条（撤销）规定：银行业金融机构有违法经营、经营管理不善等情形，不予撤销将严重危害金融秩序、损害公众利益的，国务院银行业监督管理机构有权予以撤销。

10.3.3 存款保险制度

存款保险制度要求接受存款的金融机构为其吸收的存款向存款保险机构投保，当投保机构发生危机无力支付存款时，由存款保险机构代为支付限定数额的保险金。现代存款保险制度形成于20世纪30年代的美国，在经历了严重的经济危机后，1933年美国

《银行法》确立了存款保险制度，并于1934年1月成立了联邦存款保险公司（FDIC）。许多国家在20世纪60—80年代也先后建立了存款保险制度。我国的《存款保险条例》由国务院于2015年2月17日发布，自2015年5月1日起施行。

《存款保险条例》规定：存款保险实行限额偿付，最高偿付限额为人民币50万元。中国人民银行会同国务院有关部门可以根据经济发展、存款结构变化、金融风险状况等因素调整最高偿付限额，报国务院批准后公布执行。

1）存款保险体制

存款保险体制是指存款保险机构设置上的构成情况。多数国家是高度集中单一式的，少数国家是复合式的，即同时存在相互独立、平行的两套保险系统。美国是复合式存款保险体制的代表，它有联邦存款保险公司和联邦储蓄贷款保险公司，分别服务于不同类型的金融机构。由于金融业广泛、深刻的渗透扩散性和金融风险的全国性特征，无论单一式存款保险体制还是复合式存款保险体制，都实行全国范围的而不是分散的区域性或地方性存款保险制度。

2）存款保险制度的组织形式

存款保险制度的具体组织形式没有固定模式，由各国根据需要及国情而定。由于存款保险对于吸收客户存款具有吸引力，并构成银行同业竞争的一项条件，所以所有银行都自愿参加。保险基金大多以法定形式要求银行按存款总额一定比例缴纳。

3）存款保险标的范围

存款保险标的一般包括本国货币存款和外币存款，也有一些国家不保护外国货币存款，如加拿大、法国、英国和日本。在大多数国家，该范围都不包括银行间同业存款、某些定期存款和可转让大额定期存单存款等。对于列入存款保险标的范围的存款，在数量上也规定了存款保险额度的最高控制点。我国《存款保险条例》规定：被保险存款包括投保机构吸收的人民币存款和外币存款。但是，金融机构同业存款、投保机构的高级管理人员在本投保机构的存款以及存款保险基金管理机构规定不予保险的其他存款除外。

4）参加存款保险的金融机构

实施存款保险制度的国家大多实行属地原则，即保险对象的确定以银行所在地为准，既包括本国银行，又包括外国银行在本地的分支机构或附属机构，一般不包括本国银行在国外的分支机构。但德国和日本将本国银行的国外机构也包括在内，而比利时和日本排除了外国银行在本地的机构。对于国内机构，有的国家将所有本国机构都包括在内，而有的国家则主要包括商业银行，将某些类型的金融机构排除在外。我国《存款保险条例》规定：在中华人民共和国境内设立的商业银行、农村合作银行、农村信用合作社等吸收存款的银行业金融机构（以下统称投保机构），应当依照本条例的规定投保存款保险。

5）存款损失的赔偿

对于存款损失的赔偿，各国也不尽相同，大多数国家规定了最高控制点，但有的国家要求存款者承担一部分损失。各国存款保险的赔偿比例见表10-2。

表10-2　**各国存款保险的赔偿比例**

国家	赔偿比例
美国	10万美元的存款保险赔偿上限，超过限额的部分将得到的补偿比例约为50%
英国	1万英镑以内的存款损失，赔偿75%
瑞士	递减赔偿率：2万瑞士法郎以内，赔偿100%；2万~3万瑞士法郎，赔偿75%；3万~7.5万瑞士法郎，赔偿50%
法国	对成员单位的存款业务和证券业务的最高赔偿金额为70 000欧元/人・机构
德国	信用合作社、储蓄银行及其信贷银行的存款者，所受保障的最高限额是所在银行责任自有资本的30%。每个存款者实际上会受到完全保护
中国	存款保险实行限额偿付，最高偿付限额为人民币50万元。中国人民银行会同国务院有关部门可以根据经济发展、存款结构变化、金融风险状况等因素调整最高偿付限额，报国务院批准后公布执行

10.3.4　监管评级

2021年9月，中国银保监会发布了《商业银行监管评级办法》，旨在加强商业银行风险监管，完善商业银行同质同类比较和差异化监管，合理分配监管资源，促进商业银行可持续健康发展。监管评级适用于对开业满一个完整会计年度以上的商业银行和农村合作银行、农村信用社、村镇银行的法人机构的监管评级，监管机构可依据本办法对当年新设立的银行进行试评级。

1）监管评级的含义

商业银行监管评级是指监管机构根据日常监管掌握的情况以及其他相关信息，按照本办法对商业银行的整体风险和管理状况作出评价判断的监管过程。监管评级结果是实施差异化监管的基础。

国家金融监督管理总局统筹组织商业银行监管评级工作，进行统一管理，规范操作流程，加强评级结果运用和质量管理。国家金融监督管理总局及其派出机构按照本办法开展商业银行监管评级工作。

2）监管评级要素

商业银行监管评级要素包括资本充足、资产质量、公司治理与管理质量、盈利状况、流动性风险、市场风险、数据治理、信息科技风险和机构差异化要素。商业银行监管评级要素由定量和定性两类评级指标组成。

3）监管评级方法

（1）评级要素权重设置。各监管评级要素的标准权重分配如下：资本充足（15%）、资产质量（15%）、公司治理与管理质量（20%）、盈利状况（5%）、流动性风险（15%）、市场风险（10%）、数据治理（5%）、信息科技风险（10%）、机构差异化要素（5%）。监管机构根据监管重点、银行业务复杂程度和风险特征具体设定和调整各评级要素权重。

（2）评级指标和评级要素得分。评级指标得分由监管人员按照评分标准评估后结合专业判断确定。评级要素得分为各评级指标得分加总。

单项要素得分按权重换算为百分制后分6个级别，90分（含）至100分为1级，75分（含）至90分为2级，60分（含）至75分为3级，45分（含）至60分为4级，30分（含）至45分为5级，30分以下为6级。

（3）评级综合得分。评级综合得分由各评级要素得分按照要素权重加权汇总后获得。

（4）监管评级结果确定。根据分级标准，以评级综合得分确定监管评级初步级别和档次，在此基础上，结合监管评级调整因素形成监管评级结果。

4）监管评级结果

商业银行监管评级结果分为1~6级和S级，其中，1级进一步细分为A、B两个档次，2~4级进一步细分为A、B、C三个档次。评级结果为1~6级的，数值越大反映机构风险越大，需要越高程度的监管关注。正处于重组、被接管、实施市场退出等情况的商业银行经监管机构认定后直接列为S级，不参加当年监管评级。

（1）综合评级结果为1级，表示银行在各方面都是健全的，发现的问题较轻且能够在日常运营中解决，具有较强的风险抵御能力。

（2）综合评级结果为2级，表示银行基本是健全的，风险抵御能力良好，但存在一些可以在正常运行中得以纠正的弱点，若存在的弱点继续发展可能产生较大问题。

（3）综合评级结果为3级，表示银行存在一些明显的弱点，风险抵御能力一般，勉强能够抵御业务经营环境的大幅变化，但存在的弱点若不及时纠正很容易导致经营状况劣化，应当给予监管关注。

（4）综合评级结果为4级，表示银行存在的问题较多或较为严重，并且未得到有效处理或解决，需要立即采取纠正措施，否则可能损害银行的生存能力，存在引发倒闭的可能性。

（5）综合评级结果为5级和6级，表示银行为高风险机构。其中，评级结果为5级，表示银行业绩表现极差，存在非常严重的问题，需要采取措施进行风险处置或救助，以避免产生倒闭的风险；评级结果为6级，表示银行存在的问题极度严峻，可能或已经发生信用危机，严重影响银行消费者和其他客户的合法权益，或者可能严重危害金融秩序、损害公众利益。

5）监管评级结果的运用

国家金融监督管理总局及其派出机构应当充分利用商业银行监管评级结果，将监管评级结果作为制定监管规划、合理配置监管资源，采取监管措施和行动、开展市场准入的重要依据，结合单项要素和综合评级结果，深入分析银行存在的风险及成因，制定每家银行的综合监管计划和监管政策，确定监管重点以及非现场监管和现场检查的频率和范围，督促商业银行对发现的问题及时整改。

（1）对综合评级结果为2级和3级的银行，应根据具体评级档次的高低，按照监管投入逐步加大的原则，适当提高非现场监管分析与现场检查的频率和深度，并可依法采取下列措施和行动：监管谈话，督促控制风险较高、管理薄弱领域业务增长和风险敞口，在市场准入上采取一定的监管措施等。

（2）对综合评级结果为4级的银行，除可采取上述监管措施和行动外，还应区别情形依法采取下列措施和行动：控制资产增长，要求补充资本，要求补充流动性，责令限期整改，责令暂停部分业务、停止批准开办新业务，限制分配红利，限制资产转让，责令控股股东转让股权或限制有关股东的权利，责令调整董事、高级管理人员或限制其权利，停止批准增设分支机构等。

（3）对综合评级结果为5级的银行，在采取上述监管措施和行动基础上，应制定实施风险处置方案。

（4）对综合评级结果为6级的银行，监管机构还可视情况依法安排重组、实行接管或实施市场退出。

10.4 金融监管的国际准则

国际金融监管以巴塞尔银行监管委员会颁布的监管要求为主。在巴塞尔银行监管委员会提出的众多监管原则中，1988年的《巴塞尔资本协议》是影响最大也是国际银行业风险监管最有代表性的监管原则之一，其间发布的许多监管原则大多是对这个监管原则的补充和完善。

巴塞尔银行监管委员会是1974年由西方十国集团的中央银行行长倡议建立的。我国于2009年加入巴塞尔银行监管委员会。目前，巴塞尔委员会的成员为27个主要国家或地区的44家机构（中央银行监管当局）。另外，欧盟、欧洲中央银行、欧洲银行监管局、国际货币基金组织和金融稳定学院五家机构是巴塞尔委员会的观察员。

20世纪80年代，拉美的债务危机对西方商业银行产生了巨大冲击，促使银行监管理念发生了重大变化，传统的以资产大小为实力象征的观念受到挑战，取而代之的是“资本是上帝”的新理念。1988年，巴塞尔银行监管委员会正式颁布实施的《巴塞尔资本协议》便是在这种背景下产生的，2004年发布的《巴塞尔新资本协议》是对这个协议进行的完善和修订。2010年出台《巴塞尔协议Ⅲ》，2017年出台《巴塞尔协议Ⅲ》最终版本。

10.4.1 《巴塞尔资本协议》概述

1）《巴塞尔资本协议》的形成

《巴塞尔资本协议》就是规定银行资本充足率的《统一资本计量与资本标准的国际协议》（International Convergence of Capital Measurement and Capital Standards，1988）。在推进全球银行监管的一致化和可操作性方面，《巴塞尔资本协议》具有划时代的意义。从当时的经济金融环境看，20世纪80年代初的国际银行业，由于受债务危机影响，信用风险给国际银行业带来了相当大的损失，银行普遍开始注重对信用风险的防范与管理。《巴塞尔资本协议》在国际银行界建立了一套国际通用的、以加权方式衡量表内与表外风险的资本充足率标准，极大地影响了国际银行监管和风险管理的进程。《巴塞尔资本协议》发布以后，其国际影响力不断扩大，巴塞尔银行监管委员会也不断根据市场环境的变化对这一协议进行了一些调整（如1996年推出的《资本协议关于市场风险的补充规定》），使得《巴塞尔资本协议》及其相关文件成为影响最为广泛的国际监管原则之一。即使是在强调全面风险管理的今天，信用风险依然是导致银行经营问题的主要原因，这也相应奠定了《巴塞尔资本协议》的基础性地位。

2）《巴塞尔资本协议》的核心内容

《巴塞尔资本协议》的主要内容是就银行的资本与风险资产的比率确定国际认可的计算方法和计算标准，促进国际银行业开展公平竞争。《巴塞尔资本协议》主要界定了银行资本的组成，规定核心资本应占整个资本的50%、附属资本不应超过资本总额的50%。同时，对不同资产分别给予不同的风险权数，在考核风险资产规模的基础上，要求1992年年底从事国际业务的银行资本与加权风险资产的比例必须达到8%（其中核心资本不低于4%）的目标。

3）《巴塞尔资本协议》的主要特点

从国际银行业风险管理角度看，《巴塞尔资本协议》具有以下特点：

（1）突出强调了资本充足率的标准和意义。国际上曾发生过多起商业银行在经营过程中由于资本金不足且承担了过高经营风险而导致资不抵债、不得不破产清盘或求助于政府的案例，最终使广大存款人受害，甚至产生无力偿债的连锁效应而危害整个社会的经济状况。从这个意义上说，巴塞尔银行监管委员会突出强调了资本充足率在银行风险管理中的重要性。

在现实的银行经营活动中，资本充足率的高低代表商业银行应对金融风险能力的高低，而金融风险在市场经济的多变环境中是客观存在的，在经济全球化和科技快速进步的进程中是不易准确预测的。资本金的多少决定了银行的实力和支付、清偿能力，它不仅可以保证银行经营活动的正常运行，而且可以应对偶发性资金短缺，从而维护存款人的正当利益和公众对银行的信心。另外，一家好的银行不仅要谋求自我发展，更要有充分的自我约束，而资本充足率正是这种约束，即一定规模的资本金只能经营一定规模的业务量。市场经济中有许多企业正是由于过度谋求发展，承担了过大的风险而失败的。银行与一般的工商企业不同，直接涉及公众利益，出现支付风险会在社会上产生广泛的连锁反应，对经济的危害极大。因此，对银行业进行资本金方面的关于谨慎经营的约束比其他行业要更为严格。通过强调资本充足率，《巴塞尔资本协议》使全球银行经营从注重规模转向注重资本、资产质量等。

（2）确立了全球统一的银行风险管理标准。《巴塞尔资本协议》统一了对资本组成的认识，同时根据资产负债表上不同种类资产以及表外业务项目确定了不同的风险权数，并规定了资本与风险资产的目标比率，这就为国际社会衡量国际银行业的风险暴露状况提供了统一的标准。世界上一些大的信用评级机构普遍使用《巴塞尔资本协议》的标准来审定对国际银行业的信用评级。统一标准的确定增强了国际银行业风险管理的自律意识，并促使其风险管理朝国际统一的方向努力。同时，《巴塞尔资本协议》的正式出台也标志着西方银行资产负债管理理论和风险管理理论的完善与统一。

（3）强调国家风险对银行信用风险的重要影响。《巴塞尔资本协议》在衡量银行信用风险时特别强调国家风险的影响，明确规定对经合组织成员国家的授信风险权重低于非经合组织国家。对于发展中国家来说，有关风险可以达到100%。该协议之所以作出这样的规定，主要是受20世纪70年代发生的发展中国家债务危机的影响。大批国际性银行在发展中国家的贷款成为呆账，由此引发的全球性金融风波使跨国银行损失巨大，也给国际银行业带来了巨大的风险。为此，如何防范国家风险就成为国际银行监管机构十分关注的课题。

4)《巴塞尔资本协议》的不足之处

(1) 容易导致银行过分强调资本充足率的倾向，从而相应忽视银行业的营利性及其他风险，这样，即使银行符合资本充足率的要求，也可能因为其他风险而陷入经营困境。例如，1993年年底巴林银行的资本充足率远超过8%，1995年1月巴林银行还被认为是安全的，但到1995年2月末，这家银行就破产并被接管了。

(2) 从具体风险资产的计算看，《巴塞尔资本协议》没有考虑同类资产不同信用等级的差异，从而不能十分准确地反映银行资产面临的真实风险状况。

(3) 对于国家信用风险权重的处理过于简单化，主要表现在国家风险在确定风险资产中的影响过大，同时对于不同风险程度国家风险权重的处理太简单了（如对于经合组织成员国家和非经合组织成员国家的风险权重的确定）。

(4) 仅仅注意了信用风险，而没有考虑在银行经营中影响越来越大的市场风险、操作风险等。

(5) 许多已有的监管约束推动了国际银行界的资本套利现象，但是《巴塞尔资本协议》难以有效约束这些现象，包括通过推进资产的证券化将信用风险转化为市场风险等其他风险来降低对资本金的要求、广泛采用控股公司的形式来逃避资本金的约束等。

10.4.2 巴塞尔银行监管委员会对于《巴塞尔资本协议》的补充和完善

正是由于《巴塞尔资本协议》在实际应用中日益显现出来的局限性，巴塞尔银行监管委员会一直着手对其进行修订，主要包括《资本协议市场风险补充规定》和《有效银行监管的核心原则》。

1)《资本协议市场风险补充规定》

市场风险是指在一段时期内由汇率和利率的变化所造成的金融工具的市场价格下降的风险。《巴塞尔资本协议》只考虑了信用风险，忽视了市场风险，尤其是该协议对许多新的和复杂的场外衍生产品未能给予足够的重视。如果对资本的要求仅适用于信用风险，银行进行交易组合时，就会利用利率或汇率风险来替换信用风险，从而谋取高额利润。

《巴塞尔资本协议》更多地强调立足于运用法令、惯例或行业传统的力量，从外部规定一套整齐划一的监管措施来控制银行体系的风险。随着以金融衍生产品为代表的表外业务的蓬勃发展，其操作的复杂程度和投资组合的速度均与传统银行业务不可同日而语，表外业务的快速发展必然与不完善的规定不断发生冲突，逃避管制的行为也屡屡发生。外部监管措施既不能实时包含任何新出现的金融产品，又无助于激励银行改善自身的风险管理系统，因此日渐乏力。在外部监管尚不完善的情况下，银行的内部管理控制越来越引起人们的重视，1996年的《资本协议市场风险补充规定》（也称为《巴塞尔补充协议》）正是国际银行界旨在利用合理有效的内控机制来开辟金融监管新途径的一次尝试。

《资本协议市场风险补充规定》强调了市场风险的管理，这主要是考虑到20世纪90年代以后，在西方国家金融创新的不断推动下，金融衍生工具及交易迅猛增加，银行业越来越深地介入到这些衍生交易之中，因而金融市场的波动对于银行的影响越来越显著。从国际环境看，几起震惊全球金融界的大案（如巴林银行、大和银行等事件）主要是由于市场风险管理失控引发和导致的。于是，1996年年初，巴塞尔银行监管委员会及时推出了《资本协议市场风险补充规定》。同时，一些主要的国际大银行也根据《资本协议市场风险补充规定》着手建立自己的内部风险测量与资本配置模型。

2）《市场风险的资本标准建议》

与《资本协议市场风险补充规定》密切相联系的是1993年4月巴塞尔银行监管委员会发表的《市场风险的资本标准建议》。这个建议对市场风险的资本要求包括债务衍生产品、股权衍生产品和外汇衍生产品市场风险的资本要求。其中，债务衍生产品和股权衍生产品市场风险的资本要求又可分为特殊风险的资本要求和一般市场风险的资本要求。市场风险资本监管的指导思想是运用金融工程技术，把股权、利率和汇率三大类衍生产品转化成相应的基础工具，即股票、债券和货币，然后根据三类基础工具分别规定三套计算规则，在规则中对股票和债券还分别考虑了它们的一般市场风险和特殊风险。这种分产品类别计算市场风险资本要求的方法就是所谓的分块法（building block approach）。

不过，巴塞尔银行监管委员会这种过于武断的做法还是受到复杂的现实情况的挑战。经过几年的实践，巴塞尔银行监管委员会认识到市场风险监管面临的困境实际上反映了传统的外部监管思想与金融产品发展之间的冲突，一个理想的资本金监管标准应具有以下特点：

（1）简单易懂，即使较小的银行也易于操作；

（2）与银行的内部风险管理系统尽可能相一致；

（3）尽可能避免扭曲银行的交易行为；

（4）以银行的所有资产组合为基础，考虑各项目间的相关性和抵补性；

（5）易于扩展，能包容新产品与新市场；

（6）能适应不同规模及不同主要业务的银行；

（7）所具有的结构有助于鼓励银行改进其内部风险管理。

这些特点在巴塞尔银行监管委员会后期的一系列原则中都得到了不同程度的体现。

3）《测定市场风险的巴塞尔补充协议》

1996年1月，巴塞尔银行监管委员会颁布了《测定市场风险的巴塞尔补充协议》，允许银行采用自己的内部风险管理模型，但应同时满足定性与定量标准。定量标准除了10天持有期、99%的概率外，还要求估计风险价值的样本期不低于1年，有关的估算数据应至少3个月更新一次；在计算风险时，虽然可考虑同一风险类别资产间的相关性，但要求对不同类别资产的风险价值进行简单的相加，另外对期权风险的测定作出了一些特别规定。定性标准只是规定在银行内部控制与风险管理过程中应遵循的最低要求。这些要求包括：

（1）银行应设置独立的风险控制部门，它直接对最高管理层负责；

（2）该部门应定期进行事后监督分析，以检查模型的准确性；

（3）银行的最高管理层应积极参与风险管理；

（4）银行的风险测定模型应完全包括每天的风险管理内容；

（5）交易限量与敞口限量应与风险测定系统相衔接；

（6）银行应有定期的压力测试程序；

（7）银行应制定完整的内部政策、控制程序和风险管理的系统文件；

（8）银行应设置内部审计制度，定期评价风险测定系统和控制部门的情况。

4）《有效银行监管的核心原则》

《有效银行监管的核心原则》进一步提出了比较系统的全面风险管理思路。1997年东南亚金融危机爆发以来，全球金融市场的紧密联系、不同市场之间的互相影响、银行风险和金融危机在国家和地区间的传播问题引起越来越多的关注。以1998年美国长期资本管理公司损失事件为代表，许多金融机构陷入经营困境不再是信用风险或者市场风险等单一风险造成的，而是信用风险和市场风险等联合造成的。金融危机促使人们更加重视市场风险与信用风险的综合模型以及操作风险的量化问题，由此全面风险管理模式引起人们的重视。巴塞尔银行监管委员会推出的《有效银行监管的核心原则》集中体现了这一领域的进展。

《巴塞尔资本协议》以及随后根据金融市场的发展所进行的补充和完善，都为2004年《巴塞尔新资本协议》的出台奠定了基础。

10.4.3 从《巴塞尔资本协议》的演变看国际金融监管的发展趋势

1）从强调统一的外部监管标准转向多样化的外部监管与内部风险模型相结合

这一点在巴塞尔银行监管委员会《资本协议市场风险补充规定》中已经有了相当明显的突破。这个补充规定不仅坚持了一些统一监管的基本原则，如一致的资本充足水平，还进一步为金融机构采取不同的风险管理方法留下了相当大的灵活性。

2）从强调定量指标转向定量指标和定性指标相结合

从强调定量指标转向定量指标和定性指标相结合在《资本协议市场风险补充规定》和《有效银行监管的核心原则》中都有所体现，在《有效银行监管的核心原则》中表现得更为突出。

3）从一国监管转向国际合作监管

这个转变的直接推动力量就是金融业的全球化，它使国际金融市场上迅速涌现出大量跨境经营的金融集团，一些主要的国际性金融机构，如汇丰银行和花旗银行等，海外业务收入已接近甚至超过其总收入的一半。这就必然推动了国际合作监管的形成和发展，促使不同国家的监管机构通过合作将一家国际性银行的境内外机构、境内外业务进行并表监管。根据巴塞尔银行监管委员会有关文件的规定，对一家跨境银行的监管需在母国监管当局和东道国监管当局之间进行合理的监管分工和合作。一般来说，母国监管当局负责对资本充足率、最终清偿能力等实施监管，东道国监管当局负责对所在地分支机构的资产质量、内部管理和流动性等实施监管；同时，两国监管当局要就监管的目标、原则、标准、内容、方法以及实际监管中发现的问题进行协商和定期交流。

4）从信用风险监管转向全面风险监管

这主要表现在对市场风险的监管上。从20世纪80年代后期开始，国际监管组织和各国监管当局对金融创新产品及其风险都给予了高度关注。1986年，巴塞尔银行监管委员会发布了《银行表外风险管理的监管透视》，对表外业务的风险种类、风险评估以及管理控制等提出了初步的意见；随着金融衍生交易产品的更新发展，巴塞尔银行监管委员会又颁布了《衍生产品风险管理准则》《关于银行和证券公司衍生产品业务的监管信息框架》；针对金融衍生产品风险对资本的潜在威胁，巴塞尔银行监管委员会还发布了《资本协议市场风险补充规定》等。

5）从合规导向的监管思路转向风险导向的监管思路

长期以来，监管机构习惯于设定一系列管理规定，进而据此检查金融机构的合规性。而风险导向的监管则更为强调动态性的监管，强调对商业银行的资本充足程度、资产质量、流动性、营利性和管理水平所实施的监管。随着银行业的创新和变革，合规性监管的市场敏感度明显降低，这促使监管思路转向风险导向型。在这一思路的推动下，国际银行监管组织和一些国家的监管当局相继推出了一系列以风险监管为基础的审慎规则，如巴塞尔银行监管委员会发布了《大额信用风险的衡量与管理》《银行国际信贷的管理》《银行外汇头寸的监管》《利率风险管理原则》《银行机构流动性管理的稳健做法》《计算机和电讯系统中的风险》《有效银行监管的核心原则》等。

6）从对银行的监管转向对金融集团的监管

以前巴塞尔银行监管委员会的监管是以银行为主要对象的，但是，随着金融集团的日趋增加，金融集团在金融活动中的影响力迅速提升，监管机构开始从传统的注重银行的监管转向全面的对金融集团的监管。

国际金融风险监管的上述趋势，在《巴塞尔新资本协议》中得到了继承和体现。

10.4.4　2004年《巴塞尔新资本协议》概述

1）《巴塞尔新资本协议》

巴塞尔银行监管委员会2004年颁布了《巴塞尔新资本协议》，试图在全面继承以《巴塞尔资本协议》为代表的一系列监管原则的基础上，着手从单一的资本充足协议约束，转向依靠最低资本充足率、外部监管和市场约束3个方面的共同约束。《巴塞尔新资本协议》的目标是：

（1）继续促进金融体系的安全性和稳健性，至少维持金融体系目前的资本总体水平；

（2）促进公平竞争；

（3）提供更全面的处理风险的方案；

（4）使处理资本充足率的各种方法更敏感地反映银行头寸及业务的风险程度。

《巴塞尔资本协议》体系严格来讲不是国际条约，仅对其成员有约束力，但已有100多个国家和地区陆续采用，已成为金融监管领域的国际惯例。如果一国不引进这一体系，不对本国从事国际业务的银行实施与之一致的监督管理，这些银行不能达到规定的最低资本充足率标准，则该国在国际金融市场上必将受到歧视性对待。中国对银行业的监管标准逐渐和国际共同标准接轨。

2）《巴塞尔新资本协议》的特点

（1）延续以资本充足率为核心的监管思想。《巴塞尔新资本协议》延续了1988年《巴塞尔资本协议》中以资本充足率为核心、以信用风险控制为重点、突出强调国家风险的风险监管思路，并吸收了《有效银行监管的核心原则》中提出的银行风险监管的最低资本充足率、外部监管、市场约束3个支柱，提出了衡量资本充足率的新的思路和方法，以使资本充足率和各项风险管理措施更能适应当前金融市场发展的客观要求。同时，《巴塞尔新资本协议》要求3个支柱必须协调使用才能真正体现该协议的精髓，而这也是该协议区别于1988年《巴塞尔资本协议》的核心之所在。

（2）对风险的认识更加全面。《巴塞尔资本协议》的内容主要是针对信用风险而言的，而《巴塞尔新资本协议》中有关风险的定义扩大为信用风险、市场风险和操作风险的各种因素，基本涵盖了现阶段银行业经营所面临的风险，以保证银行资本充足率能对银行业务发展和资产负债结构变化引起的风险程度变化有足够的敏感性。

（3）除标准法外，允许银行运用内部评级法来衡量和测算信用风险和操作风险，这使新的监管规则有一定的灵活性，有利于吸收现代大型银行管理风险的各种先进经验。《巴塞尔新资本协议》较1999年的框架性文件更加深入，尤其是在内部评级法和标准法的应用、降低信用风险的技术、资产证券化和操作风险的处理等方面都有重大调整。

3）《巴塞尔新资本协议》的主要内容——三大支柱

《巴塞尔新资本协议》强调，最低资本充足率、外部监管、市场约束这三大支柱紧密联系在一起，如果这三个方面不能很好地落实，《巴塞尔新资本协议》也就难以真正落实。

（1）第一支柱——最低资本充足率规定。最低资本充足率的计算要考虑信用风险、市场风险和操作风险的监管资本计量。计量方法包括标准法和内部评级法。监管当局应该考虑银行的风险化解情况、风险管理状况、所在的市场性质以及收益的可靠性和有效性等因素，全面判断银行的资本充足率是否达到要求；监管当局有权根据银行的风险状况和外部经营环境，要求银行保持高于最低水平的资本充足率；银行要建立严格的内部评估体系，使其资本水平与风险度相匹配；监管当局要及时检查和评价银行的内部评价程序、资本战略以及资本充足状况；在资本水平较低时，监管当局要及时对银行实施必要的干预；如果对银行风险水平来说是必要的，监管当局应当要求银行持有超过最低比率的资本。

（2）第二支柱——监管部门的检查程序。监管当局对银行资本充足情况进行审查的主要目的是确保银行的资本敞口和发展战略与其总体风险状况相吻合。如果认为现有资本不足以应对可能发生的风险，监管当局应尽早采取措施进行干预。第二支柱就是要确保每家银行有合理的内部评估程序，以便银行对其面临的风险有正确判断，并在此基础上及时评估资本的充足状况。为了确保这些内部方法、降低信用风险的方法和资产证券化满足监管资本量的要求，银行要确立风险管理标准和信息披露制度，银行尤其要披露计算信用风险和操作风险的最低资本充足率要求时所使用的内部方法。监管当局对银行的评估可采取现场检查、非现场检查及与银行管理部门座谈等手段来实现。

（3）第三支柱——市场自律。市场约束也就是信息披露问题。有效的信息披露可以使银行的利益相关者及时、全面地了解银行的风险状况，通过信誉机制和股票市场的“投票机制”对银行经营管理发挥监督约束作用。巴塞尔银行监管委员会还特别强调银行公开披露应在市场参与者评估银行管理质量的需要和保护银行专有信息之间保持平衡，不要过分披露，也不要披露不足。

《巴塞尔新资本协议》所要求的信息披露的潜在参照标准是美国的银行信息披露要求，如大型银行要求按季披露范围相当广泛的风险信息。同时，《巴塞尔新资本协议》在应用范围、资本构成、风险评估和管理过程及资本充足率方面提出了定性和定量的信息披露要求，强调了有关风险和资本关系的综合信息披露，监管机构要对银行的披露体系进行评估。巴塞尔银行监管委员会致力于推出具有统一标准的披露框架。信息披露包括核心信息披露和附加信息披露两种情况。对那些活跃的大型银行，每季度要进行一次信息披露；而对于市场风险，在每次重大事件发生后都要进行披露。对于一般银行，要每半年进行一次信息披露。

4）《巴塞尔新资本协议》的实施要求

《巴塞尔新资本协议》延续了《有效银行监管的核心原则》以及1999年的监管思路。

（1）坚持了《巴塞尔资本协议》以资本充足率为核心的监管思路，并有了更完善的、难度不同的、可供选择的、更为灵活的风险衡量方式。为了适应当前复杂多变的银行业风险状况，在《巴塞尔新资本协议》中，巴塞尔银行监管委员会放弃了《巴塞尔资本协议》中单一的监管框架，并提供了更多的选择方式，银行和监管当局可以根据业务的复杂程度、本身的风险管理水平等灵活选择。通过这种灵活的制度安排，巴塞尔银行监管委员会试图促使银行不断改进自身的风险管理水平，使用对风险状况反应更为灵敏的衡量方式，进而更为准确地测定一定风险状况下所需要的资本金水平。《巴塞尔新资本协议》为了鼓励对“支柱一”所确立的资本要求方法进行更新，鼓励银行不断改进风险评估方法，不断发展更为精细的风险评估体系。同时，它也鼓励银行在具备充分数据的条件下，采用高级内部评级法。《巴塞尔新资本协议》有利于促进现代银行业风险管理技术进步。

（2）外部评级与内部评级的选择。为了测算银行的风险资产状况，银行必须对资产进行评级，并相应确定风险权重。巴塞尔银行监管委员会在设计方案的初期曾经试图要求银行主要依靠外部中介机构的评级，但是，由于商业银行普遍对评级机构的客观性、独立性、资料的可获得性、评级结果的及时充分披露、评级结果的可信度等方面存在相当大的争议，评级机构本身也不愿意将判断银行风险大小的责任全部担在自己身上，于是，《巴塞尔新资本协议》除了继续保留外部评级这一获得资产评级的方式外，更多地强调银行要建立内部的风险评估体系，并提供了3个可供选择的方法，即标准法、基础内部评级法（internal ratings based approaches）和高级内部评级法，强调用以内部评级为基础的方法来衡量风险资产，进而确定和配置资本。

具体来说，对于信用风险的测算，《巴塞尔新资本协议》建议业务不是十分复杂的银行采用标准法。标准法延续了1988年《巴塞尔资本协议》的思路，同时将原来测算主权风险所采用的外部信用评级转为出口信用评级。这会减少主权风险对于银行资本配置的影响，同时对于经合组织成员国中信用评级较低的国家（如韩国、墨西哥和土耳其）来说，这种方法的负面冲击相对较大。对于风险管理能力较高的银行，《巴塞尔新资本协议》建议其采用基础内部评级法或高级内部评级法。无论是在标准法还是在内部评级法中，国家风险的影响较《巴塞尔资本协议》都有明显下降。

内部评级法对企业、银行和主权风险采取了同样的处理方式，并且为零售产品、项目融资和持有证券的风险提供了独立的分析架构。内部评级法对每一类风险都考虑了3个方面的因素：一是风险构成因素，各银行可以使用自己的估计数或标准的监管参数；二是风险权重函数，该函数将风险构成因素转化成为银行计算风险加权资产的风险权重；三是最低资本充足率要求，就是银行采取内部评级法时需要满足的法定资本量。银行对信用风险的内部测量根据的是它与借贷者和交易对手过去交易的记录，对借贷者、交易对手的违约情况进行评定，并给予相应的评级。银行对其内部评级的每一等级估计违约概率、既定违约下的损失和违约时的风险量，内部评级法的风险权重是由这3个因素的函数决定的，这个函数将3个因素转化成监管风险权重。在标准法中，风险资产是根据风险权重计量出来的；而在内部评级法中，风险量被定义为违约时的风险量。在使用内部评级法时，最低资本充足率要求要考虑信用风险的划分类别、评级体系、估计违约概率、数据收集和IT系统、内部评级等。

（3）调整了利率风险的资本要求和监管方式，增加了对于操作风险的资本要求。巴塞尔银行监管委员会近年来一直希望推行全面风险管理，将风险管理覆盖的范围逐步从信用风险推广到利率风险、操作风险等。由于一些风险（如利率风险等）难以准确量化，因而《巴塞尔新资本协议》建议各国监管当局在设定最低资本充足率要求时要充分考虑利率风险，也就是纳入第二支柱的监管而不再包括在第一支柱中。

（4）要求考虑操作风险并相应配备资本。各国银行计算操作风险的方法存在相当大的差异，难易程度也不一样。在实际操作中，许多考虑操作风险的银行只是在考虑信用风险所需的资本之外，进一步增加20%作为覆盖操作风险的资本。《巴塞尔新资本协议》准备采用这个20%的标准作为广义的指导性准备标准。对于操作风险，巴塞尔银行监管委员会提出了几种方法，包括基本指数法、标准方法和内部测试方法。大多数大型银行根据各自的实际经验，一般保留经济资本的20%用于应对操作风险。

（5）适当扩大资本充足率约束的范围，在一定程度上抑制资本套利行为。例如，《巴塞尔资本协议》不对控股公司的资本充足率作出要求，使许多银行为了逃避资本约束纷纷采用控股公司的形式；在《巴塞尔新资本协议》中，以商业银行业务为主导的控股公司应当受到资本充足率的约束。在《巴塞尔资本协议》中，对于证券化资产的风险水平确定得相对较低，而且没有充分考虑可能由此导致的市场风险和利率风险等。随着国际金融市场的发展以及国际银行业逃避资本约束的动机，银行资产证券化显著推进，从而使原来的《巴塞尔资本协议》不能灵敏地反映银行资产的真实风险水平和所需要配备的资本水平；《巴塞尔新资本协议》则对此进行了一定的限制。另外，《巴塞尔新资本协议》要求非银行金融机构的大额投资需要从资本中扣除。《巴塞尔新资本协议》建议，对于单笔超过银行资本总额15%的投资以及此类对非银行金融机构的投资总额超过银行资本规模60%的投资，都要从银行资本中扣除，这无疑会对那些在非银行领域有广泛投资的银行形成巨大的冲击。从世界范围来看，日本、西班牙和德国的银行可能受到的冲击最大。当然，这也是由银行体制所决定的。另外，考虑到控股公司的不同机构并表问题，在产品方面，《巴塞尔新资本协议》涵盖了证券化资产和银行持有证券的资本要求，同时也着手推动与保险业监管机构的合作，以进一步推动新规则的发展。《巴塞尔新资本协议》从机构和业务品种方面推广了经典的最低资本充足率的适用范围，这为银行业全能化发展环境下金融业合并监管的形成确立了重要的政策基础。

（6）各国监管机构对于银行资本状况的监管方式和重点出现了显著的变化。《巴塞尔新资本协议》更强调各国监管当局结合各国银行业的实际风险对各国银行进行灵活监管。这主要是巴塞尔银行监管委员会注意到不同国家的具体金融环境和金融体制差异，因而开始强调各国监管机构要承担更大的责任。例如，在《巴塞尔新资本协议》中，各国监管当局可以根据各国的具体状况，自主确定不低于8%水平的最低资本充足率要求。同时，许多风险衡量的水平和指标需要各国金融监管当局根据实际情况确定，而且金融监管当局还要有效地对银行内部的风险评估体系进行考查。这样，各国金融监管当局监管的重点将从原来单一的最低资本充足率转向银行内部的风险评估体系建设状况。

（7）强化信息披露，引入市场约束。在《巴塞尔新资本协议》中，市场约束机制的引入可以说是现代公司治理结构研究重大进展的体现。在新的资本框架中，巴塞尔银行监管委员会对于银行的资本结构、风险状况、资本充足率状况等关键信息的披露提出了更为具体的要求。《巴塞尔新资本协议》充分肯定了市场具有迫使银行有效而合理地分配资金和控制风险的作用，稳健的、经营良好的银行可以用更为有利的价格和条件从投资者、债权人、存款人及其他交易对手那里获得资金；而风险程度高的银行在市场中则处于不利地位，它们必须支付更高的风险溢价、提供额外的担保或采取其他安全措施。于是，这种市场奖惩机制可以促使银行保持充足的资本水平，支持监管当局更有效地工作。为了确保市场约束的有效实施，必然要求建立银行信息披露制度。

5）《巴塞尔新资本协议》对银行业的影响

《巴塞尔新资本协议》的颁布和实施促进了各成员国银行管理水平的提高，对银行业的长期发展有深远影响。

（1）《巴塞尔新资本协议》的平衡监管哲学理念。金融体系、银行规模、业务结构与客户结构的差异决定了《巴塞尔新资本协议》的平衡哲学理念。这些平衡主要包括：世界范围内的适用性平衡；银行风险管理积极性与规范性规章制度体系实施等竞争性目标之间的平衡；协议复杂性、风险敏感性与可比性之间的平衡；保守性与完备性的平衡；竞争性、灵活性与一致性的平衡；银行与监管当局之间的责任平衡；规章制度、自裁权、市场约束3种不同政策方法决定的协议结构平衡。

（2）《巴塞尔新资本协议》的亲经济周期特性。亲经济周期特性是指对银行监管资本的要求会加剧宏观经济的周期性波动。在经济收缩时期，银行的资产质量下滑，要提取更多的准备金和配置更多的资本金，从两个方面收缩银行的贷款扩张能力；在经济扩张时期，银行的资产质量改善，在降低准备金要求的同时，也降低配置资本金的要求，双重放大银行的贷款扩张能力，在羊群效应的作用下加剧经济波动。这个问题具有普遍性，因此从监管角度采取诸如要求银行在经济扩张时期增提准备金等对冲性措施，可减少经济波动的影响。《巴塞尔新资本协议》预期银行能以风险敏感度高的方法检验借款人承受经济周期压力的能力，会以前瞻性的方式管理资本，预留足够资本作缓冲，以应对经济下滑的风险。

(3)《巴塞尔新资本协议》对国际大银行的影响。巴塞尔银行监管委员会于2001年11月5日公布的《巴塞尔新资本协议》第二次定量影响研究（Quantitative Impact Study 2nd，QIS2）的调查结果显示，国际上活跃的大银行采取标准法、基础内部评级法和高级内部评级法，比《巴塞尔资本协议》的规定分别多提取总体资本准备的12%、10%、10%，增加的部分是为操作风险计提的资本准备。由43个国家的365家银行参加的第三次定量影响研究（QIS3）的调查结果显示，按标准法估算的《巴塞尔新资本协议》要求的监管资本与1988年《巴塞尔资本协议》要求的监管资本基本持平。其中，对于使用高级内部评级法的大银行来说，信用风险资本要求下降了17%，操作风险资本要求增加了11%，二者相抵，资本要求下降了6%；若把大部分发展中国家作为一个整体来看，资本需求要提高12%。部分国家和地区对其的反应见表10-3。

表10-3　**部分国家和地区对实施《巴塞尔新资本协议》的反应**

国家（地区）	影响（反应）
美国	美联储将要求美国最大的10家银行（总资产超过2 500亿美元或国外资产超过100亿美元）强制施行《巴塞尔新资本协议》内部计量信用风险和操作风险的高级内部评级法，另有10家大银行自主选择施行高级内部评级法。这20家大银行的海外资产占美国银行海外资产的99%，国内资产占美国银行本土资产的2/3，其他8 000多家社区银行或从事传统业务的一般性银行不施行《巴塞尔新资本协议》
欧盟	要求所有商业银行、信贷机构和投资银行如期实施《巴塞尔新资本协议》。以德国为代表的欧盟银行主导型金融体系，在内部评级方面具有较强的信息优势，更适用以提高资本要求风险敏感度为目标的内部评级法
印度	新兴市场国家由于缺少必要的技术、不够发达的金融市场、脆弱的金融机构、无法严格执行的法律体系而在实施时受到严重挑战
韩国	亚洲地区受《巴塞尔新资本协议》影响最大，韩国因为是经合组织成员国，在1988年《巴塞尔资本协议》下的国家风险权重为零，根据《巴塞尔新资本协议》，韩国的主权风险权重迅速上升至50%
澳大利亚	计划如期实施《巴塞尔新资本协议》，四大银行（占全国银行总资产的68%）计划采用高级内部评级法，中小银行采用内部评级法还需要做很多工作
新加坡	银行平均资本充足率为12%。当地注册的银行赞成内部评级法，并对在2007年实施内部评级法（至少是初级法）表示乐观
中国香港	当地银行平均资本充足率为16%，没有提高资本充足率的压力，计划如期实施标准法，有的大银行已经在为采用内部评级法做准备。由于中国香港不是经合组织成员，在1988年《巴塞尔资本协议》下的主权风险权重是100%，在《巴塞尔新资本协议》下的主权风险权重将会下降到21%
中国	2010年部分大银行实施《巴塞尔新资本协议》资本充足率的要求

（4）《巴塞尔新资本协议》对新兴市场国家银行业的影响。国际机构的外部评级在新兴市场国家的覆盖面非常低，国内的评级机构还未能达到计算违约概率等风险因素的水平，在资本监管中全面使用外部评级困难较大。《巴塞尔新资本协议》将提高整个发展中国家银行业的资本要求，对发展中国家的资本流动产生一定负面影响，使新兴市场国家的银行处于不利的竞争地位，特别是对海外的分行和附属机构的经营将产生较大影响。

10.4.5 《巴塞尔协议Ⅲ》的主要内容及影响

自巴塞尔银行监管委员会2007年颁布和修订一系列监管规则以来，2010年9月12日，由27个国家银行业监管部门和中央银行高级代表组成的巴塞尔银行监管委员会就《巴塞尔协议Ⅲ》的内容达成一致，全球银行业开始遵循新的规定和要求。

1）《巴塞尔协议Ⅲ》的主要内容

（1）提高资本充足率要求。《巴塞尔协议Ⅲ》对于核心一级资本充足率、一级资本充足率的最低要求有所提高，引入了资本留存缓冲，提升银行消化经济衰退时期损失的能力，建立与信贷过快增长挂钩的反周期超额资本区间，对大型银行提出附加资本要求，降低“大而不倒”带来的道德风险。该协议规定，全球各商业银行在5年内必须将一级资本充足率的下限从现行的4%上调至6%。过渡期限的规定为：2013年升至4.5%，2014年升至5.5%，2015年升至6%。同时，该协议将普通股最低要求从2%提升至4.5%。过渡期限的规定为：2013年升至3.5%，2014年升至4%，2015年升至4.5%。截至2019年1月1日，全球各商业银行必须将资本留存缓冲提高到2.5%。另外，该协议维持目前资本充足率8%不变，但是对资本充足率加资本留存缓冲要求在2019年以前从现在的8%逐步升至10.5%，最低普通股比例加资本留存缓冲比例在2019年以前由目前的3.5%逐步升至7%。

（2）严格资本扣除限制。对于少数股权、商誉、递延所得税资产、对金融机构普通股的非并表投资、债务工具和其他投资性资产的未实现收益、拨备额与预期亏损之差、固定收益养老基金资产和负债等计入资本的要求有所改变。

（3）扩大风险资产覆盖范围，提高“再资产证券化风险暴露”的资本要求，增加压力状态下的风险价值，提高交易业务的资本要求，提高场外衍生品交易和证券融资业务的交易对手信用风险的资本要求等。

（4）引入杠杆率。为弥补资本充足率要求下无法反映表内外总资产扩张情况的不足，减少对资产通过加权系数转换后计算资本要求所带来的漏洞，推出了杠杆率，并逐步将其纳入第一支柱。

（5）加强流动性管理，降低银行体系的流动性风险，引入流动性监管指标，包括流动性覆盖率和净稳定资产比率。同时，巴塞尔银行监管委员会提出了其他辅助监测工具，包括合同期限错配、融资集中度、可用的无变现障碍资产和与市场有关的监测工具等。

2）《巴塞尔协议Ⅲ》对中国银行业的影响

从短期来看，《巴塞尔协议Ⅲ》对中国银行业的影响相对欧美银行而言较小，但其长远影响不容忽视，主要体现在以下几个方面：

（1）信贷扩张和资本约束的矛盾。我国是发展中国家，预计在今后很长一段时间内，我国国民经济都将保持相对较高的增长速度。我国又是以间接融资为主的国家，信贷增长一般为经济增速的1.5～2倍，在某些年份可能更高。迅速的信贷扩张势必会大大增加资本补充的压力，尤其是《巴塞尔协议Ⅲ》非常重视核心资本的补充，这对中国银行业是一个严峻的考验。此外，根据《巴塞尔协议Ⅲ》关于二级资本工具在“期限上不能赎回激励、行使赎回权必须得到监管当局的事前批准、银行不得形成赎回期权将被行使的预期”一系列关于赎回的限制性规定，目前国内很多商业银行补充附属资本的长期次级债券都拥有赎回激励条款，这将给国内银行业通过发行长期次级债券补充附属资本带来较大冲击。为满足《巴塞尔协议Ⅲ》关于流动性的有关要求，长期次级债券的需求预计有所下降，这又将增加长期次级债券发行的难度。

（2）资本补充和估值偏低的矛盾。无论是横向比较还是纵向比较，我国银行业A股估值都偏低，A股较H股估值平均有10%～20%的折价。2024年初，A股大型银行股估值不仅接近于2010年以来的历史相对低位，也明显低于美国大型银行。近年来，受全球经济下行、风险因素增多等因素影响，中外银行普遍进入盈利下降和估值下降通道，在风险偏好走低的助推下，国内银行股的估值明显偏低，原因既有投资者对未来风险的过度担忧，也有经营模式差异的因素。

2024年的《政府工作报告》犹如“定心丸”，将逐步化解市场对于银行股隐含风险的担忧。展望未来，随着我国经济的稳定发展，在政策预期带动经济预期改善背景下，银行作为实体经济复苏的重要一环，估值修复可期。

（3）满足监管要求和盈利能力增长的矛盾。《巴塞尔协议Ⅲ》重视流动性管理，为满足流动性覆盖比率要求，商业银行应持有更多的现金和超额准备金等流动性高的资产，如风险加权系数为零的证券，包括主权国家发行或担保的证券、央行发行或担保的证券，政策性银行、中央政府投资的公用企业发行或担保的证券，以及多边开发银行发行或担保的证券。但从盈利角度看，公司证券和资产担保证券显然比风险加权系数为零的证券收益高出不少。因此，与未实行流动性监管标准时相比，实行《巴塞尔协议Ⅲ》后，商业银行会倾向于选择风险加权系数为0的证券，从而导致银行收益下降。然而，为了通过再融资补充核心资本，降低融资成本，商业银行又不得不尽可能提升盈利能力，这使银行陷入两难境地。

（4）负债结构调整与网点数量不足的矛盾。《巴塞尔协议Ⅲ》中净稳定资金比例计算的分母为资金流出与资金流入的差额，在资金流出中，存款流出为重要的一部分，零售存款、中小企业存款、一般企业存款、同业存款计入资金流出比例依次增大，分别为15%、15%、25%、100%；在净稳定资金比例计算的分子中，1年以内的零售存款、中小企业存款计入可用稳定融资资金来源的比例为70%，而一般企业存款、同业存款计入可用稳定融资资金来源的比例为50%。为满足监管要求，银行显然愿意持有更多的零售存款、中小企业存款和一般企业存款，而不愿意持有过多的同业存款。然而，对于中小股份制商业银行，尤其是一些城市商业银行而言，因为网点数量不足，其吸收零售存款和中小企业存款的能力不足，同业存款是其资金来源的重要组成部分，这无疑会加大其经营压力。

（5）表外业务发展与业务结构调整的矛盾。《巴塞尔协议Ⅲ》的实施将弱化贸易融资类表外业务、承诺类表外业务的相对优势，从净稳定资金比例来看，零售、一般公司信用承诺计入资金流出比例为10%，保函业务计入资金流出比例为50%，信用证业务计入资金流出比例为20%，保函和信用证在内的或有融资负债占用稳定融资资金的比例为100%，这将使相关贸易融资表外业务的资金流出数值非常大。

3)《商业银行资本管理办法》的监管要求

资本监管指标包括资本充足率和杠杆率。

（1）资本充足率和杠杆率的含义。资本充足率是指商业银行持有的符合办法规定的资本净额与风险加权资产之间的比率。一级资本充足率是指商业银行持有的符合办法规定的一级资本净额与风险加权资产之间的比率。核心一级资本充足率是指商业银行持有的符合办法规定的核心一级资本净额与风险加权资产之间的比率。

杠杆率，是指商业银行持有的、符合办法规定的一级资本净额与调整后表内外资产余额之间的比率。

商业银行应按照办法规定的机构档次划分标准，适用差异化的资本监管要求。商业银行资本监管指标计算应当建立在充分计提贷款损失准备等各项减值准备的基础之上。

（2）资本充足率的计算。

资本充足率的有关计算公式为：

核心一级资本充足率=（核心一级资本-对应资本扣减项）÷风险加权资产×100%

一级资本充足率=（一级资本-对应资本扣减项）÷风险加权资产×100%

资本充足率=（总资本-对应资本扣减项）÷风险加权资产×100%

商业银行总资本包括核心一级资本、其他一级资本和二级资本。

核心一级资本包括实收资本或普通股、资本公积、盈余公积、一般风险准备、未分配利润、少数股东资本可计入部分。

其他一级资本包括其他一级资本工具及其溢价、少数股东资本可计入部分。

二级资本包括二级资本工具及其溢价、超额贷款损失准备可计入部分、少数股东资本可计入部分。商业银行采用权重法计量信用风险加权资产的，超额贷款损失准备（指商业银行实际计提的贷款损失准备超过最低要求的部分）可计入二级资本，但不得超过信用风险加权资产的1.25%。商业银行采用内部评级法计量信用风险加权资产的，超额贷款损失准备（指商业银行实际计提的贷款损失准备超过预期损失的部分）可计入二级资本，但不得超过信用风险加权资产的0.6%。

商业银行风险加权资产包括信用风险加权资产、市场风险加权资产和操作风险加权资产。

（3）资本充足率的监管要求。

商业银行资本充足率监管要求包括最低资本要求、储备资本要求、逆周期资本要求、系统重要性银行附加资本要求以及第二支柱资本要求。

① 各级资本充足率的最低要求。核心一级资本充足率不得低于5%，一级资本充足率不得低于6%，资本充足率不得低于8%。

② 储备资本要求。商业银行应当在最低资本要求的基础上计提储备资本。储备资本要求为风险加权资产的2.5%，由核心一级资本来满足。

③ 逆周期资本要求。在特定情况下，商业银行应当在最低资本要求和储备资本要求之上计提逆周期资本。逆周期资本要求为风险加权资产的0~2.5%，由核心一级资本来满足。

④ 系统重要性银行附加资本要求。系统重要性银行应当计提附加资本。国内系统重要性银行附加资本要求为风险加权资产的1%，由核心一级资本满足。若国内银行被认定为全球系统重要性银行，所适用的附加资本要求不得低于巴塞尔银行监管委员会的统一规定。

⑤ 第二支柱资本要求。中国银保监会有权在第二支柱框架下提出更审慎的资本要求，确保资本充分覆盖风险，包括：根据风险判断，针对部分资产组合提出的特定资本要求；根据监督检查结果，针对单家银行提出的特定资本要求。

微课10-1

强监管 防风险 提高金融业服务实体经济能力

（4）杠杆率的计算。

杠杆率的计算公式为：

杠杆率=（一级资本-一级资本扣除项）/调整后表内外资产余额×100%

商业银行的杠杆率不得低于4%。

系统重要性银行在满足上述最低杠杆率要求的基础上，还应满足附加杠杆率要求。

国内系统重要性银行的附加杠杆率要求由中国人民银行会同国家金融监督管理总局另行规定。

10.5 金融监管体制

10.5.1 金融监管体制的要素和分类

1）金融监管体制的内涵

体制是指国家机关、企业和事业单位机构设置和管理权限划分的制度。[1]西方学者多从行为学角度来解释“体制”，认为体制是指被某些有规律的相互作用或相互依赖的形式所联合起来的客体、观念或行为的集合。[2]

金融监管体制是指为实现特定的社会经济目标而对金融活动施加影响的一整套机制和组织结构的总和。

2）金融监管体制的基本要素

（1）体制参与者，即由谁监管和对谁监管，核心是金融监管机关的设置、职责职权的依法定位。

（2）监管方法和手段，即如何监管，包括为实现监管目标而采用的各种方式、方法和手段，体制的各种参与者按照一定方式有规律地相互作用，以完成特定的目的。

① 辞海编辑委员会.辞海［M］. 1979年缩印本.上海：上海辞书出版社，1980：228.
② 博恩斯坦.比较经济体制［M］. 王铁生，译.北京：中国财政经济出版社，1988：5.

3）金融监管体制的分类

由于各个国家和地区金融制度形成的历史、政治、法律和民族文化传统及经济金融发展水平不同，金融监管体制也有差异。

（1）监管主体的法律性质。根据监管主体的法律性质，可以把金融监管体制分为3种类型：

① 中央银行行使监管职能。荷兰的中央银行对一切金融机构进行监督；新西兰储备银行负责所有银行的审批注册，并有权对其实施监督检查；意大利、葡萄牙等国的银行也有此类规定。

② 由财政部实施监管。奥地利1979年的《银行法》规定，由奥地利联邦财政部负责对信贷机构的监督管理。

③ 由相对独立的专门机构实施监管。卢森堡货币协会从1983年开始对所有信贷机构实施审慎监管，在信贷机构的审批注册、稽核检查方面拥有广泛的权力，并且有权对有问题的金融机构进行干预，问题严重的可以停业清理。

（2）监管主体的组织结构。根据监管主体的组织结构，可以把金融监管体制分为4种类型：

① 双线多头金融监管体制。在这种体制下，“双线”是指联邦政府和州政府两条线，“多头”是指在一个国家有多个履行监管职能的机构。世界上实行这种监管体制的国家较少，如美国、加拿大等。

② 单线多头金融监管体制。在这种体制下，“单线”是指金融监管权力集中于中央，“多头”是指在中央一级又分别由两个或两个以上机构负责金融业监管。世界上采用这种体制的国家较多，如法国、德国、日本等。

③ 高度集中的单一金融监管体制。在这种体制下，由单一的中央机构，如中央银行或专门的监管机构对金融业进行监督。世界上绝大多数国家实行这种金融监管体制，如英国、巴西、印度、埃及等。

④ 跨国金融监管体制。这是指在经济合作区域内，对区域内的金融业实行统一的监管体制。履行这一职能的机构是跨国中央银行，其代表是欧洲中央银行。

10.5.2　我国金融监管体制的发展

经过40多年的改革开放，我国的金融监管体制已获得了长足的发展。1992年10月，中国证券监督管理委员会成立。1995年3月18日，《中华人民共和国中国人民银行法》颁布，这成为我国金融监管体制确立的标志。2003年4月，中国银监会成立。2018年3月，中国银保监会成立。2023年5月，国家金融监督管理总局成立。

1）我国金融监管体制的现状

2018年，中国金融监管格局从原来的“一行三会”（中国人民银行、中国银监会、中国证监会、中国保监会）变为“一委一行两会”（国务院金融稳定发展委员会、中国人民银行、中国银保监会、中国证监会），2023年，变为“一行一局一会”（中国人民银行、国家金融监督管理总局、中国证监会）。

2）金融监管模式的转变

从1998年开始，中国人民银行、中国证监会、中国保监会分别对银行业（包括信托投资公司、城乡信用社）、证券机构和保险机构进行监管。中国人民银行同时承担制定和实施货币政策及其相关的金融服务职能。随着金融体制改革的深化，中国人民银行完成了管理体制改革，撤销省级分行，跨省域设置了9家分行，实行区域化宏观管理，加强金融监管的独立性，削弱地方行政干预的影响。这一重大改革，使我国货币政策的制定和实施进一步统一，增强了宏观调控的有效性。2023年3月，根据国务院关于提请审议国务院机构改革方案的议案，统筹推进中国人民银行分支机构改革。撤销中国人民银行大区分行及分行营业管理部、总行直属营业管理部和省会城市中心支行，在31个省（自治区、直辖市）设立省级分行，在深圳、大连、宁波、青岛、厦门设立计划单列市分行。中国人民银行北京分行保留中国人民银行营业管理部牌子，中国人民银行上海分行与中国人民银行上海总部合署办公。

不再保留中国人民银行县（市）支行，相关职能上收至中国人民银行地（市）中心支行。对边境或外贸结售汇业务量大的地区，可根据工作需要，采取中国人民银行地（市）中心支行派出机构方式履行相关管理服务职能。

1992年10月，中国证监会成立。中国证监会依法对全国证券期货市场进行集中统一监管，其主要职责是依照法律、法规和国务院授权，统一监督管理全国证券期货市场，维护证券期货市场秩序，保障其合法运行。

1998年11月，中国保监会成立。中国保监会根据国务院授权履行行政管理职能，依照法律、法规统一监督管理全国保险市场，维护保险业的合法、稳健运行。

2003年4月，中国银监会成立。中国银监会履行原由中国人民银行履行的审批、监督管理银行、金融资产管理公司、信托投资公司及其他存款类金融机构的职责。

2018年4月，中国银保监会成立。中国银保监会的主要职责包括防范和化解金融风险，保护金融消费者合法权益，维护金融稳定。组建中国银保监会、深化金融监管体制改革的主要目的是“解决现行体制存在的监管职责不清晰、交叉监管和监管空白等问题，强化综合监管，优化监管资源配置，更好统筹系统重要性金融机构监管，逐步建立符合现代金融特点、统筹协调监管、有力有效的现代金融监管框架，守住不发生系统性金融风险的底线”。

2023年5月，国家金融监督管理总局成立。国家金融监督管理总局负责贯彻落实党中央关于金融工作的方针政策和决策部署，把坚持和加强党中央对金融工作的集中统一领导落实到履行职责过程中。主要职责包括依法对除证券业之外的金融业实行统一监督管理，强化机构监管、行为监管、功能监管、穿透式监管、持续监管，维护金融业合法、稳健运行等15项。

3）金融监管法律框架的形成和完善

为了适应社会主义市场经济发展的需要，通过总结国内外金融业发展的经验教训，根据我国金融及经济发展的要求，全国人大及其常委会加快了金融业的立法。主要的金融业立法见表10-4。

表10-4　　中国金融业立法状况（部分）

时　间	所属金融行业	法律法规/政策规章规范性文件
1995年3月	银行业	《中华人民共和国中国人民银行法》（2003年12月修正）
1995年5月	银行业	《中华人民共和国商业银行法》（2003年12月第一次修正；2015年8月第二次修正）
1995年5月	银行业	《中华人民共和国票据法》（2004年8月修正）
1995年6月	银行业	《中华人民共和国担保法》（2020年5月，颁布《中华人民共和国民法典》，该法废除）
1995年6月	保险业	《中华人民共和国保险法》（2002年10月第一次修正；2009年2月第二次修正；2015年4月第三次修正）
1998年12月	证券业	《中华人民共和国证券法》（2019年12月修订）
2003年12月	银行业	《中华人民共和国银行业监督管理法》（2006年10月修正）
2001年12月	保险业	《中华人民共和国外资保险公司管理条例》经过2013年、2016年、2019年3次修订
2006年11月	银行业	《中华人民共和国外资银行管理条例》
2008年4月	证券业	《证券公司风险处置条例》
2008年6月	证券业	《证券公司监督管理条例》
2012年11月	保险业	《农业保险条例》
2014年11月	银行业	《国务院关于修改〈中华人民共和国外资银行管理条例〉的决定》
2015年5月	保险业	《存款保险条例》
2016年4月	银行业	《互联网金融风险专项整治工作实施方案》
2017年8月	银行业	《融资担保公司监督管理条例》
2017年11月	银行业	《中国农业发展银行监督管理办法》、《中国进出口银行监督管理办法》和《国家开发银行监督管理办法》
2018年9月	银行业	《商业银行理财业务监督管理办法》
2018年12月	银行业	《商业银行理财子公司管理办法》
2020年3月	证券业	修订《证券交易所管理办法》
2020年6月	证券业	《创业板上市公司持续监管办法（试行）》
2020年10月	银行业	中国人民银行发布《中华人民共和国商业银行法（修改建议稿）》，公开征求意见
2021年2月	银行业、保险业	《银行保险机构声誉风险管理办法（试行）》

续表

时　间	所属金融行业	法律法规/政策规章规范性文件
2021年5月	保险业	《保险公司非寿险业务准备金管理办法》
2021年8月	银行业	《系统重要性银行附加监管规定（试行）》
2021年11月	保险业	《保险集团公司监督管理办法》
2022年1月	保险业	《保险公司非现场监管暂行办法》
2023年2月	银行业	《商业银行金融资产风险分类办法》
2023年7月	证券业	《私募投资基金监督管理条例》
2023年10月	银行业	《商业银行资本管理办法》
2023年12月	银行业、保险业	《银行保险机构操作风险管理办法》
2024年1月	银行业	《流动资金贷款管理办法》、《个人贷款管理办法》和《固定资产贷款管理办法》

资料来源　根据各监管机构官方网站资料整理。

与此同时，我国银行业、证券业、证券投资基金业、保险业等相继成立了行业自律组织，并制定了各自的行业自律公约，约定了行业成员规范经营准则，并辅以一定的奖惩措施。至此，我国已建立了一套较完整的金融法律法规体系，基本做到有法可依，对我国金融业的组织、业务管理及金融市场的稳定和规范发展起到了重要作用。

4）银行业监管逐步严格规范

金融监管部门非常重视商业银行的内部控制，不断采取措施加强对商业银行内部控制的评估和监督，建立了包括市场准入管理、资产负债监管指标管理、对银行实施现场和非现场检查、制定并强化内部控制措施等一系列商业银行监管的有效机制，具体包括：

（1）加强对商业银行内部控制的评估与监督。2014年，为促进商业银行建立和健全内部控制，有效防范风险，保障银行体系安全稳健运行，依据《中华人民共和国银行业监督管理法》《中华人民共和国商业银行法》等法律法规，中国银监会发布《商业银行内部控制指引》，指出内部控制是商业银行董事会、监事会、高级管理层和全体员工参与的，通过制定和实施系统化的制度、流程和方法，实现控制目标的动态过程和机制。商业银行内部控制的目标包括：保证国家有关法律法规及规章的贯彻执行；保证商业银行发展战略和经营目标的实现；保证商业银行风险管理的有效性；保证商业银行业务记录、会计信息、财务信息和其他管理信息的真实、准确、完整和及时。

（2）促进商业银行完善公司治理结构。2002年，中国人民银行相继下发了《股份制商业银行公司治理指引》和《股份制商业银行独立董事和外部监事制度指引》，要求商业银行逐步建立科学有效的决策、执行、监督和激励约束机制，以支持内部控制的有效运行。2021年6月，中国银保监会发布《银行保险机构公司治理准则》，要求银行保险机构应当持续提升公司治理水平，逐步达到良好公司治理标准。良好公司治理包括但不限于以下内容：清晰的股权结构；健全的组织架构；明确的职责边界；科学的发展战略；高标准的职业道德准则；有效的风险管理与内部控制；健全的信息披露机制；合理的激励约束机制；良好的利益相关者保护机制；较强的社会责任意识。

（3）促进商业银行加强风险管理。近年来，我国银行业监管部门要求并积极推动商业银行建立和实施统一授权授信、贷款质量分类等风险管理制度，以促进银行正确认识、评估和监控自身面临的风险。2023年2月，中国银保监会发布《商业银行金融资产风险分类办法》，旨在促进商业银行准确评估信用风险，真实反映金融资产质量。商业银行应对表内承担信用风险的金融资产进行风险分类，包括但不限于贷款、债券和其他投资、同业资产、应收款项等。表外项目中承担信用风险的，应按照表内资产相关要求开展风险分类。

思政小课堂

成立国家金融监督管理总局 打造现代金融管理体系

近年来，分业监管模式与金融业综合经营趋势不相适应，监管交叉和监管空白现象较为突出。党的二十大报告指出，要“依法将各类金融活动全部纳入监管，守住不发生系统性风险底线”“必须坚持系统观念。万事万物是相互联系、相互依存的。只有用普遍联系的、全面系统的、发展变化的观点观察事物，才能把握事物发展规律”。2023年5月，我国正式成立国家金融监督管理总局，迎来“一行一局一会”金融监管格局。国家金融监督管理总局的主要职责之一为依法对除证券业之外的金融业实行统一监督管理，强化机构监管、行为监管、功能监管、穿透式监管、持续监管，维护金融业合法、稳健运行。成立国家金融监督管理总局，正是为了消除监管空白和盲区，依法将各类金融活动全部纳入监管，实现全覆盖、一致性监管，牢牢守住不发生系统性金融风险底线。

本章小结

金融监管是金融体系稳健运行、健康发展的保障。本章阐述了金融监管的概念及基本理论；介绍了外部金融监管的主要方法和基本内容；重点阐述了以《巴塞尔新资本协议》为主体的国际金融监管规范要求，以及我国适应《巴塞尔协议Ⅲ》对银行等金融机构的监管要求；描述了金融监管体制的构成，以及我国金融监管体制的发展历程。

主要概念和观点

1.金融监管，是政府及有关机构代表社会公众，对金融机构经营管理及相关金融市场实施的监督管理。金融监管的目标：维护金融体系的稳定和安全、保护社会公众利益。金融监管的原则：独立原则、适度原则、法治原则、“三公”原则、效率原则和动态原则。

2.金融监管的必要性理论：公共利益论、利益集团论、货币监管论和审慎监管论；

金融监管的无效性理论：监管成本论、监管俘虏论、监管经济论和监管失灵论。

3. 金融监管的方法：事前筛查，这种方法主要是在金融机构建立前进行严格的审查和注册登记；现场检查，是监管当局派出检查小组，到各地金融机构实地检查；非现场检查，是指监管当局要求银行定期或不定期报送有关财务报表等资料，通过收集、分析金融机构的各种书面数据考察、评价经营状况；审计，是一种监督审查的系统方法；事后处理，是指当监管当局发现某一金融机构的经营不符合金融法律法规的要求，经营状况出现妨碍稳健经营的倾向或者有损于社会公众利益的行为时，应采取命令金融机构调整、撤销业务，紧急救助及并购，退出市场等方法。

4. 金融监管的基本内容：预防性监管、援救性监管和市场退出、存款保险制度。我国实施《商业银行资本管理办法》，对资本充足率和杠杆率提出具体要求及计算方法。

5. 金融监管的国际准则。国际金融监管以巴塞尔银行监管委员会颁布的监管要求为主，主要有1988年的《巴塞尔资本协议》；对1988年《巴塞尔资本协议》的补充和完善，其中主要包括《关于市场风险补充规定》和《有效银行监管的核心原则》；2004年的《巴塞尔新资本协议》和2010年的《巴塞尔协议Ⅲ》。我国实施《商业银行资本管理办法》，对资本充足率和杠杆率提出具体要求及计算方法。

6. 金融监管体制。金融监管体制是指为实现特定的社会经济目标而对金融活动施加影响的一整套机制和组织结构的总和。其基本要素包括体制参与者、监管方法和手段。我国金融监管体制的模式也在进行从分业经营、分业管理到混业监管的改革，并且各行业的监管也在逐步完善和严格。

基础训练

1. 简述金融监管的含义、目标和原则。
2. 简述金融监管的基本方法。
3. 简述金融监管的主要内容。
4. 简述《巴塞尔协议Ⅲ》的主要内容及对我国银行业的影响。
5. 简述中国银行监管机关对风险资本的监管要求。

参考文献

[1] ACHARYA V V，YORULMAZER T，SANTOS J A C. Systemic risk and deposit insurance premiums［J］. Economic Policy Review，2010（8）：89-99.

[2] BOARD F S. Guidance to assess the systemic importance of financial institutions，markets and instruments：initial considerations［J］. Report to G20 Finance Ministers and Governors，2009.

[3] Basle Committee on Banking Supervision. Consultative document：The new basel capital accord［S］. 2004.

[4] DE SERVIGNY A，RENAULT O，DE SERVIGNY A. Measuring and managing credit risk［M］. New York：McGraw-Hill，2004.

[5] GRAY D F，MERTON R C，BODIE Z. New framework for measuring and managing macrofinancial risk and financial stability［Z］. NBER Working Papers 13607，2007.

[6] KAVONIUS I K，CASTRÉN O. Balance sheet interlinkages and macro-financial risk analysis in the euro area［Z］. ECB Working Paper，2009.

[7] KURITZKES A P，SCOTT H S. Sizing operational risk and the effect of insurance：Implications for the Basel Ⅱ capital accord［M］// SCOTt H S. Capital adequacy beyond Basel：Banking，securities，and insurance，Oxford：Oxford University Press，2005.

[8] NERSESIAN R L .Corporate financial risk management［J］. New York：Praeger Publishers，2004.

[9] 罗平.巴塞尔新资本协议研究文献及评述［M］. 北京：中国金融出版社，2004.

[10] 乔瑞. 金融风险管理师考试手册［M］. 王博，刘伟琳，赵文荣，译. 6版. 北京：中国人民大学出版社，2012.

[11] 赫尔. 风险管理与金融机构［M］. 王勇，董方鹏，译. 北京：机械工业出版社，2018.

[12] 克里斯托弗森. 金融风险管理［M］. 金永红，章琦，罗丹，译. 2版. 北京：中国人民大学出版社，2015.

[13] 桑德斯，科尼特.金融风险管理［M］. 王中华，陆军，译.5版.北京：人民

邮电出版社，2012.

［14］中国银行业协会银行业专业人员职业资格考试办公室．风险管理［M］．北京：中国金融出版社，2024.

［15］王勇，关晶奇，隋鹏达．金融风险管理（升级版）［M］．北京：机械工业出版社，2020.

［16］陆静．金融风险管理［M］．北京：中国人民大学出版社，2019.